WRTO 世界研学旅游组织"十四五"规划研学旅行管理与服务专业精品教材

高等教育"十四五"规划研学旅行管理与服务专业系列教材

研学旅行概论

主　编：杨振之　李　慧

副主编：董良泉　王　英　黄　文

编　委：张胜男　钟　畅　吕　明

　　　　陈金龙　韦欣仪　田志奇

　　　　晏　愉　罗羽杉

华中科技大学出版社

http://press.hust.edu.cn

中国·武汉

内 容 提 要

　　本教材系统阐述了研学旅行的基本概念、理论、原理和方法。全书共十一章,完整梳理了研学旅行的发展历程、理论基础,分析了研学旅行的要素体系和实施体系,阐述了课程、人员、营地、安全、评价等关键要素,介绍了研学旅行的组织及发展趋势。本教材可作为高校旅游管理专业教材,特别是高等职业院校研学旅行管理与服务专业的基础教材,也可作为文旅和教育行业开展研学旅行活动的培训教材,对从业人员也有较好的参考作用。

图书在版编目(CIP)数据

研学旅行概论/杨振之,李慧主编. —武汉:华中科技大学出版社,2022.12(2025.2 重印)
ISBN 978-7-5680-8926-5

Ⅰ.①研…　Ⅱ.①杨…　②李…　Ⅲ.①教育旅游-高等学校-教材　Ⅳ.①F590.75

中国版本图书馆 CIP 数据核字(2022)第 229421 号

研学旅行概论
Yanxue Lüxing Gailun

杨振之　李　慧　主编

总 策 划:李　欢
策划编辑:王雅琪　汪　杭
责任编辑:刘　烨
封面设计:廖亚萍
责任校对:张会军
责任监印:周治超
出版发行:华中科技大学出版社(中国·武汉)　　　电话:(027)81321913
　　　　　武汉市东湖新技术开发区华工科技园　　　邮编:430223
录　　排:华中科技大学惠友文印中心
印　　刷:武汉市籍缘印刷厂
开　　本:787mm×1092mm　1/16
印　　张:16
字　　数:376 千字
版　　次:2025 年 2 月第 1 版第 3 次印刷
定　　价:49.80 元

序一

Foreword

读万卷书，行万里路。游学传统自古以来便是我国学子增长见识、提高学问的方式。自 2016 年教育部等 11 部门印发《关于推进中小学生研学旅行的意见》以来，研学旅行在我国迅速发展并呈现出强劲的增长势头。2019 年，教育部在普通高等学校高等职业教育专科层次增补研学旅行管理与服务专业。2021 年，文化和旅游部印发《"十四五"文化发展规划》，开发集文化体验、科技创新、知识普及、娱乐休闲、亲子互动于一体的新型研学旅游产品提上日程。

研学旅行这一新业态的迅速发展，迫切需要大量的专业人才，因此，编制出版一套高水平、高质量、适应产业发展要求的教材十分必要。

华中科技大学出版社联合世界研学旅游组织，立项重点课题"基于研学旅行专业人才培养目标的课程体系建设与教材开发"，旨在编写一套既具有国际视野又具有中国特色，既有科学理论又有实操指导，既适用于高等院校又适用于行业从业者的高水平教材。2020 年世界研学旅游大会正式发布了本课题及组稿邀请函，得到全国 40 余所知名院校的教授、专家、学科带头人，近百所研学旅行基地（营地）、研学旅行服务机构专家，以及中小学骨干教师的积极响应和参与。课题成果最终凝结为本系列教材。

本系列教材首批规划 9 本，包含《研学旅行概论》《研学旅行资源导论》《研学旅行课程开发与管理》《研学导师实务》《研学营地基地运营管理》《研学旅行产品设计》《研学旅行项目开发与运营》《研学旅行市场营销》《研学旅行安全管理》，基本涵盖了当下研学旅行业态的各重要环节。本系列教材具有如下特点。

一、国际视野，中国特色

本系列教材的作者来自全国各地，他们不仅有国际化视野与丰富的海外学习或教学经验，同时还是高等院校或研学基地（营地）的负责人，在撰写书稿时，既参考吸收了国际先进方法，又融入了中国特色、家国情怀与实操经验。

二、名师团队，先进引领

本系列教材由中组部国家高层次人才"特支计划"领军人才、教育部旅游管理类专业教学指导委员会副主任马勇教授和世界研学旅游组织主席杨振之教授共同担任总主编，各分册主编由来自四川大学、湖北大学、福建师范大学、湖北师范大学、山西师范大学、华侨大学、澳门城市大学等知名院校的院长、教授、学科带头人以及研学基地(营地)、研学服务机构的负责人担任,他们有着丰富的执教与从业经验,紧跟教育部、文旅部指导意见,确保了本系列教材的权威性、准确性、先进性。

三、理实结合,校企融合

本系列教材各分册均采取校企"双元"合作编写模式,除了具有完备的理论,还引入大量实务案例和经典案例,并在编写体例上注重以工作过程为导向,设置教学项目与教学任务,确保理论与实操相结合。

四、配套资源,纸数融合

华中科技大学出版社为本系列教材建设了线上资源服务平台,在横向资源配套上,提供教学计划书、教学课件、习题库、案例库、参考答案、教学视频等系列配套教学资源;在纵向资源开发上,构建了覆盖课程开发、习题管理、学生评论、班级管理等集开发、使用、管理、评价于一体的教学生态链,打造出线上线下、课堂课外的新形态立体化互动教材。

研学旅行管理与服务作为新增设专业和新兴行业,正步入发展快车道。希望这套教材能够为学子们带来真正的养分,为我国的研学旅行事业发展贡献力量。在此希望并诚挚邀请更多学者加入我们!

马勇

2022 年 5 月

序 二

Foreword

本系列教材是世界研学旅游组织重点课题"基于研学旅行专业人才培养目标的课程体系建设与教材开发"的研究成果。

在中国,研学旅行正如火如荼地开展,各级政府部门、家长、学校、学生及社会公众对研学旅行的发展,正翘首以待。研学旅行对人的成长、综合素质的提升,已被千百年来的实践所证实,无论是中国古代的游学,还是西方的"大游学"(Grand Tour),都无一例外地证明了回归户外、自然课堂的研学旅行是提高个人综合素质的不二之选。

在中国,现代意义上的研学旅行才刚刚兴起,如何借鉴西方发达国家一百多年来自然教育的先进经验,建立有中国特色的研学旅行教育体系,厘清各种误解,包括理念认知、基本概念和运作上的误解,是我们编写这套教材的出发点。

因此,本系列教材从编写之初就确立了以下原则:国际视野、中国特色,重实践、重运营,将理论与实践结合,做到知行合一。在编写作者的选择上,我们让一些既了解中国国情,又了解国际研学旅行情况的从业人员参与编写,并要求他们尽量研判国际自然教育的发展趋势及研学案例;将高校教师的理论研究与一线研学企业的实操经验相结合。这是本系列教材的一大特色。

本系列教材可用作高校教材,特别是高等职业学校研学旅行管理与服务专业的教材。

世界研学旅游组织重视研学旅行对人的成长和修养的价值,倡导研学旅行要从幼儿园儿童、中小学生抓起。研学旅行的目标是提高人的综合素质,真正实现知行合一。研学旅行倡导学生走出课堂,回归大自然,与大自然亲密接触,更注重学生在大自然中的体验和实践,反对走出课堂后又进入另一个教室,反对在博物馆和大自然中还是走灌输知识和说教的老路。没有实践和行动的研学,都达不到研学的目的。

希望这套教材能为中国方兴未艾的研学旅行事业添砖加瓦,能为读者,尤其是家长带来益处,这也算是我们为社会做出的贡献。

是为序。

杨振之

2022 年 5 月

前言
Preface

　　研学旅行本质上是通过旅行获得教育,教育的核心是激发人的潜能使每个人健康成长,故研学旅行是人健康成长的重要途径。

　　人类以前是贴近自然、贴近社会的,人类与自然的关系曾经很亲近,人类本身就是从大自然走出来的;人类曾经也是贴近社会的,比如在农业社会时期,邻里相亲,相互帮扶,尊老爱幼,其乐融融。这个时候,人们能贴近自我,倾听到自己内心的声音,可是,随着全球城市化、工业化的推进,人与人之间产生了隔阂,甚至到了邻里之间素不相识;人与自然的关系也越来越疏离;繁忙的人难以倾听到内心的声音。

　　我倡导的是人与自然的联结、人与社会的联结、人与历史的联结、人与自我的联结,这四大联结也可称之为人的"时空联结",是让人在"自然而然"的状态中增长心智、增长见识、健康成长。

　　自然联结是西方人所倡导的,源自卢梭的近代启蒙思想的教育观,我在 8 年前指导的一个博士生的毕业论文中对此做了专门的研究,后来我在多次演讲中公开阐述了"自然联结"这一观点。现在,我又进一步提出"四大联结"或"时空联结"是研学旅行中的人健康成长不可或缺的观点,并将其作为本书编撰的一大宗旨,在书中已得到了较好的反映。自然联结思想体系的形成,源自古老中国的老庄哲学、《周易》和《黄帝内经》,以及董仲舒的《春秋繁露》等,因为它们系统性地提出了"天人相应"的思想。

　　不仅如此,我在公开演讲中,多次提到研学旅行培养人健康成长的"六力模型",这也是正在指导的一个博士生的毕业论文的重要内容,希望能尽快呈现出研究成果。六力模型的核心内容是在研学旅行中,让人们的认知力、创造力、行动力、意志力、决断力、亲和力达到共同均衡发展的状态,形成一种动态平衡,如是,一个人的综合能力才能全面提升。反过来说,研学旅行重点在培育人的"六力"。

　　本书的撰写集众力之长,汇集了全国不少高校的学者们共同编写,也有奋战在研学第一线的企业经营者参加,做到理论与实践结合,"知行合一"。在此,对所有的作者表示衷心的感谢! 也要感谢华中科技大学出版社的李欢、汪杭等编辑付出的辛勤劳动!

　　本书撰写和统稿人员分工如次:

　　第一章:由成都信息工程大学马克思主义学院王英副教授撰写。

　　第二章:由首都师范大学资源环境与旅游学院张胜男教授撰写。

第三章：由四川大学旅游学院李慧讲师撰写。

第四章：由成都来也旅游发展股份有限公司研学旅游部钟畅经理撰写。

第五章：由华南师范大学旅游管理学院吕明讲师撰写。

第六章：由新疆农业大学经济管理学院董良泉讲师撰写。

第七章：由乐山师范学院旅游与地理科学学院陈金龙副教授撰写。

第八章：由贵州师范学院旅游文化学院韦欣仪教授撰写。

第九章：由世界研学旅游组织亚太区首席运营官田志奇撰写。

第十章：由西南民族大学旅游与历史文化学院黄文教授撰写。

第十一章：由四川大学旅游学院硕士研究生晏愉、罗羽杉撰写。

李慧、董良泉、黄文、王英参与了全书的统稿。

杨振之

2022 年 9 月 29 日

目录
Contents

Note

Note

第一章
研学旅行的发展历程

学习目标

（1）了解世界主要国家的研学旅行的发展历程。

（2）理解中国、日本、美国、英国研学旅行的概念、政策、目标、任务、保障。

（3）掌握中国、日本、美国、英国研学旅行的政策、内容、原则以及实施意义。

思维导图

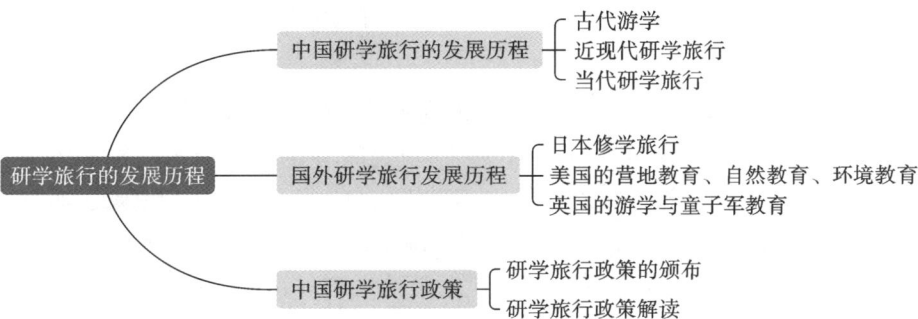

学习重点

（1）中国、日本、美国、英国研学旅行的概念、目标、任务、保障。

（2）中国、日本、美国、英国研学旅行的内容、原则以及实施意义。

（3）中国研学旅行政策及要点。

案例导入

2016年11月30日，教育部、国家发展改革委、公安部、财政部、交通运输部、文化部、食品药品监管总局、国家旅游局、保监会、共青团中央、中国铁路总公司等 11 部门联合颁布《关于推进中小学生研学旅行的意见》,对"研学旅行"的重要意义、工作目标、基本原则、主要任务、组织保障等重点领域提出了具体指导意见,提出了将研学旅行纳入中小学教育教学计划、加强研学旅行基地建设、规范研学旅行组织管理、健全经费筹措机制、建立安全责任体系等五大主要任务。

由此,我国研学旅行工作进入了新的历史时期。为了规范研学旅行服务流程,提升服务质量,引导和推动研学旅行健康发展,国家旅游局发布行业标准《研学旅行服务规范》于 2017 年 5 月 1 日起实施。

(资料来源:《关于推进中小学生研学旅行的意见》。)

分析思考:

(1)通过互联网获取至少 5 个与"研学旅行"有关的政策法规,解读这些政策并与同学分享感想。

(2)谈谈你对中国、日本、美国、英国研学旅行的发展历程、实施政策以及具体案例的看法。

第一节　中国研学旅行的发展历程

中国自古就有游学之风,其历史悠久、内容丰富。游学的历史与思想可追溯至先秦诸子百家的游学活动。"游学"一词较早见于《史记·春申君列传》的"游学博闻"[①],后见于《论语》的"志于道,据于德,依于仁,游于艺"[②],《庄子·外篇·刻意》的"教诲之人,游居学者之所好也"[③],陶渊明《饮酒·十六》诗中的"少年罕人事,游好在六经",《礼记·学记》云"故君子之于学也,藏焉修焉,息焉游焉"[④],《辞源》上的游学即周游讲学,外出求学[⑤]。

所谓游学,即行为主体通过旅行、旅游的方式,以提高道德修养、陶冶情操、增长见识、实现政治抱负等为主要目的的异地求知、修身、交友、救国等性质的积极活动,是传统学习和教育的一种方式。"游"与"学"二者存在着辩证关系,游是途径,学是目的,游学既不是单纯地旅行,也不是简单地学,而是求知、修身、入仕、交友、救国等的重要途径,是在非惯常环境[⑥]下的体验式学习。

首先提出游学理论的是先秦时代的诸子百家,尤其是儒家与道家。他们既是游学

---

① 吕思勉.吕思勉读史札记(上)[M].上海:上海古籍出版社,1982.
② 杨伯峻.论语译注[M].北京:中华书局,2006.
③ 陈鼓应.庄子今注今译[M].北京:中华书局,2020.
④ 陈成国.礼记校注[M].长沙:岳麓书社,2004.
⑤ 辞源[M].北京:商务印书馆,1988.
⑥ 张凌云.旅游:非惯常环境下的特殊体验[J].旅游学刊,2019(9).

的最早实践者，又是游学理论的构建者。儒家和道家的游学理论不仅为人们普遍接受，而且一直影响和指导着中国的游学活动。儒家游学的中心理论是仁学之游与比德之游。"知者乐水，仁者乐山。知者动，仁者静。知者乐，仁者寿"，孔子主张在欣赏自然美的同时，将其类比为人的美好品德。荀子"故不登高山，不知天之高也；不临深溪，不知地之厚也"。庄子主张在大自然中游学，边游边学，在游中学；在社会中游学，游于人事，学有所得；在精神上游学，游心，畅志。道家游学的中心理论是逍遥游，即游学者应去观览万事万物的自然真貌、人生与自然的真谛。

一、古代游学

中国古代的游学时间较早，可以追溯到公元前770年。游学是最为传统的学习和教育方式，被历代各阶层人士所重视，在中国古代社会产生重要影响，真正践行了"读万卷书，行万里路"的古训。

（一）古代游学内容

中国古代游学活动时间跨度从春秋战国时期一直到明清时代，游学内容丰富，游学目的明确，游学规模不断扩大。

中国古代游学活动大致可以分为游说增识游学，重在求师访道，实现政治理想；修身比德游学，畅游自然，修身养性；稽古访志游学，实现人生价值；科考探险游学，成就人生理想。

中国古代游学始于春秋战国时期，此后各朝各代都呈现出不同的游学活动。春秋战国时期百家争鸣，士人游学络绎不绝，游学活动逐渐兴盛起来。

孔子、孟子、荀子周游各地，宣传仁义礼乐；苏秦斡旋于山东六国之间，推行"连横"学说；张仪穿梭于秦、楚、齐等国，推行"合纵"政策；晋公子重耳游学避祸；游说之盛的四大公子——赵国平原君、齐国孟尝君、魏国信陵君、楚国春申君纳贤养士，游说治国平天下。秦汉时期游学和经学密切联系，出现了士家子弟通过游历学习经学，获取仕途。游学丰富了众多学子、士人知识、阅历，也成就了许多名人名著，如"二十而南游江、淮，上会稽，探禹穴，窥九疑，浮于沅、湘，北涉汶、泗，讲业齐、鲁之都，观孔子之遗风，乡射邹峄，厄困鄱、薛、彭城，过梁、楚以归"的司马迁。魏晋南北朝时期，形成了独具特色的"玄游""仙游""佛游"，游学寄情、寄理于自然，代表人物有阮籍、嵇康、向秀、刘伶、阮咸、王戎、山涛、葛洪、陆修静、陶弘景、朱士行、法显。隋唐时期，游学演变为漫游南北，山水田园游以及佛游的求学、求仕，体验游的"大壮游"，代表人物有李白、杜甫、王维、玄奘。两宋的游学奉行"游中未敢忘忧国""景物理趣、明性见理"的游学理念，代表人物有王阳明、朱熹。元代出现了盛行一时的游学之风，儒学之游、从师之游、书院义塾之游兴盛起来。明代形成了求知自然山水和探索科学奥秘的游学之风，其代表人物主要有李时珍、徐光启、宋应星、徐霞客。清代形成了重实学、讲致用的游学之风，同时游学国外也是当时典型的游学方式，代表人物有顾炎武、潘来、颜元、李恭、容闳、张之洞等。

(二)古代游学影响

中国古代游学和研学旅行既有区别又有联系,外延上的区别如下。

第一,参与者不同。游学是在现代教育之前就存在的,是权贵、精英的专项权利,是社会的一种需求,表明了一种社会地位。而研学旅行是大众化的权利,是学校教育的延伸和补充。

第二,规模不同。游学是小规模的,一个人或者几个人。学校的研学旅行是团队出行,集中体现在团队的行动和能力上。

游学和研学旅行在内涵和目标上是一致的,并且是相通的。古代游学以游历名山大川,拜访名流名人为主要内容,以增进见识,完善人格,丰富人生阅历为目标的活动。研学旅行是实践的一种形式,强调的是在旅行中学习,帮助学生了解国情、热爱祖国、开阔眼界、增长知识,着力提高他们的社会责任感、创新精神和实践能力。

1.游学对游学主体的影响和价值

游学对游学主体产生重大影响,主要体现在锻炼身体、陶冶情操、磨炼意志、广交师友、掌握知识、培养才能、施展政治抱负等方面。通过游学,有志之士在古代社会崭露头角,活跃在不同领域。

2.游学对社会的影响和价值

游学促进了学术交流和文化传播,在一定程度上引导社会积极向上,并形成良好的社会风气。

3.游学对世界的影响和价值

古代游学验证了知识和生活的密切关系,实践了"读万卷书,行万里路"的理念,展示了人与自然的和谐相处,为实践教育和积累经验起到了良好示范作用,是研学旅行的理念和逻辑渊源。中国古代是最先在世界范围内提出游学概念、游学理论的,并进行了游学实践,古代游学蕴含中国传统文化的精髓和理论,为世界贡献了中国智慧和方案。

(三)古代游学典型代表

1.游说增识行者——孔子

被联合国教科文组织评为"世界十大文化名人"之首,中国古代的"天纵之圣""天之木铎",中国著名的思想家、教育家、政治家,万世师表,儒家始祖孔子,其人物和思想对中国和世界都产生了深远影响。

孔子游学堪称我国古代研学的典范,其游学精神主要表现在以下三个方面:游学求道,塑造自我;游仕布道,实现自我;游心悟道,超越自我。孔子游学准则为父母在,不远游,游必有方;志于道,据于德,依于仁,游于艺。孔子游学内容包括近游观、远游观、尚古观、与民同乐、山水比德说等。近游观——重人伦文化:父母在不远游。远游观——志在四方:桑弧蓬矢,志在四方。尚古观——信而好古,述而不作。与民同乐——贤者与民同乐,故能乐其乐。山水比德说——智者乐水,仁者乐山。

孔子聪明好学、博学好礼。"三人行,必有我师焉,择其善者而从之,其不善者而改之",孔子学无常师,先后问礼于老聃、学鼓琴于师襄子、访乐于苌弘等。学习中"学而不厌，诲人不倦"，不断揣摩和练习，达到最好。随师襄子学鼓琴《文王操》，从"未得其数，未得其志"，反复钻研，体会琴曲的内涵，一直练习到他看到文王的形象在乐曲中表现了出来。孔子常将祭祀用的礼器（俎豆）摆设起来，练习行礼、演礼，注重生活实践。

孔子曾做过文书，担任过委吏（管理仓库）、乘田（管理牧场），后来被任命为中都宰，升任为司空，后又升任为大司寇，一直到升任为代理宰相，兼管外交事务。事无大小，孔子均能做到近乎完美。为官时期的孔子一直保持学习的习惯，学以致用。

孔子教育思想博大精深，通过广泛而深入地教育实践，言传身教地践行各种教育原则和教育理念。孔子提倡读书人去郊游，以修身养性，陶冶灵性同时提倡读书人游学、游说，去锤炼意志，实现抱负。孔子以实际行动践行"天下归仁"，试图改变"战乱四起，礼乐崩坏"的社会局面，率众弟子周游列国，辗转于卫、曹、宋、郑、陈、蔡、叶、楚等地，行走中宣传礼乐文化，践行教化之道。周游列国的过程就是一次次研学旅行，重点体验生存之道、生命之道。孔子通过与众弟子之间的教学互动，注重社会事物之教授，言传身教，探索了许多教学方法，对后世教育具有借鉴价值。孔子及周游列国的活动堪称世界游学的先师和典范。

基于研学旅行内涵，概括孔子教育思想有以下几点：

（1）教育内容的丰富性和全面性。

"六艺"皆技能，孔子的六艺指礼、乐、射、御、书、数。礼即行为习惯、礼仪程序（德育教育）；乐即音乐、舞蹈、诗歌（美育教育）；射即射箭技术（体育教育）；御即驾驶马车的技术（技能教育）；书即指书写、识字、作文（劳动教育）；数即理数、气数规律（智育教育）。从中可以看出孔子的六艺皆技能，寻求教育的全面发展和综合提高。他主张"以德育人"，把"德"的内容分为道、德、仁、艺四个层次，"志于道"是最高准则，"据于德"是具体表现，"依于仁"是具体内容，"游于艺"是实际运用。更加重视和强调道、德、仁、艺等核心素养的有机统一和因材施教。

（2）教学方法的独特性和引导性。

孔子在教学中强调循循善诱、因势利导。如《论语·颜渊》中的"以友辅仁"的环境熏陶育人法；《论语·颜渊》的"内省不疚"的自我教育法；《论语·述而》的"多闻，择其善者而从之""多见而识之"的实践教育法，以及《论语·雍也》的"知之者不如好之者，好之者不如乐之者"和"知之为知之，不知为不知""不耻下问"的求学姿态。可见孔子教学中更加注重教学环境和教学氛围，主张在实践中获取知识。

（3）教学环境的社会性和体验性。

《论语·述而》中有"德之不修，学之不讲，闻义不能徙，不善不能改，是吾忧也"。孔子看重教育的社会性、体验性，采用"视思明""听思聪""闻一知二""闻一知十""举一反三""能近取譬""告诸往而知来者"等教法，坚持"默而识之""一以贯之""由博返约"。要求学以致用，学习所得必须见之于行动，将知识运用到政治生活和道德实践中去。孔子还强调"传"与"习"的重要性，特别强调"传习结合"，尤其看重"习"。温习、练习、实习中获取新知。

2. 游历问道行者——司马迁

司马迁在近二十年的游学经历中，收集了大量的民间逸事、传说、旧俗风谣，掌握了

拓展阅读
▼

丰富的第一手资料,这为他考证探究历史的本源做了准备。游学对司马迁的人生观、历史观亦产生了深远的影响。

(1)司马迁游历时间。

《韩城县志》记载司马迁成长于"山环水带,嵌镶蜿蜒"的自然环境中,少年时代的司马迁耕读放牧,后随父入京城,见多识广。故司马迁自小就有游历的思想和基础。司马迁几乎一生的时间都在游历中,概括起来分为漫游和巡游,漫游大约自公元前125年起,巡游始于公元前118年。

(2)司马迁游历路线。

司马迁的游历足迹几乎遍及了整个中国。漫游范围集中在今天的中原及江淮地区。从京师长安出发东南行,出武关至宛。南下襄樊到江陵。渡江,溯沅水至湘西,然后折向东南到九疑。窥九疑后北上长沙,到汨罗屈原沉渊处凭吊,越洞庭,出长江,顺流东下。登庐山,观禹疏九江,展转到钱塘。上会稽,探禹穴。还吴游观春申君宫室。上姑苏,望五湖。之后,北上渡江,过淮阴,至临淄、曲阜,考察了齐鲁地区文化,观孔子留下的遗风,受困于鄱、薛、彭城,然后沿着秦汉之际风起云涌的历史人物故乡、楚汉相争的战场,经彭城,历沛、丰、砀、睢阳,至梁,最后回到长安。司马迁任郎中后,"奉使西征巴、蜀以南,南略邛、笮、昆明"[①]后随汉武帝"巡祭天地诸神名山川而封禅",北至辽西,东至山东,西至甘肃,南达四川、云南地区。

(3)司马迁游历内容。

司马迁游历的内容十分广泛而丰富,主要了解和考察各地人文风情、经济状况,特别是在考证古籍、寻访先人、辨识真伪方面尤为下功夫。后期出使边塞及跟随汉武帝巡游,深刻了解了当地民风、民俗。

(4)司马迁游历影响。

司马迁游历的辉煌成果充分展示了其游学价值,体现在对司马迁本人的影响和著书立说中。游历中司马迁不畏艰险,矢志不渝。收集资料,追本溯源,去伪存真,真实地记录历史发展,展现了司马迁独特的历史观和价值观。"自刘向、扬雄博极群书,皆称迁有良史之材,服其善序事理,辨而不华,质而不俚,其文直,其事核,不虚美,不隐恶,故谓之实录"[②]司马迁在著书立说《史记》中,掌握了丰富的第一手资料,对历史人物有了更为深刻的认识,使其所述人物、事件更加真实、生动。游历使人正直、勇敢,游历的见闻、所感让司马迁在后来为官中敢于直谏和伸张正义。

3.游历科考行者——郦道元

郦道元嗜书如命,特别热爱地理方面的书籍,认真研读后发现有许多值得考证和补充的地方,于是决心游历名山大川,实地考察地质地貌。自幼就随父访求水道,博览奇书,游历秦岭、淮河以北和长城以南的广大地区,考察河道沟渠,搜集风土民情、历史故事、神话传说,对地理考察抱有浓厚的兴趣。在为官时也经常乘工作之便和公余之暇,进行实地的地理考察和调查。其游历足迹北起阴山、南到汉水、西达西岳华山,东至山东半岛北魏的领地范围之内。凡是他走到的地方,他都尽力搜集当地有关的地理著作

---

① 司马迁.史记·太史公自序(卷130)[M].北京:中华书局,1982.
② 班固.汉书·司马迁传[M].北京:中华书局,1962.

和地图,并根据图籍提供的情况,考查各地河流干道和支流的分布,以及河流流经地区的地理风貌。考察后都会把自己的见闻详细地记录下来。日积月累,郦道元掌握了许多有关各地地理情况的原始资料。他撰写的《水经注》四十卷,文笔隽永,描写生动,是一部内容丰富多彩的地理著作,郦道元也成为古代详细介绍中华大地地质、人文、历史风貌的第一人,为我国地质勘探的发展和研究,提供了宝贵的历史资料;同时《水经注》也是一部优美的山水散文汇集,成为中国游记文学的开创之作,对后世游记散文的发展影响颇大。

4. 东方游圣——徐霞客

徐霞客是明朝地理学家、旅行家和文学家,著有《徐霞客游记》,被称为"千古奇人"。徐霞客受耕读世家的文化熏陶,幼年时期勤奋好学、博览群书,尤其钟情于地经图志,少年即立下了"大丈夫当朝碧海而暮苍梧"的旅行大志。22岁的徐霞客正式出游,直到54岁逝世,绝大部分时间都是在旅行考察中度过的。其足迹遍及今江苏、浙江、山东、山西、陕西、河北、河南、安徽、江西、福建、广东、湖南、湖北、广西、贵州、云南和北京、天津、上海等省、直辖市、自治区。在三十多年的旅行考察中,徐霞客主要是靠徒步跋涉,不畏艰险。旅行后坚持记录,编写了游记和山志。徐霞客的旅行主要是探索大自然的奥秘,寻找大自然的规律。在山脉、水道、地质和地貌等方面的调查和研究都取得了超越前人的成就。徐霞客记录的游记,既是地理学上珍贵的文献,又是笔法精湛的游记文学。"达人所之未达,探人所之未知",《徐霞客游记》开篇之日(5月19日)被定为中国旅游日。《徐霞客游记》堪称中国旅游史及中国文化史上的一座里程碑,徐霞客是真正意义上的旅行家,开启了旅行新时代,使旅行正式成为人们的生活方式之一。

中国古代的游学历史悠久,游学形式多样,游学内容丰富,游学影响深远。在各个时期产生了一大批游学先贤,这些杰出人物的游学精神鼓舞人心,游学经历催人奋进。同时中国古代的游学更多地彰显了其社会价值,有利于文化传播、传承,有利于学术交流、提升;有助于民族文化弘扬、发展,有助于道德规范、形成;有益于"教""学"及探索、实践,有益于"学""行"及融合、创新。中国古代游学是现代研学旅行的"土壤"和"基石",现代研学旅行汲取游学的养分、传承游学的精神,使其开展的内容更加丰富,开展的途径愈加多元,研学旅行的意义越发深远。

二、近现代研学旅行

半殖民地半封建社会中的国人试图走出国门,学习西方先进技术、文化以救亡图存,为此游学发展到近代演变成了有志之士探索救国救民的国外游历。张之洞的《劝学篇》首次将游学引申为出国留学并被清政府官方广泛引用。近代的留学主要经历了四个阶段:赴美留学、赴日留学、庚款留学、留法勤工俭学。这一时期的留学形成了多元化局面,为此造就了一大批出色的政治家、科学家及团体,如康有为的旅游实践与维新变法运动、毛泽东的游学活动与思想、新安旅行团等。海外旅行游历是近代中国走向世界的基本方式,对中国文化的近代化转型、民族性格的重塑以及社会风尚的趋新产生重要影响。游学后归国的留学生对近代中国影响比较大,是中国社会发展不可或缺的力量,他们充分发挥自己学贯中西的优势,广泛活跃在政治、经济、文教、卫生等各个领域,成为"科教兴国""人才强国"的生力军。

(一)游学救国行者

在近现代历史上探索救国救民游学道路上,出现了许多读万卷书、行万里的名人佳话。如实地考察、体验生活、学史修德、国外求学等。其中典型的游学救国行者就是毛泽东。

毛泽东在《讲堂录》中提到"闭门求学,其学无用。欲从天下万事万物而学之,则汗漫九垓,遍游四宇尚已。"并多次采用游学的方式深入农村进行社会调查,借以了解社会,学习书本上学不到的东西。毛泽东的游学体现在救国立志求真理、身心修养与锤炼、实践至善三个方面。

救国立志求真理,是青年时代毛泽东求学的主题。1912年,毛泽东在湖南省立图书馆自修了半年。阅读了大量中外书籍,尤其是西方资产阶级民主主义思想和科学成就的社会科学、自然科学方面的著作。这次图书馆游学极大地开拓了毛泽东思路与民主启蒙思想,使他的革命民主主义思想又向前迈进了一步。1911年至1918年在长沙求学期间,他不仅广泛学习人文社会科学著作,还积极从事社会实践活动,关心国家和世界的大事。其间在长沙定王台湖南省图书馆自修半年,勤奋好学、博采众长。1918年9月到1919年3月,毛泽东第一次到北京筹划赴法勤工俭学活动,并利用此机会广泛接触了当时社会各种新思潮,特别是结识了李大钊,并在北京图书馆做助理馆员。在李大钊的引导下,毛泽东认真地研讨了《庶民的胜利》《布尔什维主义的胜利》等关于俄国十月革命和马克思主义基本学说的文章。1920年2月毛泽东第二次到达北京,认真研读了《共产党宣言》《阶级斗争》《社会主义史》三部著作,这使得青年毛泽东从一个信奉教育救国论的改良主义者转变为信仰马克思主义的共产主义者。正如他说:"到1920年夏天,在理论上,而且在某种程度的行动上,我已成为一个马克思主义者了,而且从此我也认为自己是一个马克思主义者了。"①

毛泽东特别注重自己身心的修养与锤炼。他曾说:"吾人立言,当以身心之修养、学问之研求为主。"②在努力加强道德修养和积累知识的同时,更应该做一个德、智、体全面发展的人。为磨炼自己的意志力,青年毛泽东经常组织有志青年野外露宿、游泳、登山、风浴、雨浴、冷水浴、日光浴等活动。

毛泽东注重把"精神个人主义"推进到"现实主义",重视"现在""实现",主张"知行合一""实事求是"。要踏着人生社会的社会实际说话。凡吾思想所及者,吾皆有实行之义务,即凡吾所知者,吾皆有行之义务。③这种"知了就要行"的实干精神,激励着他从事新村实验、驱张运动、湖南自治运动,特别是马克思主义的革命实践活动。他用实践来探求真理,认为真理是天然本质的反映,强调从天然本质中求真理,同时真理又能够指导人的实践,是有"价值"的。他尤为反对死读书,读死书,认为学问必于实际中求之,只有走出课堂,面向天地万物,才能获得真知。因此,他主张不仅要善于读"死"的书本,

---

① 埃德加·斯诺.西行漫记[M].董乐山,译.北京:生活·读书·新知三联书店,1979.
② 中共中央文献研究室,中共湖南省委《毛泽东早期文稿》编辑组.毛泽东早期文稿[M].长沙:湖南出版社,1990.
③ 中共中央文献研究室,中共湖南省委《毛泽东早期文稿》编辑组.毛泽东早期文稿[M].长沙:湖南出版社,1990.

而且还要善于读"活"的书本,不但要读"有字之书",而且还要读"无字之书"。

为了更多了解社会,毛泽东曾多次走出校门,深入到群众中去做调查研究。1917年暑假,他和同窗好友萧子升以"游学"的方式,做社会调查,步行千里,游学长沙、宁乡、安化、益阳、沅江等五县,实地考察了当地的历史、地理、社会风俗人情,农民及其他阶层人士的生活状况。同年 10 月,他又利用办"夜学"的机会接触工人,了解工人情况,对工人做了一次较广泛的调查。12 月到文家市一带做社会调查,对农民的家庭情况进行了了解。1918 年夏,毛泽东又与同学蔡和森在洞庭湖边的浏阳等地农村进行了半个多月的实地考察,沿洞庭湖绕了半圈。1921 年春夏,他又到岳阳、华容、南县、安乡、湘阴等地农村进行调查。通过这些游学调查活动,毛泽东写下了许多心得笔记,深入地了解了中国社会,尤其是广大农村的现实情况。1918 年夏,毛泽东与蔡和森组织一批赴法勤工俭学的湖南青年去北京,途中因铁路被洪水冲断,火车暂停河南郾城,毛泽东就利用等车的机会,安排大家分批轮流到车站附近的农村看看,了解当地农村的情况。五四运动前后,毛泽东又两次到北京近郊长辛店铁路及工厂,深入到工人中,就工人的现状和要求做了具体地调查研究。毛泽东"徒步千里、击水三千"的实践观以及敢于实践的精神激励着近现代研学旅行,特别是在注重调查研究、社会实践、探索真问题上为学生研学旅行指明了方向。

(二)儿童生活教育典范

20 世纪 30 年代,著名教育家陶行知抱着教育救国理想,积极倡导"知行合一"理论,认为"行是知之始,知是行之成""生活即教育,社会即学校"。新安旅行团是践行陶行知教育理论的先行者,是儿童生活教育的典范,是学校教育和生活教育进行全面、科学融合的倡导者。

1933 年 10 月江苏省淮安县河下镇新安小学校长汪达之带领 7 名新安小学学生组成新安儿童旅行团,以卖报自筹经费的方式,历时 54 天参观访问上海。1935 年 10 月新安旅行团成立,以践行陶行知先生的"生活即教育,社会即学校"的理念,旅行团中的 14 名学生通过唱歌、劳动、卖书、卖报、爱国演讲等自筹经费的方式,观察和学习沿途地理、风俗、民情,调查和见习乡村、工厂,宣传和主张抗战、爱国。历时 17 年,新安旅行团足迹遍布大半个中国,途径 18 个省市,行程 5 万公里。后来新安旅行团不断壮大,先后有 600 多名少年儿童参团,为民族解放事业做出了巨大贡献,最后锻炼成各种人才。中共中央政治局委员胡乔木给新安旅行团 50 周年题词"新安旅行团的光荣历程永远是全国儿童的典范"。

1. 新安旅行团的研学旅行内容

首先,确立旅行的目的,树立爱国主义思想和改造社会的远大理想信念。

其次,旅行的内容是践行陶行知的"生活即教育""社会即学校"理论:教育必须结合生活、融入生活,与自然界、人类社会结合起来,办社会需要的、满意的学校。

最后,旅行的原则是学生通过集体生活,培养集体观念和自觉纪律。

2. 新安旅行团的研学旅行意义

新安旅行团是研学旅行的良好范例,为研学旅行提供了理论指导和实践论证;新安旅行团诠释了理论与实践、生活与教育、社会与教育的辩证关系，为研学旅行的开展提供了理论支撑；新安旅行团培养了学生自立、自强、团结、奋进精神，为研学旅行的开展指明了教育目标。

知识活页

　　1939年夏，新安旅行团成立伤兵之友队，共20人，到桂林大圩镇第六第七伤兵医院工作，新安旅行团的小朋友们每天到病房去教伤兵识字、唱歌，代写家信，给他们读报、讲故事，同他们拉家常，也请他们讲杀敌故事。有时护士忙不过来，他们就协助护士为伤兵换药、洗伤口。"伤兵们也渐渐把他们当作自己的小弟弟小妹妹，把家里寄来的照片给他们看，买糖果水果给他们吃。屠明天性活泼，得到许多人的喜爱。他脸上有一块红色印记，伤兵们都亲热地叫他'小红'。士兵们把糖果瓜子拿给他，他解释说'团体有规定，不能吃，也不能要伤兵大哥哥的东西'伤兵们逼得紧，他就借故跑开。这样几次后，有的伤兵竟发起脾气来，说：'不吃就是看不起人，下次就别来了！'他流着泪把一块糖果放在嘴里说'你叫我犯了纪律，下次我也不能来了！'那伤兵叫了一声'孩子'！把抱住他，流下泪说'我这是心疼你啊！你们生活那么苦，跑东跑西，没见吃过一块糖！你犯纪律怪我，我跟你一块找你们队长去说！'周围的人都被感动了。屠明破涕为笑说'不用你去，只要你们不逼我吃东西，我还是照常来！'晚上屠明在生活会上汇报了这件事，大家都说他坚持不要伤兵的东西做得对。"①

三、当代研学旅行

　　中国的当代研学旅行主要是举办带有研学旅行性质的各项活动和接待外国来华的旅游团活动。

　　1978年党的十一届三中全会召开，提出对外开放的政策，中国在政治、经济、文化、教育等方面发生了翻天覆地变化。为此大量外国旅游团不断来华进行旅游、学习、参观。主要是日本、韩国、东南亚国家以及欧美等国的"修学旅游团"。因此中国三大旅行社：国际旅行社、中国旅行社、中国青年旅行社，以及地方旅行社，纷纷推出具有中国特色的修学旅行线路、产品、服务等接待外国研学旅行者。

　　在国外研学旅行的刺激下，国内旅游行业、教育行业开始思考中国研学旅行，出现了很多学校、旅行社组织的各种带有研学性质的勤工俭学、爱国主义教育、红色旅游、历史文化探源、地质生物考察等活动，以及一部分学生和家长的出境、出国游。但此时的研学并没有形成规模，更没有具体的研学旅行政策和方针出台，研学旅行的开展只限定在个别地区和学校。

　　①　大朋.拨动伤兵的心声——回忆新旅的伤兵之友队[M]//新安旅行团在桂林.桂林:漓江出版社,1995.

第二节　国外研学旅行发展历程

欧美语境中,研学旅行通常表达为"Study Tour""Study Tourism",还充斥着大量与之相似的表达,如"大陆游学"(Grand Tour)、"教育旅游"(Educational Tourism、Educational Tour、Learning Travel)、"户外教育"(Outdoor Education)、"环境教育"(Environmental Education)、"营地教育"(Camp Education)以及"考察旅行"(Field Trip)等。

日语语境中,研学旅行表达为课程型的"修学旅行"(しゅうがくりょこう)和课外型的体育项目、短期语言项目和文化交流项目等的"研修旅行"(けんしゅうりょこう),普遍使用"修学旅行"概念。国外的研学旅行的历史与思想可追溯至 16 世纪英国的贵族教育、18 世纪的日本修学旅行以及世界童子军教育,19 世纪末到 20 世纪初普及到有组织的露营活动,20 世纪上半叶北欧国家率先发展森林学校,第二次世界大战后政府性、志愿性、商业性的自然教育齐头并进。国外研学旅行的发展虽不如我国研学旅行历史悠久绵长,但这种通过旅行、旅游方式实现特定教育目的的方式和举措,已成为美国、英国、日本、韩国等国家现代教育体系的重要组成部分,其发展迅速并带有各国特色。

一、日本修学旅行

研学旅行在日本被称为修学旅行,日本修学旅行已经有一百多年的历史,作为日本小学、中学教育的一环,已经被纳入国民教育体系中,是日本学校极具特色的活动之一。日本修学旅行有着深厚的历史、社会根源,是日本文化的一部分,并不断被传承和发扬下去。

(一)日本修学旅行概念

旅行的日文为旅行(りょこう),即"見物・保養・調査などのため、居所を離れてよその土地へ行くこと。"①后来随着社会的发展,语言也不断地和生活、社会融合、创新,与他词构成复合词,被赋予新的内涵。其中修学旅行(しゅうがくりょこう)被广泛使用,"教師の引率のもとに、児童生徒が学問や知識を学びおさめることのために行う旅行",其意思是在教师的带领下,学生为学习学问、知识等而进行的旅行。② 从修学旅行的词源上看,修学旅行包含旅行方式、旅行目的,强调旅行的组织、安排和后天参观、学习得到的知识和体验。

日本修学旅行是日本基础教育阶段包括特殊学校在内开设的必修课,是学校教育的特别教育活动,由教师带队并住宿的非惯常环境下的集体参观、学习、研修为目的的旅行活动。

---

① 松村明,佐和隆光,养老孟司.日语新辞林[M].北京:北京出版社,2002.
② 松村明,佐和隆光,养老孟司.日语新辞林[M].北京:北京出版社,2002.

2019 年日本修学旅行研究报告指出"修学旅行被指定为学习指导纲要的特别活动,其目标就是在学生的心中留下永不褪色的回忆,培育作为社会性的、人的生活方式、丰富的感性等诸多教育价值的活动。而且也是不断充实、发展日常学校学习活动和人际关系的教育活动。"[①]

综合以上定义,日本修学旅行具备以下要素:

(1)教育对象的主体性,以中小学生为教育主体。

(2)教育形式的集体性,集体活动,集中食宿。

(3)教育环境的开放性,地点为校外,场域丰富,体验自然环境、社会环境下的活动。

(4)教育方法的探索性,体验教育与探索性学习相结合。

(5)教育目标的成长性,以促进学生社会性、人性的具有教育价值的活动。

(二)日本修学旅行溯源

日本修学旅行的历史悠久,主要历经嚆矢、发端、流变、完善四个阶段。日本修学旅行的嚆矢时期的形式可以追溯到江户时代的社寺参拜,其母体是参拜伊势参宫和参观交代制度。伊势神宫是当时民众出行和旅行的首选地,神宫的参拜也成了当时人们外出、交往的模式。通过这种模式,人们的交往得以持续、交流得以顺畅,为后来修学旅行在学校教育中开展奠定了基础。

参观交代制实际上是幕府维护统治的一种政治方法,限制了大名在其领地的时间、财力、物力、势力,再加上人质制度,有效地维护了幕府的稳定。同时参观交代制也是大名的"自费旅游",旅途前的安排、旅途中的执行,旅途后的消耗,不得不说参观交代制是大名的集团旅行,这种旅行带有政治服役色彩,同时对幕府来说也是带来巨大收益的旅游策划。随着日本政治的稳定和经济的发展,特别是以货币为基础单位的经济体系的建立,道路修整、秩序维护得以保障,促进了日本民众出行,进一步扩大了交往。同时,这一时期荷兰通商时节、朝鲜时节、琉球时节等外国通商使节不断地来到日本,扩大了日本人交往范围和视野,加强了交流和学习,使日本观光旅行开始流行起来,并不断地走进人们的生活中。观光旅行的发展为日本修学旅行提供了交流、参观基础。

日本修学旅行嚆矢时期有其丰富的教育基础作为支撑。镰仓幕府和室町幕府时期的教育的基本思想是武士教育和寺院教育思想;江户幕府时期的教育基本思想是儒学、国学、洋学教育思想。学校和教育机构不断增多,有培养辅佐幕府政治官吏和实务人才的幕府直属学校、各藩和商人建立的培养人才的近代中学和专科学校教育前身的藩校、广泛社会阶层建立的教育平民子弟的近代小学教育前身的寺子屋、幕府或各藩监督和保护建立起来的培养平民子弟的日常生活教育的公办学校乡校、家庭中设立的专门的教育机构私塾,这些学校和教育机构的不断建立为日本修学旅行奠定了教育基础和教育资源。

日本修学旅行发端于明治时代。明治时代的修学旅行按照是否有法律政策规定分为非法律政策规定下的、自发式的、小规模的修学旅行和法律政策规定下的、有组织的、多样化的修学旅行。按照修学旅行的内容分为军事体操式、武装行军式、兵式分离式修学旅行。

---

① 公益財団法人、全国修学旅行研究協会:《2019(令和元)年度調査研究報告》,2020(令和 2 年)年 4 月発行。

　　明治维新后的日本在教育方面进行了一系列改革和创新,有1871年组织了赴欧美各国考察、学习的教育使节团,有革新派和保守派之间不断尝试、激烈探讨下,先后颁布了一系列法令、政策。1871年成立的文部省和1872年颁布的《学制》为修学旅行提供了指导和内容。1879年颁布的《教育令》为修学旅行提供广阔空间和便利,使得修学旅行的实行更加灵活、自由、丰富。1886年以敕令形式颁布的《学校令》——《帝国大学令》《师范学校令》《中学校令》《小学校令》,分别在教育目的、教育手段上强调日本国家主义教育思想,教育的目的是适应国家需要,教授和研究学术、技术理论,培养顺良、信爱、威重的国民气质。教育手段是通过军事训练和管理,分科分类进行德育教育,使得修学旅行具有浓厚的日本国家主义色彩。1878年的永清馆40名8年级学生在新年后对寺山观音进行参拜;1877年东京攻玉塾组织学生参观了在芝公园举行的博览会,并进行校外授课。这些都是早期自然产生的修学旅行行为,并非受到国家政策规定而进行。1886年2月日本的东京师范学校组织学生到千叶县进行长达11天的"长途远足"。1886年12月在《茗溪棋会杂志》上,最早将学生"长途远足"称为"修学旅行"。"修学旅行"一词最先见于日本在1887年4月20日发行的《大日本教育杂志54号》,此后该词汇被广泛使用。1888年8月日本文部省将"修学旅行"写入《普通师范学校设施准则》,修学旅行正式成为日本学校内的活动。军事训练以及学术调查和参观学习是当时修学旅行的主要内容,修学旅行在师范学校、中小学中得到广泛开展。1890年10月30日颁布的《教育敕语》在修学旅行上强调武装行军、身心修炼。1899年颁布的《实业学校令》使得修学旅行继续高涨,特别是日本实业学校开始实施实学、实习——以实践为目的的实用学科学习、实习的修学旅行。明治后期的修学旅行发展成了法律政策指导下的有目的、有组织的修学旅行,特别是兵式体操加入修学旅行,使得修学旅行内容除参观和学习外,还加入了武装行军和海外修学旅行。

　　战后日本修学旅行的发展经历了依靠学生粮食自备的缓慢复苏阶段和《日本国宪法》《教育基本法》《学校教育法》《社会教育法》确立后的修学旅行与社会教育接轨阶段及经济高速、低速增长期的"ゆとりと充実の教育"——"宽松而充实的教育"①的以自主性的、实践性的、体验性的活动开展的个性化修学旅行和多样化修学旅行。

　　1946年开始正式将修学旅行纳入学校教育体系。1951年文部省颁布了修学旅行的学习指导计划,设定了小学、初中、高中的旅行次数、地点、规模和交通方式等,对活动规划、学生指导和安全教育、随行教师责任、效果评价都有明确要求。1987年日本积极推动海外修学旅行。2001年《21世纪教育重生计划》发布,提出将"通过多种多样的体验活动培养感情丰富的日本人"作为新世纪日本教育改革的战略重点之一。这一时期的修学旅行理所应当成为推动面向21世纪教育改革的重要手段、重要方法之一,其目标就是培养加强综合学习、丰富社会自然体验的修学旅行。

　　日本修学旅行在发展中不断完善,自日本全国修学旅行研究协会成立,在安全性、教育性、经济性上推进修学旅行教育发展;新交通工具时代下的修学旅行,开展新干线、海运、空运下的修学旅行多样化交通方式;以及1964年东京奥运会、中日建交等国际大事促使修学旅行蓬勃发展。国际化时代下的日本海外修学旅行呈现出个性化、多样化

---

①　赵彦俊,胡振京.日本"宽松教育"述介[J].外国教育研究,2008(7).

发展特点和趋势。随着国际化程度的日益加深,日本更加重视海外修学旅行的开展,其活动范围更加广泛,活动内容更加丰富,活动意义更加深远,修学旅行已经成为 21 世纪教育发展的基本趋势。

(三)日本修学旅行内涵

日本修学旅行历经历史考验并不断完善,其内涵丰富,包括修学旅行目的、修学旅行任务、修学旅行内容、修学旅行原则。

1.日本修学旅行的目的

日本修学旅行指导学生走出课堂进入社会,主动认识社会、了解社会、感知社会,将课本知识和社会知识有效衔接和深度融合,达到开拓视野、增闻强识。

日本修学旅行是日本公民教育中社会科课程实施的有效途径和手段。修学旅行可以培养日本学生的公共精神、公共道德;使学生直接体验集体生活、集体意识;提高公民素质、公民意识;统一知识侧面(社会知识即公民知识)和实践侧面(社会生活中应该采取的态度和行动即公民态度)[1];理解丰富多样而内容各异的文化,丰富在国际的、全人类视野中形成的人格[2]。

2.日本修学旅行的任务

日本的修学旅行活动安排依学生年级不同而有差别地形成了一个完整的体系:小学生和初中生一般在国内进行修学旅行,小学生主要就近参观名胜景点或集体泡温泉,初中生除了参观名胜景点,还要去参观国会议事堂、东京塔等教科书中出现的地方;高中生则每年在世界范围内进行一次社会学习,倾向体验自然和了解历史等。

日本修学旅行在教育任务上追求教育的广度和深度性。修学旅行的广度指涉及教育的范围,修学旅行的深度指获益教育的程度,无论是教育的范围和程度在修学旅行上不断探索、拓展,最终达到让修学旅行的学生获益最大化。日本修学旅行教育的广度包括学科知识、体验活动、课题研究、道德养成、协调性培育、人际沟通等;教育的深度包括知识获得、能力习得、素质修得等。

案例链接

学校的森林

日本岩手县久慈市从 2005 年开始,专门将一整片森林借给学校用于修学旅行,并将其命名为"学校的森林"。在完全没有修剪过的杂木林中,学生们自己动手修剪树木、设计道路、制作石凳,而第二年去修学旅行的低年级学生则接手来完成森林的维护和装饰工作,这样一年一年延续下去。活动让学生感受到森林已经融入了学校文化之中。有的学生在修学旅行结束时在日记中写到"一想到森林将一年一年地交到下一年级学生的手中,就会感到特别高兴。"

---

[1] 日比裕:《战后社会科教育史(1)》。
[2] 日本公民教育学会.公民教育的理论与实践[M].东京:第一学习社,1995.

3. 日本修学旅行的内容

日本修学旅行的教育内容丰富多彩,无论是提升人的素质内容还是体验式内容,都强调其全面性、具体性。

日本修学旅行的教育内容涵盖各个领域:国际理解、信息、环境、健康福利、劳动、志愿者、农山渔村、文化、各产业等。辐射各个行业:服务行业、信息产业、教育文化事业、农林渔业、制造业、医疗卫生业等。涉及各个学科:社会学、经济学、法学、教育学、文学、历史学、理学、工学、农学、医学、管理学、艺术学等。提升各种能力:社交能力、应变能力、组织能力、协调能力、观察能力、理解能力、自我控制能力、处理问题能力等。

日本修学旅行重视的内容和综合学习活动见图 1-1 和图 1-2。

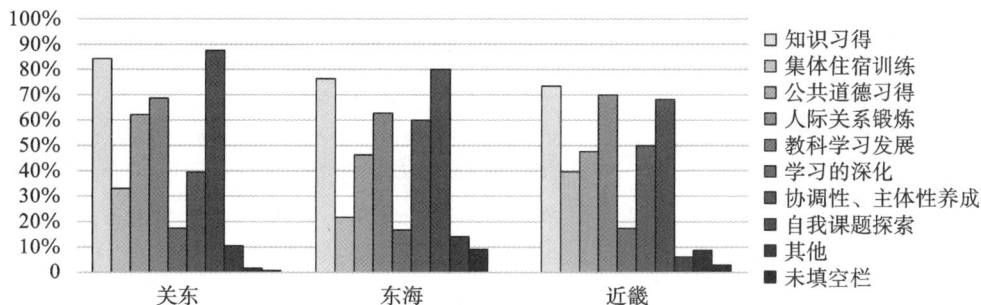

图 1-1　日本修学旅行重视的内容[①]

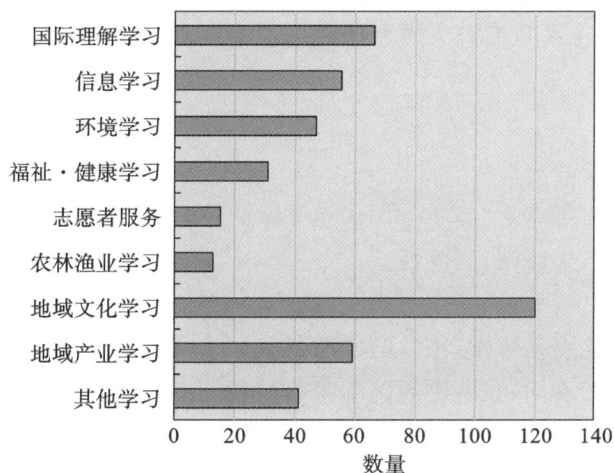

图 1-2　日本修学旅行综合学习活动[②]

在每一项学习内容下还设置了具体小项,具体到每一项内容的时间、要求、目的等。其中开展的活动主要有以下几个方面:

参观类历史学习活动:参观寺社、史迹、文物遗址、博物馆、产业遗址、传统街道和保护性建筑群。

---

① 公益财团法人、全国修学旅行研究协会:《平成 26 年度调查研究事业活动调查报告》。
② 《平成 14 年度"总合的な学习の时间の観点からとらえた修学旅行"》。

体验类活动：自然和野外类体验活动；制作类体验活动，如体验传统工艺，以及料理、食品制作；行业职场类体验活动，如参观企业和工厂、职场访谈和职场体验、销售和商业体验、农业、渔业、林业等体验活动；特别体验活动，如宗教体验、运动体验、志愿者体验等活动等。

自然环境学习活动：观察自然、地质考察、野外活动、环境学习等活动。

艺术鉴赏活动：传统艺术和祭祀体验，鉴赏音乐剧、戏剧、歌舞伎、文乐、能乐等欣赏活动。

国际交流与学校间交流的交流活动。

案例链接

大爱奈良世界遗产学习

奈良县的奈良市开展世界遗产学习，面向小学5年级至初中3年级的学生制定并发放《大爱奈良世界遗产学习》的辅助课本。奈良市立济美小学将世界遗产学习纳入教育课程，以当地的"人、事、物"为题材，从低年级开始系统性学习，如在低年级开展城市探险学习；中年级开展奈良公园的四季自然观察、调查贡献当地的人物等；高年级通过运用ICT设备制作图表等发现当地课题，开展邀请当地民众进课堂的特别活动，通过面向当地居民或外来游客等的问卷调查，以环境保护为切入点思考奈良未来等。[①]

4. 日本修学旅行的原则

日本修学旅行的重点是"修学"，形式和手段是"旅行"，因此日本修学旅行的原则上强调教育性、体验性、集体性、制度性。

（1）教育性原则。

日本修学旅行重点是修学，修学的实质就是以育人为出发点，学以致用，提高学生的综合素质。通过发现问题、解决问题等教学过程，培养学生的好奇心和思考力；通过集体学习过程，培养学生的合作意识、集体意识；通过各类体验式教育过程，培养学生的职业意识和服务意识。

（2）体验性原则。

日本修学旅行的基本属性是体验，注重学生的体验学习和体验获得。主要体现为丰富的体验式学习：社会体验、自然体验、生活体验、职业体验、文化体验等。独特的体验式获得：学生主体主动体验式参与、学生主体主动体验式理解。

（3）集体性原则。

日本修学旅行一直贯彻日本集团意识，以班级或者年级为单位进行集体修学旅行，

① 参见 https://www.taishoro.com/school-excursion.html。

体验集体生活,强调集团行动,执行集团命令,培养集团意识。

（4）制度性原则。

日本修学旅行一直都是在完善的制度管理和监督下进行的,有严格的制度支持、制度指导、制度监督、制度检验。文部省有完备的修学旅行指南、计划,各都道府县根据各自特色制定细致的修学旅行实施基准,各学校根据年级、学龄执行具体的修学旅行安排和任务,交通部门、医疗卫生部门、新闻媒体等社会各部门协助、监督其执行。

案例
链接

研学旅行村

神奈川县立爱川ふれあいの村以提供修学旅行营地而闻名,该村三分之一为营地空间,三分之二为自然观察和体验空间。营地功能齐全,有停车场、接待中心、体育馆、多功能馆、食堂、宿舍、仓库、炊事场、公共表演场所等。营地围绕"吃、住、行、观察、户外"进行修学旅行。营地有严格的管理要求,使用前必须阅读使用引导和规范,在教师和营地指导员的组织和安排下,按照使用手册执行其具体活动,营地严格执行青少年在用餐、就寝、环保方面的亲力亲为。

（四）日本修学旅行的保障

日本修学旅行的保障十分全面,具体包括政府政策制定、机构支持、学校演练、旅行社模拟、交通保障、信息支援、医疗卫生、媒体监督等具体环节。

日本全国中小学生修学旅行实施比率在 90% 以上[1],这得益于日本政府的财政支持。按规定,公立小学和初中的修学旅行费用补助由国家和地方财政共同承担而且逐年增加,这使得普通家庭都能担负起修学旅行的费用。

文部省给予了修学旅行重要的政策保障和财政支持,包括教育政策、法规颁布、实施,从政策上、计划上、组织管理上、安全保障上、活动评价上等严格管理修学旅行的实施。各都道府县的地方教育主管部门出台本年度具体的修学旅行实施细则,对修学旅行的活动日程、费用、人员构成、餐饮住宿等进行全方位审核,以保障修学旅行的安全性、教育性和经济性。社会组织作为推动者和协调者,推动和监督修学旅行。文部省于 1955 年 6 月 1 日召开第一次修学旅行协议会,1955 年 6 月 25 日,日本全国修学旅行研究协会在三重县贤岛成立并召开大会,1956 年 9 月 20 日"修学旅行手册"发行,1957 年 11 月 21 日举行财团法人成立纪念仪式。[2] 作为财团法人的全修协主要在修学旅行的

① 橋本萌.1930 年代東京府（東京市）小学校の伊勢参宮旅行:規模拡大の経過と運賃割引要求[J].教育学研究,2013.

② 公益財団法人日本修学旅行協会・修学旅行の改善向上と全修協の発足・活動[EB/OL].http://shugakuryoko.com/museum/rekishi/museum4000-04.pdf.

安全性、教育性、经济性三个基本方针上推进教育界行使其使命,提高修学旅行的意义。1977年10月10日全修协主办的修学旅行论文作文集《记忆在心底的修学旅行》出刊。同年,第20次教职员研修旅行实施,完成了研修旅行累计参加人数达到10万。1978年,在第22次教职员的研修旅行中,在以往的研修路线上增设了生涯学习的退休职业者的春秋"绿色团体旅行",在日本国内及海外实施。

知识活页

日本修学旅行的信息支援系统

　　日本修学旅行的信息支援系统主要体现在三个方面:安全上确认、保障支援;见学行动上的支援;学习效果的提高支援。为确保学生的安全,教员事先考察修学旅行场地的安全性,建立检查站制度,随行修学旅行的校长和教员监督和确保现场的安全,留守学校的其他教员配合随行教员,使用GPS系统,实时监控和处置安全事故。在见学行动上,信息支援系统主要事先发布目的地推介、交通换乘、导游服务等信息,而且这些信息的发布是实时的,有利于学校和学生根据信息的发布提前做好出行计划和出行准备。在学习效果的提升方面,信息支援系统主要在修学旅行前、修学旅行中、修学旅行后发挥其指导作用,特别是旅行后的回归学习是信息支援系统的一个必修内容,反思学习内容,落实学习效果[①]。

(五)日本修学旅行评价

　　日本修学旅行是根据日本社会、政治、经济、文化等背景综合制定的教育活动,是学生在教师带领下集体行动并伴有住宿的以参观、学习和研修为目的的旅行。日本修学旅行作为日本学校特别活动中的一项重要环节,承担着基础教育阶段课堂教学无法实现的教育功能,即通过非惯常环境,让学生拓宽视野,亲近大自然与传统文化,形成良好的集体行为习惯以及公共道德能力。

　　日本修学旅行又呈现出明显的日本特色性。首先,从修学旅行的重视程度上看,日本修学旅行已经成为日本文化的组成部分;已经纳入了国民教育体系,是教育发展中的重要一环;已经发展成日本各中小学校最具特色的活动,是学生的必修课。其次,从修学旅行的方式上看,日本修学旅行优先强调集体住宿、集体行动,强化集体意识、集体荣誉感。再次,从修学旅行的目标上看,日本修学旅行注重的是人的全面发展和终身学习,强调的是在人的一生中留下深刻印象,形成一生美好回忆。当然,在日本也有反对修学旅行的声音,修学旅行也存在着负面现象,如个性不能得到充分发展、修学旅行中的丑陋现象、过于成人化的问题,等等。

---

① 笠原秀一,森幹彦,椋木雅之,美濃導彦.位置情報に基づく修学旅行支援[J].システム/制御/情報,2013.

案例
链接

走进自己的心灵深处

2016 年 5 月，宫城县石卷市立凑中学的初三学生前往东京开展了一次三天两夜的修学旅行。该学校修学旅行的主题是"走进自己的心灵深处"。修学旅行前，学校首先选定了残障学习、环境问题、宇宙、科技、体育、医疗六大研修课题作为学生研究的主题方向，然后学校邀请每一领域的专家来到学校，与学生交流并提出一些需要学生自主调查的问题，由此激发学生兴趣，提高学生积极性，为修学旅行现场的学习做好准备工作。最后根据学生的研究兴趣进行分组，每组约 6 人。修学旅行当天，各小组实地考察了研究主题目的地，并再次与相关领域专家进行积极探讨。其中与专家探讨的内容、与同学交流的内容以及自己思考的灵感等都一一记录在提前分发的修学旅行小册子上。

修学旅行结束回到学校后，学生在教师的引导下，首先，进行小组内的总结、反思，包括回忆修学旅行中印象深刻的点滴、交谈记忆深刻的原因、与各专家交流中获得的重要信息，以及说明重要的原因。其次，教师询问学生今后如何把本次修学旅行中学到的东西进行活用。最后，教师鼓励学生试着把自己的所获、所感传达给小组之外的其他人，聆听其他人的感想并会进行话题主动交流[1]。

二、美国的营地教育、自然教育、环境教育

19 世纪到 20 世纪，美国营地教育、自然教育、环境教育等蓬勃发展。

(一)美国的营地教育

1861 年美国康涅狄格州一位名叫肯恩的教师，率领学生进行为期两周的登山、健行、帆船、钓鱼等户外活动。此后"肯恩营"每年 8 月在一座森林的湖畔集结，持续 12 年之久，为美国营地教育实施的形式和内容的发展奠定了基础。1910 年，阿兰·S. 威廉斯创立美国营地协会，并初次制定青少年营地体验标准。1948 年，美国夏令营协会制定的夏令营认证标准得到美国法律认可，并被政府指定为夏令营产业的行业标准。协会网站上列有各种夏令营的价格、地点、活动内容等。协会还通过应急措施、管理人员资格认定和培训、营地工作人员与孩子的比例、如何解决孩子不遵守纪律和想家等 300 条标准，对这些夏令营进行经常性检测和评估，并定期在协会网站上公开检测结果。1988 年，美国营地协会把营地活动定义为"一种在户外，以团队生活为形式，能够达到创造性、娱乐性并兼具教育意义的持续体验活动。通过领导力培训以及自然环境的熏陶，帮助每一位营员达到生理、心理、社交能力以及心灵方面的成长"。160 多年的营地发展史，使美国成为世界营地教育行业中的先行者，美国的研学旅行也主要体现在各类

---

[1] 参见 http://blog.sina.com.cn/s/blog_56ff266b0102xir0.html。

Note

营地活动中。目前全美有 1.2 万多个营地（约 7000 个住宿营地、约 5000 个非住宿营地），每年有约 1000 万的儿童和青少年参加营地教育。营地教育以体育运动、创作类、创意思维和户外技能类为主要课程内容，也会针对孩子生病疗养、生活习惯改善、各种运动特色、艺术特色等内容设置课程体系。在美国的营地中，86％的营地提供休闲游泳，63％的营地提供露营技巧，47％的营地提供攀爬、垂降，34％的营地提供骑马，75％的营地提供团队建设，41％的营地提供社区服务，23％的营地提供农耕、牧场、园艺，21％的营地提供荒野旅行。

案例链接

营地教育法规

美国营地教育极其重视法律规范，地方、州和联邦法律都制定了相应的法律法规来保障营员在营地活动的安全和健康。以加利福尼亚州为例，加利福尼亚州的法规要求所有营地受加州公共健康部直接管理，从营地的经营许可到营地各类工作人员的资格认定、健康审查等都有清晰详细的规定。2017 年 1 月一项与青少年运动和头部受伤有关的新法律在加利福尼亚州生效。这项新的法律要求青年组织制定新的程序，包括在多种运动领域对受伤运动员给予更多的关注，对运动员、家长、教练、行政人员等进行更多的教育。营地必须遵守安全法等所有法律，否则将由于任何疏忽或未能达到应有的行业标准而承担刑事或民事责任。

1. 美国营地教育的特点

（1）产业化。

美国政府对营地进行三方合力管理，即政府严格把关、公益组织监督管理、社会各界大力支持，已经形成了完整的、健全的产业链。

（2）专业化。

营地的建设、运营、管理等都是在专业化指导下进行的。例如，营地教练不仅需要懂得体育卫生、野外生存、紧急自救和救护他人等方面的知识和技能，还需要懂得青少年心理学。

（3）标准化。

美国的研学旅行已经形成了标准化的认证和监督管理系统。

（4）细分化。

美国研学旅行的课程、活动门类丰富，并且每一门类下又细分数十种甚至上百种项目。

（5）传承性。

美国研学旅行的传承性表现为两个方面：一是大多数美国家长有丰富的研学旅行经验，他们小时候就参加过营地教育，接受过良好的研学旅行训练，家长的亲身体验一代代传承下去，同时他们也愿意让孩子参加此项活动；二是营地工作人员的传承性，这些工作人员绝大多数是大学生，他们从小就参加营地活动，具有丰富的营地亲身体验经历和工作经验,他们与参加研学旅行的学生更容易接触,也能够很好地带领他们开展研学旅行活动。

2.美国营地教育实施的标准

美国制定了专门的研学旅行评价标准,用以考核课程的内容质量和目标。

(1)研学课程必须实行小班教学;

(2)所有研学旅行参与者的研学课程不得少于80%;

(3)必须记录学生未参加研学旅行的原因;

(4)有明确的研学旅行教育目的,专门制定研学旅行课程;

(5)撰写专门的、单独的研学旅行课程的教学计划和教学大纲;

(6)在每天的延续课程设置中必须包括不少于一个半小时的研学知识类课程或不少于一个半小时的体验活动课程。

美国营地教育、营地活动广泛开展,并产生重要影响。美国的暑期营地教育是上到总统下到普通家庭都很重视的一个内容,一项调查显示:美国每年有超过1000万的儿童和青少年,以及100万的成年人参加营地活动。美国营地协会通过对5000个家庭、80个营地进行跟踪评估得出,营地活动对提升青少年的自信自尊、独立性、领导力、交友技巧、社交融洽度、探险与探索精神、环境意识、自我价值感和决策能力、精神信仰,以及建立同伴关系有显著作用。一项针对美国成功女性的调查显示,80%的女性参加过营地活动,64%的女性CEO参加过童子军的营地教育,92%的人表示营地教育能帮助她们面对来自未成年人世界的挑战。

(二)美国的自然教育

美国环保署早在1970年就开始关注自然教育,制定了《国家环境教育法1970》,这是世界上第一部环境教育法。1972年《人类环境宣言》强调了发展和环境之间的协调问题,正式提出"环境教育"的理念。1975年《贝尔格莱德宪章》提出应在正规教育及非正规教育中开展环境教育,环境教育应是所有人的普及教育。1977年《第比利斯政府间环境教育会议宣言和建议》确定了环境教育的作用、目标和指导原则,标志着国际环境教育基本理念和体系的确立。1987年是环境教育的转型之年,提出环境教育要可持续发展,确立了"环境教育为了可持续性教育"的理念。1990年美国国会颁布了《国家环境教育法》,之后国会递交2013年环境教育法增补提案,提倡引导孩子进行户外学习和实践,发现自然的奥妙。

美国自然教育采用的是"教学＋自然学校＋项目"的模式。学生可以通过学校内部开展自然教育体验课程,进行认识自然和保护环境的知识学习;自然学校设计系统的体验式课程,主要服务认知水平不同的孩子,通过参与等一系列自主学习方法,使学生能够感知自然的魅力并探索自然的知识;许多自然学校的教学场地都设置在农场里,农场不仅有丰富的资源还有许多动物,通过与自然环境的接触,照顾及饲养动物,会对与生活息息相关的问题有更多的思考与感悟,进而对生命和自然保护有更加深刻的理解。此外,美国还通过许多教育课程项目组织来探索自然,参与者通过到户外(森林、农场)开展实践活动(野营、爬山、垂钓、探索等以自然为基础的项目),发现自然之美。

其中"从农场到学校"项目是美国自然教育的特色课程。将食物相关的教育纳入正规、标准的学校课程内容,开展食物、农业和营养的配套教育活动,比如农场体验、校园农园、烹饪课程等。采购当地食物,为学生提高新鲜、健康的本地食物,让学生慢慢改变饮食习惯。米歇尔·奥巴马就曾发起过"让我们行动起来"的活动:建议校方成立健康委员会,将营养教育充分渗透体育课教学中;建议中小学开辟菜地,教孩子种菜,引导孩子更好地了解营养知识;鼓励厨师研究儿童营养教育,与学校开展合作,向学生们讲授健康菜肴的烹饪方法。

案例链接

美国霍桑山谷农场研学

美国霍桑山谷农场,是美国众多休闲农场中的一个。其根据自身的自然环境与物产资源,制定了一系列自然教育课程。由于不同学龄段的儿童对知识的需求和体能要求不同,因此,为孩子们量身定制多样化课程便是霍桑山谷农场的最大亮点。

一、二年级的小朋友,刚刚从幼儿园步入校园,对周围的世界还充满了未知与好奇,在农场喂喂鸡、放放羊,做些简单的农活,就可以快速领略劳动的价值。

到了三年级,孩子们开始学习自己搭建游戏屋、花棚,学习做饭。

四、五年级的学生会认养一头奶牛,独自照顾奶牛"起居",参观牛奶加工厂,了解牛奶制成奶酪的过程等,担起肩上"小小"的责任。

随着八年级农场实习、九年级土地测量、十年级学科研究,单纯的劳动逐渐升级为头脑风暴,学生们也在收获成长。

农场没有设置孩子们喜欢的滑梯、秋千架、电子游戏机等,仅凭借特色的教育课程就足以对孩子们产生无穷的吸引力[1]。

三、英国的游学与童子军教育

作为现代旅游业诞生地的英国,一直以来就有崇尚研学旅行的风气。早在16世纪末英国贵族子弟在学业结束后,与一位家庭教师或贴身男仆,渡过英吉利海峡,到巴黎、罗马、威尼斯、佛罗伦萨等城市进行壮游。这种旅行除了探索文化的根源,还能使他们摆脱父母的束缚。到了19世纪,壮游已经变为欧洲精英的成年礼,演变成了一种社会风尚。旅行者在欣赏自然、探索世界的旅游、学习过程中拓宽视野,增强才干和生存能力。

(一)英国游学

1611年的《考亚特寄语》,专门介绍了英国游学情况,将其称为 Field Trip。英国的这种研学旅行渐渐影响德国、意大利、法国等欧洲诸国,并发展成为一种"漫游式研学旅

---

[1]　参见 http://1903045693. pool4-site. make. yun300. cn/news/158. html。

行"，到第二次世界大战后作为课程确立下来，成为拓宽学生视野、提高跨文化理解能力的重要途径。

英国的研学旅行已经纳入地方教学大纲，规定包括私立学校在内的所有学校都必须开展研学旅行。研学旅行也得到了英国地方各学校的支持，地方各学校都为学生开设了暑假学校，招收来自不同地方的学生，进行混合式教学，同时，研学旅行也得到了旅行机构的支持。旅行社为学生准备安全、健康向上的研学旅行项目，确保学生健康、有序地进行研学旅行。

研学旅行的开展主要通过学校组织的课程或活动，利用学生的在校时间，进行实地参观、考察以及户外拓展活动。根据学生的年龄（5—25 岁）不同，会安排不同类型的研学课程。中小学生主要以户外研学为主，通过参加野外拓展训练营，培养户外生存能力和独立自主能力。如高中生、大学生通过参观葡萄酒酒庄，学习英国葡萄酒历史，了解葡萄生长环境、种植过程、酿酒工艺，掌握葡萄酒的种类以及相关产品知识等。

英国的研学旅行的营地类型多样，能够满足不同学生的需求。如一日营活动，学生可以和同学们一起探索享受学习的乐趣，并且学习一些实用的科学；夏令营活动，学生们可以广交朋友；较长时间的营地活动，学生可以和班级同学一起进行一些探险项目；时间更长的营地活动，学生可以去海外游学。据调查通过参与营地研学旅行教育，70%—80% 的学生认为与同龄人的关系变得更好了，80%—90% 的学生认为自己更加自信了，60%—70% 的学生认为自己能够更好地解决问题了。同时，营地教育在塑造品格、选择未来发展方面等方面非常有效。

（二）童子军教育

罗伯特·史蒂芬生·史密斯·贝登堡于 1907 年开展了童子军露营实验，后来创立了闻名于世的童子军。贝登堡从军中退伍后，就一直致力于推广和发展童子军教育，直至逝世。

世界童子军总会解读童子军教育，认为：

（1）童子军活动是教育，是一种生活教育，可以补充学校和家庭教育的不足；

（2）童子军活动是一项青少年的运动，是一项动态的、国际化的，具有开放性、娱乐性和挑战性的运动；

（3）童子军活动是一种方法，它由童子军诺言和规律、做中学和学中做、小队制度以及激励性的活动方案构成一套较为完整的方法；

（4）童子军活动是一种生活性规范，其主要体现在精神、群体和个性方面；

（5）童子军活动是一种服务，服务邻里、社区和国家。（见图 1-3）

1. 童子军教育意义

童子军教育是校外教育，是第二课堂的重要组成部分。童子军教育增设的"生活""品德""艺术"等课程，弥补了校内教育不足，弥补了校外时空环境教育，培养了公民道德、公民情感、公民意识、公民资格、公民习惯，使儿童在德、智、体等方面获得全面发展。

2. 童子军教育内容

童子军教育通过童子军技能的传授，培养儿童的足智多谋、自立和个性；通过各级资格和专科技能考试，让童子军为将来的职业生涯做好相应准备；鼓励儿童对自己的身

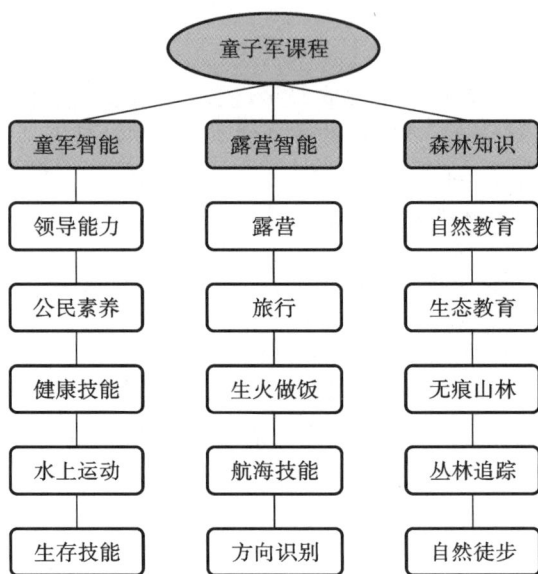

图 1-3   童子军课程

体健康发展负责,并引导他们"日行一善";引导童子军为他人做出个人自我牺牲,以及承担国家、社会的义务。

3. 童子军教育方法

一是习惯的养成与固化,二是为儿童提供了主动、自律、自立和自导的机会。

童子军教育的典型方法就是"小队制度"。"小队制度"的思想是在充分吸收当时青少年年龄分期及青少年组织理论研究成果后,创造转化得来的。

童子军小队应作为一个基本的群,每个群都在一名小队长的领导下开展训练和教育。小队有小队文化、规则、纪律,每名队员都肩负着各自的职责,小队中的荣誉庭是处理童子军工作、露营、授勋以及其他影响军务管理问题的常设委员会,由小队长及其助手组成。荣誉庭为童子军自治管理事务创造了一个有效平台,是培育青少年自尊和责任感的重要途径,真正践行了青少年自我治理、自我教育和自我发展的理念。

拓展阅读
▼

第三节　中国研学旅行政策

中国研学旅行政策的颁布经历了从地方到国家,从民间到政府的发展过程,研学旅行政策的发展分为政策酝酿准备阶段、局部试点阶段、全面实施阶段。随着政策的发布,研学旅行不断完善和规范化,成为学校教育的有效补充和社会各界关注的话题。

一、研学旅行政策的颁布

1985 年发布的《中共中央关于教育体制改革的决定》中明确指出:教育体制改革的根本目的是提高民族素质,多出人才,出好人才。

此后,在《中华人民共和国义务教育法》《中共中央关于社会主义精神文明建设指导方针的决议》和中共十三大报告中,都强调"提高整个中华民族的思想道德素质和科学文化素质"的问题。

在强调素质教育的当代,启发学生独立思考,培养逻辑思维和协作能力,提升国民综合素质显得尤为重要,研学旅行应运而生,并成为推进综合素质教育的重要手段之一。

中国研学旅行政策最早是从民间的探索开始,很多学校组织了各类夏令营、红色旅游、地质生物考察等带有研学性质的活动。

改革开放以后,不少国外"修学旅行团"来华研学旅游,国内研学旅游逐渐兴起,旅行社成立了"修学旅行"接待部门。

1993年北京市专门成立了接待日本青少年修学旅行委员会,2003年上海成立了中国首个"修学旅行中心",倡议江苏、浙江、安徽等地区联合打造"华东研学旅行文化游黄金线路",同时该中心组织编写了《修学旅行手册》一书。2006年,山东曲阜举办了"孔子修学旅行节",这是我国第一个修学旅行节庆活动。2008年广东省率先把研学旅行写进中小学大纲,列入中小学必修课。

从此研学旅行不断被教育界认知并实践,国家出台一系列政策,助推研学旅行发展和实施。(见图1-4)

图 1-4　研学旅行政策发展情况

(一)酝酿准备阶段

2004年,中共中央国务院下发了《关于进一步加强和改进未成年人思想道德建设的若干意见》,并指出,要精心组织夏令营、红色旅游等活动教育未成年人。这标志着旅游的教育意义被重新认识,可以通过组织相关旅游活动达到教育学生的目的。

2006年,山东曲阜举办了"孔子修学旅行节",是我国第一个研学旅行节庆活动,之后其他地区也相继打造"修学旅行"节庆品牌和活动。

2012年,教育部、外交部等发布《关于进一步加强对中小学生出国参加夏(冬)令营等有关活动管理的通知》,保障中小学生出国参加夏(冬)令营等有关活动健康、有序、安全进行,维护学生利益。这是研学旅行政策在国外研学旅行方面的探索与实践。

(二)局部试点阶段

2013年,教育部发布《关于开展中小学生研学旅行试点工作的函》,规定研学旅行活动范围、时间、形式等内容,并在河北省等10个地区进行试点,这标志着我国研学旅行进入局部试点阶段。

2013年2月,国务院办公厅在《国民旅游休闲纲要(2013—2020年)》及《关于进一步促进旅游投资和消费的若干意见》中明确提出支持中小学生研学旅行,把研学旅行纳入学生综合素质教育范畴,并按照全面实施素质教育的要求建立研学旅行体系。这是我国首次以政府文件的形式使用"研学旅行"这一概念,标志着研学旅行正式登上社会经济发展舞台。

在相关政策支持及市场需求激励下,"中国课程化研学旅行联盟"等产业联盟相继成立,进一步促进了我国研学旅行的发展。

2014年7月,教育部发布《中小学学生赴境外研学旅行活动指南(试行)》,对中小学学生寒暑期赴境外"游学"团体的教学内容、时空跨度和安全责任机制等方面做了规定,其中特别指出,境外研学旅行的教育教学内容和学习时长所占比例一般不少于在境外全部行程计划的1/2。

2014年8月21日,国务院印发了《关于促进旅游业改革发展的若干意见》,其中明确提出积极开展研学旅行,按照全面实施素质教育的要求,将研学旅行、夏令营、冬令营等作为青少年爱国主义和革命传统教育、国情教育的重要载体,纳入中小学生日常德育、美育、体育教育范畴,增进学生对自然和社会的认识,培养其社会责任感和实践能力。该文件首次提出要将研学旅行纳入中小学生日常教育范畴,对各个学段研学旅行的侧重点也提出建议,并提出了建设研学旅行基地的设想。

2015年8月,国务院办公厅印发了《关于进一步促进旅游投资和消费的若干意见》,再次提出支持研学旅行发展,将其作为拓展旅游发展空间、促进旅游消费、拉动内需的一项重要举措。

(三)全面实施阶段

2016年1月,国家旅游局公布首批10个"中国研学旅游目的地"和20家"全国研学旅游示范基地"。

2016年9月,教育部正式发布《中国学生发展核心素养》,中国学生发展核心素养以科学性、时代性和民族性为基本原则,以培养"全面发展的人"为核心分为文化基础、自主发展、社会参与三个方面,综合表现为人文底蕴、科学精神、学会学习、健康生活、责任担当、实践创新六大素养,具体细化为国家认同等十八个基本要点。六大素养之间相互联系、互相补充、相互促进,在不同情境中整体发挥作用。

2016年11月,教育部等11部门联合发布了《关于推进中小学生研学旅行的意见》,从重要意义、工作目标、基本原则、主要任务、组织保障五个方面对研学旅行的开展提出了意见和建议。该文件首次对研学旅行的概念进行了官方界定:"中小学生研学旅行是由教育部门和学校有计划地组织安排,通过集体旅行、集中食宿方式开展的研究性学习和旅行体验相结合的校外教育活动,是学校教育和校外教育衔接的创新形式,是教育教学的重要内容,是综合实践育人的有效途径。"文件明确要求通过政策实施研学旅行,"帮助中小学生了解国情、热爱祖国、开阔眼界、增长知识,着力提高他们的社会责任感、创新精神和实践能力",希望通过"开展研学旅行,有利于促进学生培育和践行社会主义核心价值观,激发学生对党、对国家、对人民的热爱之情;有利于推动全面实施素质教育,创新人才培养模式,引导学生主动适应社会,促进书本知识和生活经验的深度融合;有利于加快提高人民生活质量,满足学生日益增长的旅游需求,从小培养学生文明旅游意识,养成文明旅游行为习惯"。

研学旅行政策的实施将"纳入中小学教育教学计划……各中小学要结合当地实际,把研学旅行纳入学校教育教学计划,与综合实践活动课程统筹考虑,促进研学旅行和学校课程有机融合,要精心设计研学旅行活动课程,做到立意高远、目的明确、活动生动、学习有效,避免'只旅不学'或'只学不旅'现象。学校根据教育教学计划灵活安排研学旅行时间,一般安排在小学四到六年级、初中一到二年级、高中一到二年级,尽量错开旅游高峰期。学校根据学段特点和地域特色,逐步建立小学阶段以乡土乡情为主、初中阶段以县情市情为主、高中阶段以省情国情为主的研学旅行活动课程体系"。

研学旅行政策实施过程中要求注重教育性原则、实践性原则、安全性原则和公益性原则。文件将研学旅行纳入中小学教育教学计划,这标志着研学旅行在教育部门的主导下全面推行,成为推进素质教育的重要途径,在引领未来教育方面起到至关重要的作用。

2016 年 12 月 19 日,国家旅游局发布《研学旅行服务规范》,该文件是国家旅游局针对研学旅行实施制定的权威性的规范文件,文件中详细提出研学旅行的安全性问题,其中对人员配置、产品分类、服务改进、安全管理提出了明确的要求。

2017 年 7 月,教育部办公厅下发了《关于开展 2017 年度中央专项彩票公益金支持中小学生研学实践教育项目推荐工作的通知》,从中央层面使用专项彩票公益金支持开展研学旅行,遴选一批中小学生研学实践教育基地和营地,广泛开展中小学生研学实践教育活动。

2017 年 8 月 17 日,教育部印发了《中小学德育工作指南》,又一次建议组织研学旅行,并提出"把研学旅行纳入学校教育教学计划,促进研学旅行与学校课程、德育体验、实践锻炼有机融合,利用好研学实践基地,有针对性地开展自然类、历史类、地理类、科技类、人文类、体验类等多种类型的研学旅行活动",要求"规范研学旅行组织管理,制定研学旅行工作规程,做到'活动有方案,行前有备案,应急有预案',明确学校、家长、学生的责任和权利"。

2017 年 9 月 25 日,教育部印发《中小学综合实践活动课程指导纲要》,将研学旅行纳入中小学综合活动课程,文件明确提出"综合实践活动是国家义务教育和普通高中课程方案规定的必修课程,与学科课程并列设置,是基础教育课程体系的重要组成部分"。

2017 年 12 月 6 日,教育部基础教育司发布第一批全国中小学生研学实践教育基地(营地)名单,再次表明要充分利用研学实践教育基地、营地,组织开展丰富多彩的研学实践教育活动。

2018 年 2 月,《教育部基础教育司 2018 年工作要点》中提出大力推进校外教育,落实《中小学综合实践活动课程指导纲要》,指导各地开展好综合实践活动,督促各地加快示范性综合实践基地建设,继续实施中央专项彩票公益金支持校外教育事业发展项目,印发校外教育项目管理办法,开展项目绩效考核。继续开展研学实践教育基地(营地)遴选命名工作,推荐一批研学实践典型线路和活动课程,建立中小学研学实践教育网站。

2018 年 6 月,《教育部办公厅关于开展"全国中小学生研学实践教育基(营)地"推荐工作的通知》中提到研学基地、营地推荐条件、推荐流程、工作要求。

2019 年 2 月 26 日,中国旅行社协会发布团体标准《研学旅行指导师(中小学)专业标准》和《研学旅行基地(营地)设施与服务规范》,自 2019 年 3 月 1 日起实施,以引导研学旅行指导师队伍的健康发展和规范研学旅行基地(营地)创办、建设和服务工作。

2019年11月21日,文化和旅游部发布《研学旅行指导师职业能力等级评价标准》,进一步健全了文化和旅游行业人才评价体系,以研学旅行指导师职业为试点,推进文化和旅游行业职业能力等级评价工作。

2020年7月31日,共青团中央、全国少工委印发《关于加强新时代青少年道德建设的实施意见》,提出打造规模化、常态化的青少年道德实践载体,推动青少年在实践锻炼中提升道德素养,以"美丽中国·青春行动"为统揽,深化实施"保护母亲河""三减一节"和"垃圾分类"等行动,引导青少年积极践行绿色生产生活方式,增强节约意识、环保意识和生态意识。

2021年4月29日文化和旅游部印发《"十四五"文化产业发展规划》,推出一批研学旅行产品,开发集文化体验、科技创新、知识普及、娱乐休闲、亲子互动于一体的新型研学旅游产品;开展国家级研学旅行示范基地创建工作;推出一批主题鲜明、课程精良、运行规范的研学旅行示范基地。

2021年6月25日国务院颁布《全民科学素质行动规范纲要(2021—2035年)》,鼓励和支持各行业各部门建立研学等基地。

2022年1月20日国务院颁布《"十四五"旅游业发展规划》,关于完善旅游产品供给体系中提到推动研学实践活动发展,创建一批研学资源丰富、课程体系健全、活动特色鲜明、安全措施完善的研学实践活动基地,为中小学生有组织研学实践活动提供必要保障及支持。

随着国家研学旅行政策的出台和发布,各省市纷纷响应国家号召,结合本省实际情况,也相继出台了一系列推进省、市中小学生研学旅行的政策和文件。截至2020年底,相继有25个省市自治区出台行业标准和实施方案,将研学旅行纳入各地政府工作计划。

根据相关数据统计,北京、浙江、上海、湖北、江苏、福建、陕西、海南等省市研学旅行实践教育工作走在了全国前列。研学旅行政策发布密集,其中标准类主要有行业标准、企业标准、地方标准、团体标准。地方标准和团体标准最多。标准类别上有导师类、基(营)地类、服务类、课程类等,其中基(营)地类标准最多,导师类标准与课程类标准次之。研学旅行标准的发布区域集中在北京、重庆、山西、四川、浙江,其他各省市也有零星发布。

二、研学旅行政策解读

研学旅行在国家各部门的支持下和助推下,不断完善和推进。其中国家各部门在研学旅行的发展中起到至关重要的作用,其他地区研学旅行的发展也不断推进,整体来看,研学旅行正朝着健康、持续发展的方向稳步向前。

(一)研学旅行政策发布的国家各部门关系

2016年11月教育部、国家发展改革委、公安部、财政部、交通运输部、文化部、食品药品监管总局、国家旅游局、保监会、共青团中央、中国铁路总公司11部门联合发布了《关于推进中小学生研学旅行的意见》,就推进中小学生研学旅行提出了建设性意见。

教育部在推进中小学研学旅行中起到统领、牵头作用。

首先，教育部门把好质量关，对研学旅行的活动主题、活动线路、活动方案进行审批，对研学旅行中的教师团队提出规范性的要求等；

其次，教育部门把好宣传关，通过各种形式、运用各种场合提高社会各界对研学旅行的关注度，让家长理解、学生支持；

最后，教育部门把好"政策关"，教育部门依据我国"科教兴国"的基本国策，获得相关部门支持和配合，加快研学旅行的推进和实施进程。（见表1-2）

其他相关部门在中小学研学旅行中起到保障和监督的作用。根据中小学研学旅行的四大原则，即教育性原则、实践性原则、安全性原则、公益性原则，各相关部门进行配合、保障。

表1-2 《关于推进中小学生研学旅行的意见》中教育部等11部门在研学旅行中的职责

部　　门	主要职责
教育部	活动审批、教师规范、遴选试验区
国家发展改革委	涉及旅游产业、教育变革等方面的工作
公安部	安全保障
财政部	财政补贴
交通运输部	保障交通安全
文化部、国家旅游局	减免场馆、景区、景点门票政策
食品药品监督总局	保证食品安全
保监会	优化保险产品
共青团中央	基地建设、线路建设
中国铁路总公司	积极安排运力

11部门在研学旅行中统筹规划，协调支持，合力管理研学旅行。研学旅行不确定因素多，涉及面广，顺利开展需要各个相关部门的大力支持，通力合作。根据研学旅行育人目标，结合域情、校情、生情，依托自然和文化遗产资源、"红色教育资源"和综合实践基地、大型公共设施、知名院校、工矿企业、科研机构等，遴选建设一批安全、适宜的中小学生研学旅行基地，探索建立基地的准入标准、退出机制和评价体系；要以基地为重要依托，积极推动资源共享和区域合作，打造一批示范性研学旅行精品线路，逐步形成布局合理、互联互通的研学旅行网络。

（二）研学旅行的要求

1.研学旅行内容为王

《研学旅行服务规范》中指出：研学旅行产品按照资源类型分为知识科普型、自然观赏型、体验考察型、励志拓展型、文化康乐型。在产品设计过程中，应针对不同学段特点和教育目标，设计研学旅行产品。（见图1-5）

研学旅行产品的开发要具有针对性、科学性，避免课程内容同质化，注重内容的自主性、实践性、开放性、整合性、连续性，同时强调系统性、知识性、科学性和趣味性。不同教育阶段学生的认知能力不同，要按学段制定差异化课程。（见图1-6）

Note

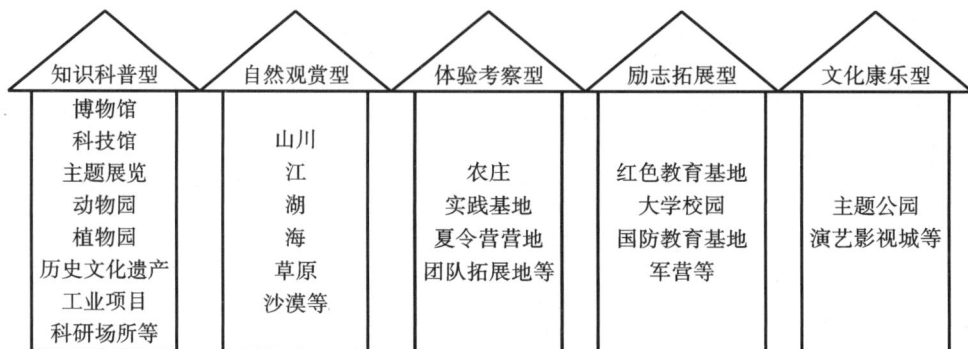

图 1-5　研学旅行产品分类

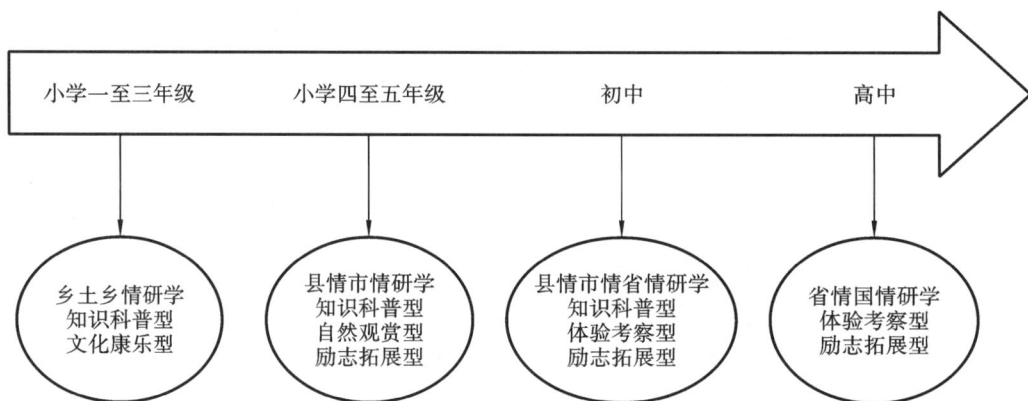

图 1-6　研学旅行产品具体学龄段分类

2.研学旅行导师是关键

研学旅行的导师不同于一般导游和学校教师,研学旅行导师需要更加丰富的知识储备和专业的讲解技巧,配合适合学生的趣味性互动,提高学生积极主动参与研学兴趣和动手、动心的能力。

3.研学旅行安全至上

在研学旅行组织管理过程中,安全是最关键的方面。制定安全管理制度,构建完善有效的安全防控机制;对研学基地、研学机构设施等进行安全评估;对研学方案进行风险评估;对学校教师、研学旅行导师进行安全培训;对学生进行行前安全教育;严格制定应急预案;各行业部门制定针对研学旅行的规章制度。

> **本章小结**　通过对世界主要国家的研学旅行发展历程的梳理和认识,了解中国、日本、美国、英国研学旅行发展特点和意义,理解中国、日本、美国、英国研学旅行的概念、政策、目标、任务、保障,掌握中国、日本、美国、英国研学旅行的内容、原则以及实施意义,以期达到对研学旅行的正确认识和理解,同时对比世界主要国家研学旅行的开展,学习和借鉴其良好经验。

课后训练

1. 分析我国古代游学与现在研学旅行的异同。

2. 解读研学旅行发展元年的国家政策。

3. 分享国内、国外各两个关于研学旅行的政策。

4. 分享国内、国外各两个关于研学旅行的案例。

5. 在研学旅行实施过程中，国内外如何执行研学旅行政策。

6. 谈一谈中国作为国外研学旅行目的国的魅力。

7. 总结国外研学旅行给你的启示。

Note

第二章
研学旅行的理论基础与价值意蕴

学习目标
　　(1)知识目标:掌握国内外研学旅行相关理论,了解《大学》"格物致知"的思想价值。
　　(2)能力目标:深度了解中国研学旅行的内涵与特征,研学旅行的理论价值和实践意义。
　　(3)素养目标:在动态的终身教育中实现人的全面成长。

思维导图

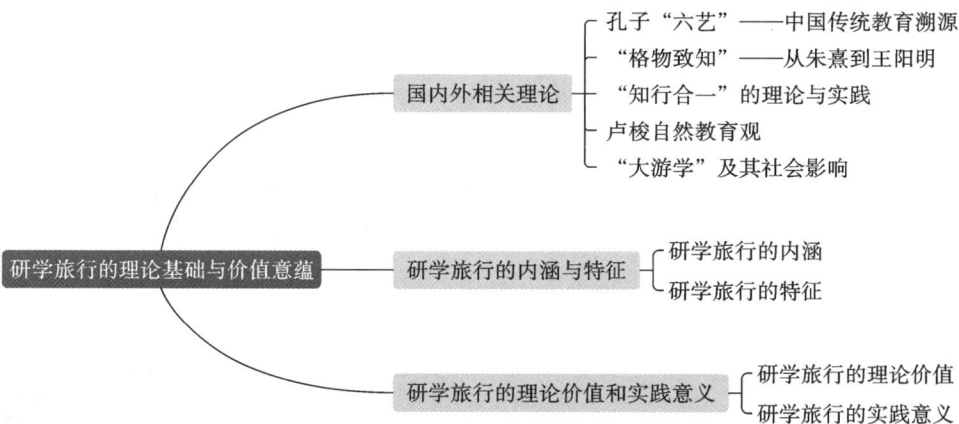

研学旅行的理论基础与价值意蕴

- 国内外相关理论
  - 孔子"六艺"——中国传统教育溯源
  - "格物致知"——从朱熹到王阳明
  - "知行合一"的理论与实践
  - 卢梭自然教育观
  - "大游学"及其社会影响
- 研学旅行的内涵与特征
  - 研学旅行的内涵
  - 研学旅行的特征
- 研学旅行的理论价值和实践意义
  - 研学旅行的理论价值
  - 研学旅行的实践意义

学习重点

　　(1)学习从朱熹到王阳明"格物致知"理论的发展过程。
　　(2)在研学旅行中实现自然教育、文化传统教育和综合能力培养。

案例导入

　　案例问题:安徽黄山徽字号研学基地,其非遗传承研学活动很有价值。但目前还停留在学校委托旅行社组织研学的阶段,研学团队人数很多,但只有1—2个小时的学习练习操作的时间,难以达到目的。黄山徽字号研学基地今后的研学应该向深度和广度拓展,比如基于某一非遗项目,深度挖掘徽州的历史与文化,及非遗传承人相关的诸多内容进行,研学目的与文化效应、社会效益、经济效益等多方内容相结合。

分析思考:

通过互联网获取徽派文化遗产有关知识和发展现状,思考如何通过研学旅行保护和传承文化遗产,并与同学分享感想。

第一节　国内外相关理论

旅行的历史就是文化的历史。旅行直接影响着社会文化变迁的过程。中国旅行历史传统表现出文化中心观,同时具有自然环境和文化环境交叠且互动的特征。美国历史学家艾瑞克·里德认为"旅行是历史长河中'新事物'的主要源泉"。旅行创造了"异国"与"稀奇"的经验和概念,以及"未知身份的社会存在的独特类型——陌生人"[①]。迁移的动力和旅行活动是促进历史文化和社会变迁的最直接的推动力。

一、孔子"六艺"——中国传统教育溯源

(一)古代文献中的"六艺"

"六艺"一词最早见于陆贾《新语》:"……纲纪不立,后世衰废,于是后圣乃定五经,明六艺,承天统地,穷事察微,原情立本,以绪人伦,宗诸天地,纂修篇章,垂诸来世,被诸鸟兽。以匡衰乱……"陆贾所认为的"春秋、诗、书、易、礼、乐""六艺"之说与司马迁"孔子弟子、身通六艺者七十有二人"之言相吻合。中国古代文献中有两种"六艺"之说。其一认为"六艺"指礼、乐、射、御、书、数(《周礼·地官司徒·大司徒》),"六艺"是国家规定国民应学的六种基本技能,包括我们今天所说的德、智、体等多方面内容。其二,"六艺""六经"即为《诗》《书》《礼》《乐》《易》《春秋》六部儒家传承的经典,其中"六艺"之"艺"指技艺、才能,《说文解字》中作"埶",或作"艺",本义为"种植"。在古代社会种植庄稼需要技术,因而"艺"字进一步拓展为技术、才能等含义。正如《尚书·周书·金滕》所记载,"予仁若考,能多材多艺"。

(二)回归传统教育

读书穷理,道德文章。子曰:"弟子入则孝,出则悌,谨而信,泛爱众,而亲仁。行有

---

① 郭少棠.旅行:跨文化想像[M].北京:北京大学出版社,2005.

余力,则以学文。"(《论语•学而》)①《四书集注》中朱熹认为,文,谓《诗》《书》六艺之文。② "贤者,有德行者。能者,有道艺者。"③"道艺"是泛指才能、技能,总括言之,则是"六艺",有技艺者就是"能者"。《论语•学而》的原文,体现了孔子的言行观和儒家传统。康有为《论语注》重述"文,道艺也";同时认为"凡一切学术著之文字者"④,则还是以文本释"文"。表达了"行",为所行诸善之意蕴。

北宋时,理学拓展范围到诗词领域,拓展了唐代韩愈"德""言"并举、"德""诗"的理念,发展为基于道德和哲理开辟了不同于唐诗的创作范式和价值尺度。周敦颐重道德而轻文章,程颐更是反对脱离道德与理性而去为文作诗。

北宋理学家的诗歌在道德与哲理的层面创新,表现出"气象"与"尚理"的基本风格,"忧世"与"乐贫"的价值取向,"闲适"与"平淡"的艺术情趣。将道德视为诗歌创作与哲学建构的基础,成为理学家追寻"曾点气象"与"孔颜之乐"的根本动因。

道德是诗歌的基础,诗歌是"天理"之流行,理学家眼中的"天理"与道德是其哲理诗或义理诗创作的源头活水。

(三)"六艺"与旅行

学术旅行开始于人类的童年,孕育了传统文化思想的生成。福建省下梅村附近的遥山风光极佳。朱熹在前往武夷宫授课的途中登上遥山,驻足路亭,赞叹梅溪湾和渡津头的景致,对弟子们说:我看此处的景致绝佳,颇具文昌意象。弟子们不大明白朱熹之意。朱熹继续说:"我等儒生,心境兴致常被山光水色所引发,吾今兴致所在,便是一兴《诗》,二兴《书》,三兴《礼》,四兴《易》,五兴《春秋》,可谓五兴也。"后人依据朱熹之意在遥山山顶上修建一座"五兴亭",与"五经"经典密切相连。今日的下梅村交通发达,公路从山脚经过,不再经过遥山古道;但梅溪水依然逶迤流淌,记载着学术旅行的精彩和文化的源远流长。

二、"格物致知"——从朱熹到王阳明

(一)《大学》之道,明德至善

《大学》在中国传统经典中具有重要地位,位居"四书五经"之首。"四书五经"详细记载了古代中国政治、军事、外交、文化等各方面的思想成果。

"四书"指《大学》《论语》《孟子》《中庸》。其中《大学》原为《礼记》(《小戴礼记》)的第四十二篇。《中庸》原是《礼记》的第三十一篇,是中国古代论述人生修养的道德哲学专著,与《孟子》观点基本相同。《孟子》是记载孟子及其学生言行的一部书。《论语》作为儒学的主要经典,包含哲学、政治、经济、教育、文艺等诸多方面的丰富内容。

"五经"指《诗经》《尚书》《礼记》《周易》《春秋》。其中"礼"所包括的范围很广,从国

---

① 阮元.十三经注疏•论语注疏[M].北京:中华书局,1980.
② 朱熹.四书章句集注•论语集注(卷一)[M].北京:中华书局,1983.
③ 阮元.十三经注疏•周礼注疏[M].北京:中华书局,1980.
④ 康有为.论语注[M].北京:中华书局,1984.

家典章制度到个人行为准则,体现在《周礼》《仪礼》和《礼记》等经典文献中。《易经》在中国传统文化的经典著作中,被誉为"诸经之首"。"四书"之名始于宋朝,"五经"之名始于汉武帝。千百年来,"四书五经"在社会规范、人际交流、社会文化等方面都产生了不同程度的影响,"四书五经"的思想内涵与哲学意蕴对现代社会仍有积极意义和参考价值。

《大学》原为《礼记》(《小戴礼记》)的第四十二篇,论述儒家"修身齐家治国平天下"思想,是一部中国古代关于教育理论的重要著作。自唐代韩愈、李翱维护道统而推崇《大学》与《中庸》,北宋程颢、程颐对《大学》文本进行解读,南宋朱熹继承"二程"思想作《大学章句》,将其纳入"四书"体系。《大学》与《论语》《孟子》《中庸》成为"四书"之一。因《大学》是孔子及其弟子传承而来,是儒家学派的入门读物,朱熹在《四书章句集注》中把它列为"四书"之首。

> 大学之道,在明明德、亲民、止于至善。知止而后有定,定而后能静,静而后能安,安而后能虑,虑而后能得。欲明明德于天下者,先治其国,欲治其国者,先齐其家;欲齐其家者,先修其身;欲修其身者,先正其心;欲正其心者,先诚其意;欲诚其意者,先致其知,致知在格物。物格而后知至,知至而后意诚,意诚而后心正,心正而后身修,身修而后家齐,家齐而后国治,国治而后天下平。自天子以至于庶人,都以修身为本。

> 所谓诚其意者,毋自欺也。如恶恶臭,如好好色,此之谓自谦。故君子必慎其独也。小人闲居为不善,无所不至,见君子而后厌然,拚其不善,而著其善。人之视己,如见其肝肺然,则何益矣。此谓诚于中形于外。故君子必慎其独也。

> 所谓修身在正其心者,身有所忿懥则不得其正,有所恐惧则不得其正,有所好乐则不得其正,有所忧患则不得其正。心不在焉,视而不见,听而不闻,食而不知其味,此谓修身在正其心。所谓齐其家在修其身者,人之其所亲爱而辟焉,之其所贱恶而辟焉,之其所敬畏而辟焉,之其所哀矜而辟焉,之其所敖惰而辟焉,故好而知其恶,恶而知其美者,天下鲜矣。故谚有之曰:"人莫之其子之恶,莫知其苗之硕。"

多层面体现了中国传统文化的核心思想和终极目标——始于修身,并行于齐家,进而拓展不同程度地为家国、为天下人做贡献。

(二)"格物致知"思想价值

"格物致知"出自《礼记·大学》。"格物致知",即通情以达理的物(人)我感通之道。通过通情以达理,《大学》中的"格物致知"有效实现了情与理的统一。"格物致知"的永恒价值,呈现了人类道德生活的基本逻辑。把握《大学》的思想逻辑,确定"格物致知"的解释范围与方向。

《大学》的要义是"以修身为本"而明明德于天下。因而"三纲"都包括在"明明德"中,"八目"也都以修身为本。格、致、诚、正是修身的手段,家、国、天下是修身的场域,实现"齐家、治国、平天下"的人生理想。可见"格物致知"的内涵体现在以"修身为本"的核心传统思想脉络中,呈现修身的系统要义和逻辑结构。

　　"格物致知"这一修身要目,首先包括"致知"之"知"的内涵,古往今来不断解释和探寻,经历了朱熹"知识说"、王阳明"良知说"、章太炎"好恶说",尽管不同时代的阐述与侧重点略有不同,但不约而同包含着基于《大学》的一个永恒主题:

　　"格物致知"关于人与物的关系体现在先秦儒家典籍《礼记·乐记》中:"人心之动,物使之然也。感于物而动……人生而静,天之性也。"王夫之、王引之、郑玄认为《礼记·乐记》关于"格物致知"的阐释,一方面表明人未与外界发生作用时,其天赋性能处于隐而未显的良好状态;另一方面表明如果有外物的影响,则容易产生"好恶之情",而"好恶"就是人性与外物作用的情感体现。进一步而言,"格物"之"物"在《大学》中具体体现为与自身相对的家、国、天下。朱熹认为"明明德于天下者,使天下之人皆有以明其明德也"[①]。可见,"天下"者,天下之人也。同理,"国"者,国之人也;"家"者,家之人也。因而,"格物"之"物"意为家、国、天下之人。表达了中国文化中以修身为本的家国情怀。

(三)"格物致知"与家国情怀

1. 家国情怀中"情"与"理"的统一

　　以修身为本,实现家国情怀。《大学》之要义在于"以修身为本"而"明明德于天下"。知、意、心为内身;家、国、天下为外身,内与外休戚与共。格、致、诚、正为修身之的根本,齐、治、平皆为修身的目标,根本与目标相辅相成。《大学》所论的修身,则以好恶之情的顺应、调适和沟通为中心。《大学》有效地实现了"情与理"的统一:离情而言理,则一切道德法则、治平律例必沦为抽象教条,无法拥有强劲的实践动力;通情而不通理,则一切道德、社会活动必沦为师心自用,无从形成普遍的道德准则。

2. 道德伦理中"情"与"义"的统一

　　人伦道德以情义和礼义为出发点和归宿,情感是道德的出发点。"凡人情为可悦也。苟以其情,虽过不恶;不以其情,虽难不贵"[②]。有情才有理,无情必无理。"凡人情为可悦也"意味着唯有"真情"才是道德生活的原动力。《大学》建构的思想氛围顺应、调适沟通人与人之间交往的修身之道。

(四)王阳明"良知即理"的逻辑建构

　　王阳明认为穷究"事物之理"并非能实践其理,因而提出"良知即理",试图通过"致良知"实现"知与行"的统一(知行合一)。王阳明关于"良知"的思想与朱熹"性""理"思想相比较,具有"更接近意识活动的性格,更强调道德主体作为活动原则的一面。良知即体即用,既是本体,又是现象;既是未发,又是已发;既是立法原则,又是行动原则,尤其在功夫上使人易得入手处"[③]。其实,王阳明的"良知"已将理想状态和理想品格二者本体化,《大学》"格物致知"之所以具有永恒的理论价值,就在于"格物致知"不仅呈现了并且融合了中华民族"道德生活"和"道德修养"的基本逻辑。

　　"格物致知"作为中国传统观念的认知理论,与中国古代科技密切联系,起源于道德

①　朱熹.朱子全书[M].上海:上海古籍出版社,2010.
②　汤一介.儒藏[Z].北京:北京大学出版社,2007.
③　陈来.有无之境:王阳明哲学的精神[M].2版.北京:北京大学出版社,2013.

化的诠释,历经时代变迁而呈现实证化趋势,并促成了近代中国与西方科技的对接①。

"格物致知"代表了中国文化与哲学领域认识世界的方法和理论。"格"即推究之义;"致"即求得之义。格物致知即穷究事物原理以获得知识,是将真善美融为一体的中国传统观念。中国历史上不同时期不同学者进行了不同阐释。

"格物"与"致知"阐述儒家"修身、治国、平天下"之理论。"大学之道,在明明德,在亲民,在止于至善……致知在格物。物格而后知至,知至而后意诚,意诚而后心正,心正而后身修,身修而后家齐,家齐而后国治,国治而后天下平"②,即儒家"三纲领"与"八条目"。"明明德、亲民、止于至善"的三纲是儒者应该达到的理想境界。"格物、致知、诚意、正心、修身、齐家、治国、平天下"八条是达到这一理想境界的具体步骤和方法,"格物"与"致知"位居八条目之中的"第一要义",进而成为儒学的核心理想。《大学》并没有给出"格物"与"致知"的具体解释,引发了中国学术史七十二家"格物之说"。而唐代之前的思想家大多认为格物是基于意诚心正而获得诚明之知,格物致知即是在行事接物上求至善之知而入正道也③。

宋代程颐的"格致"之说则彰显理学特点,格物即穷致事物之理,自然达到致知。"凡一物上有一理,须是穷致其理"④。"格犹穷也,物犹理也,若曰穷其理云尔。穷其理然后足以致之,不穷则不能致也"⑤。程颐训"格"为"穷",训"物"为"理",格物即为穷理。可见,程颢的格致论从心中找寻"事物之理",程颐则认为先通过外物穷尽其理,再复归本心,但此理依然先存在于我心中所固有,因为致之必有道,故曰"致知在格物"⑥。

朱熹承袭、发展了程颐"格物即穷理"的"格致"思想:"所谓致知在格物者,言欲致吾之知,在即物而穷其理也。盖人心之灵莫不有知;而天下之物莫不有理。惟于理有未穷,故其知有不尽也。是以《大学》始教,必使学者即凡天下之物,莫不因其已知之理而益穷之,以求至乎其极。至于用力之久,而一旦豁然贯通焉,则众物之表里精粗无不到,而吾心之全体大用无不明矣。此谓物格,此谓知之至也。"⑦朱熹认为,致知在格物,是因为欲致我之知,必须通过即外物而穷理方可。源于天下万物各具其理。只要"外在之物"的"理"没有穷尽之时,"心中之知"也无法全部被"唤醒"。因此,《大学》要使学者先格尽天下之物,其实格物所穷之理亦不过是其已知之理,只不过是力求心外之理与心中之知完全相合而已。"格物"之功用力日久,到某时必能豁然开朗、内外贯通,这时再看万物则无论内外与精粗,一览无余。从而实现举一反三、一通百通,应"万事之用"的目的。物格即"知之至也"。

程朱理学特别强调向外物穷理。而由程颢开启的心学路线,经陆九渊发展为"心即理也"和"心外无理"的心上求索。王阳明作为心学派的集大成者将心学派的理论发挥到极致。

---

① 王绪琴.格物致知论的源流及其近代转型[J].自然辩证法通讯,2012(1).
② 朱熹.四书章句集注[M].北京:中华书局,1983.
③ 王绪琴.格物致知论的源流及其近代转型[J].自然辩证法通讯,2012(1).
④ 程颢,程颐.二程集[M].北京:中华书局,1981.
⑤ 程颢,程颐.二程集[M].北京:中华书局,1981.
⑥ 程颢,程颐.二程集[M].北京:中华书局,1981.
⑦ 朱熹.四书章句集注[M].北京:中华书局,1983.

但不同于朱熹"格致"论点,王阳明认为格物致知,就是把自己内心的良知"发挥"到事事物物上去。"所谓格物致知者,致吾心之良知于事事物物也。吾心之良知即所谓天理也。致吾心良知之天理于事事物物,则事事物物皆得其理矣。致吾心之良知者,致知也。事事物物皆得其理者,格物也。是合心与理而为一者也"①。我心具有的"良知"即所谓"天理",致我心之良知于事事物物,事事物物才获得各自存在之理。"致知"就是把我心之良知发挥到事事物物上去;"格物"就是事事物物都得到各自之理。"格物致知"就是将"心"与"理"合二为一的过程。

王阳明与朱熹的分歧主要在于,程颐与朱熹为理学论;而程颢、陆九渊、王阳明为心学论。王阳明认为朱熹格致论是"析心与理而为二",既然万事万物的理都是由"我心"赋予,那么,"我心"是否端正成为天理是否昭明的关键,因而王阳明认为"格者,正也。正其不正以归于正之谓也。正其不正,去恶之谓也;归于正者,为善之谓也"②。进而格物是"为善去恶"的自我修养活动。可见,心学论对格致论的诠释沿袭道德化诠释的方向。王阳明"格物"即为"正心",追求心为善为正的终极关怀,恰与《大学》"明明德"理论一脉相承。牟先生认为朱熹继承程颐系统而偏离儒家传统。陆九渊、王阳明才是"宋明儒之大宗,亦是先秦儒家之正宗也"③。

理学派则强调格致的重点在于穷尽外部事物之理,重视客观和理性知识,与古代先哲强调德性的诠释略有不同。程朱理学通过格物致知获得的知识,只是作为儒学正宗道德实践的补充。程朱理学格致论具有向事物求索的客观理性精神,不同于中国传统知识论体系中的道德的知识,一定程度上拓展了传统格致论的内涵与边界,这种拓展对于科学技术的发展是有积极意义的,一定程度上影响了宋代科学技术得到世界领先水平。正如李约瑟称颂宋代科学:"宋代理学本质上是科学性的,伴随而来的是纯粹科学和应用科学本身的各种活动的史无前例的繁盛。"④可见,宋代科学家强调对外物的探究,表现出实证主义的精神,是明清古典科学与西方近代科学的衔接点,是中国古典科学走向近代化的重要突破口⑤。

三、"知行合一"的理论与实践

在中国历史上,王阳明"知行合一"学说具有很大的影响力。王阳明认为道德的知与其他的知具有根本的差异,此差异不在于"知行合一",而是在于知的性质、作用与来源⑥。知行合一之"合"字的意义,从早期的知行"本"一(知行本来是一事,或知行的本然状态是一事),到他晚年"致良知"所体现的"合"字内涵。

朱熹认为:"知与行,工夫须着并到。知之愈明,则行之愈笃;行之愈笃,则知之益明。二者皆不可偏废。如人两足相先后行,便会渐渐行得到。若一边软了,便一步也进

① 王守仁.王阳明全集[M].上海:上海古籍出版社,1992.
② 王守仁.王阳明全集[M].上海:上海古籍出版社,1992.
③ 牟宗三.心体与性体(上)[M].上海:上海古籍出版社,1999.
④ 李约瑟.中国科学技术史(第二卷)[M].北京:科学出版社,1990.
⑤ 葛荣晋.程朱的"格物说"与明清的实测之学[J].孔子研究,1998(3).
⑥ 郑宗义.再论王阳明的知行合一[J].学术月刊.2018,50(8).

不得。然又须先知得，方行得。"①

王阳明的"致良知"并未偏离"知行合一"的思路，而且充实了"合"字的工夫意义。"知善知恶是良知"，"为善去恶是格物"即是致良知工夫，以使行为重新与知行本体合一。

王阳明认为"知是行的主意，行是知的工夫；知是行之始，行是知之成。"②因为对"知"的解读不同，"知行合一"具有多层含义。

其一，"知"与"行"是根源方面的"合一"③。"知是行之始"表明"知"决定"意"的取向，"行是知之成"则表明"意"之取向及实践活动皆承"知"之判断而求其实现。

其二，"知"与"行"在根源和完成意义上都是"合一"的，贯穿于从行动开始到完成的整个过程④。

其三，"知"与"行"合一，因为"知"意为"整个的求知活动或过程"，就这个意义而言，"知"就是"行"⑤。

"学""问""思""辨""行"等都属于同一进程的不同侧面⑥。

首先，"学"中蕴含着"行"，"学"即寻求能够达成此事之意，蕴涵实现各种现实行为的活动，在一定程度上"学"即"行"。

其次，"问""思""辨"则特指诸多现实行为活动中的思辨活动，其中，"问"指寻求解决有关此事的困惑疑难，"思"则指寻求通达此事的道理，"辨"指寻求精究此事的细节。

最后，"笃行"则是将"学"的进程敦笃地进行下去。然而，不论"学"的进程如何，都必须由同一个"求能某事"的意向来推动，否则，"学"的进程必然被打断或误入歧途。而"求能某事"之意向的发端，便是心对"能某事"之必要性的知觉。

换言之，"求能某事"的整个进程，本质上就是"求能某事"之知觉的铺陈展现。"知行合一"内涵即"吾人的一切行为活动都是心之知觉在现实中的展开"。

"知行合一"命题是王阳明基于"分知行为二事"之流俗观点而提出的，内涵是心之知觉与行为活动在本质上一致⑦。心之知觉为行为活动提供了原始的动力及内容，并赋予其意义，而行为活动则是心之知觉在现实中的展开，因此，知行是同一事的两个侧面，如鸟之双翼，不可分割。"知行合一"并不是要否弃一切知识，而是要提醒我们，知识永远只能作为手段而不能作为目的⑧。

四、卢梭自然教育观

(一)《理想国》与《爱弥儿》

《爱弥儿》主题的含混之处使我们有必要留心卢梭就自己的意图和对象做出的提醒，

---

①　朱熹.朱子语类(卷14)[M].上海：上海古籍出版社,2002.

②　王守仁.王阳明全集[M].上海：上海古籍出版社,2001.

③　劳思光.新编中国哲学史[M].桂林：广西师范大学出版社,2005.

④　陈立胜.入圣之机：王阳明致良知工夫论研究[M].北京：生活·读书·新知三联书店,2019.

⑤　郑宗义.再论王阳明的知行合一[J].学术月刊,2018(8).

⑥　高正乐.王阳明"知行合一"命题的内涵与局限[J].中国哲学史,2020(6).

⑦　高正乐.王阳明"知行合一"命题的内涵与局限[J].中国哲学史,2020(6).

⑧　高正乐.王阳明"知行合一"命题的内涵与局限[J].中国哲学史,2020(6).

《爱弥儿》一书并非写给普通父母的,而是提交有识之士进行探讨的一种教育方案①。

基于政治哲学主题的《爱弥儿》与柏拉图的《理想国》有着内在联系②。卢梭在《爱弥儿》的开篇中就提出文明人一生下来就要受到我们的制度的束缚,而导师为婴儿解除束缚,隐含着对《理想国》中洞穴之喻的模仿。但与柏拉图不同的是,卢梭则认为得以见到自然的真相,不是从洞穴中走出,而是从社会意识中解除束缚,这正是爱弥儿灵魂上升的起点。

《理想国》中,只有哲学家才能够解开绳索、上达洞穴之外,但在《爱弥儿》中,解除束缚、直面自然的,却是智力寻常的爱弥儿③。卢梭在《爱弥儿》中展现了从纯朴的自然人向爱国公民的转变。这是面对自然的教育,用自然哲学取代偏见。爱弥儿的成长起源于一个最初的自然起点,理性和情感并非自然人的原初能力,知识和品德也是在成长过程中逐渐习得的④。爱弥儿的教育过程再现了《不平等论》所提出的"可完善性"的指引作用。

爱弥儿通过导师的自然教育,既不会有操纵他人的意志,也不会陷入对欲望和财产的依附之中。爱弥儿是通过种植豆子的经济活动开始初步理解财产权的,在与园丁的实际相处中,爱弥儿关于契约和财产权的观念中并非首先考虑自己的利益,而是同时明白了尊重别人财产的理由,并在天性允许的范围内学习担当责任。在独立、自爱的自然情感基础上,爱弥儿的情感教育得以步入新的阶段。在爱弥儿十五岁步入社会以后,迎来了成长过程的关键转折。同情的情感促使爱弥儿感到了一股"超越自我的力量",使"我们除了为自己的幸福而外,还能把多余的精力用于别人"⑤。

可见,自然教育为爱弥儿步入社会奠定了坚实基础。爱弥儿通过自然的教育,能够充分把握目的与手段的差别,使安全、财产的需要从属于生活目的本身,同时具有同情心和社会责任感。

(二)自然人与自然教育

卢梭的"自然"教育思想主张遵从自然法则的人本管理理念。教育遵循"自然"的原则是其社会政治和哲学观点的具体体现。人性本善,教育应顺应学生的内在欲望而行动,顺应人的天性需求;反之,如果受到社会的干涉,学生则有可能产生不自由、不平等之感,所以在学生的理解力尚未很强之前,要让学生回返自然,到自然环境中去看、去听,不接受人类的影响。

教育要发展学生的禀赋,顺应学生内在天性需要的教育即为"自然"。因此,最自然的教育,就是最好的教育。

卢梭认为,人类的最高理想是自然人的生活,教育的目的就是要使人成为自然人⑥。所谓自然人,就是自然状态的人,是绝对自由、幸福与善良的人。由于他主张以

① 卢梭.山中来信[M].北京:商务印书馆,2016.
② 戴晓光.《爱弥儿》与卢梭的自然教育[J].北京大学教育评论,2013(1).
③ 卢梭.爱弥儿[M].李平沤,译.北京:商务印书馆,2011.
④ 戴晓光.《爱弥儿》与卢梭的自然教育[J].北京大学教育评论,2013(1).
⑤ 卢梭.爱弥儿[M].李平沤,译.北京:商务印书馆,2011.
⑥ 普拉特纳,等.卢梭的自然状态——《论不平等的起源》释义[M].尚新建,余灵灵,译.北京:华夏出版社,2008.

学生为本位进行教育、遵循自然原则,因而大力主张给予学生自由,重视学生生活的权利,培养真正的自然人。

基于"自然"教育观的人本管理。卢梭主张基于"自然"理念的教育,就是以学生为本位的全民教育和基础教育。原有环境对教育的作用很大,人类在万物有序的秩序感中有其固定的位置。基于"自然"理念的管理要关注学生的需要,促使每个学生最大可能地实现自身的潜能和价值,即"自然"的原则,基于"平等""欣赏""乐观"和"发展"的态度,进而实现全面的、科学的教育。

五、"大游学"及其社会影响

(一)大游学:教育与旅行

游学具有深厚的历史传统。古代西方的旅行发生在欧洲文明的发祥地古希腊、古罗马。毕达哥拉斯、阿基米德、亚里士多德等圣贤都是在游历各地考察和讲学中形成学术思想完成著述。发展到16世纪以英国"大游学"(Grand Tour)的特征的研学旅行,进而影响到欧美及世界各国,成为青少年教育成长的重要环节,称之为"教育旅游"。从当时上层社会的贵族阶层参与发展到今天普通民众参加的活动。游学于1990年后传入我国,并与本土文化相结合,日益得到广泛的接受。研学旅行体系完善且研学旅行方式科学、多样。

中国古代的游学,都伴随着读书人的远程游历,可以视为研学旅行的萌芽。西方的"大游学"是按照既定的旅行路线,旅行时间长达2年以上。旅行活动内容涉及艺术、文化、建筑、哲学、政治、音乐等众多学科。特别是布莱恩·多兰等学者认为,"大旅行"让女性旅行者获得了巨大的情感和思想自由,而且成为旅行作家和社会评论家,做出了独特贡献[1]。旅行活动起源于为教育而旅行的"大旅行"活动。各国根据自身的历史文化传统、地理特征和国情发展情况,培育和发展了各具特色的研学旅行。

"大游学"充分体现教育和旅行的关系。在近代欧洲各国文化生活和交流中具有重要作用。不仅增进了旅游者对不同地区地理、经济、政治、道德风俗等方面了解和认知,还促进了教育、出版、文化、卫生保健等行业的发展。特别是成为英国社会士绅阶层青年教育不可或缺的一种教育形式,同时奠定了未来通向职业生涯的基础。

(二)"大游学"的时空对接

"大游学"(Grand Tour)源于法语,意指"长时间、大范围的旅行"。理查德·拉塞尔斯在《意大利之旅》中首先使用"大旅行"一词。"大旅行"是近代英国国外旅行文化发展的先声和重要组成部分。"大旅行"的发展是欧洲文化关系的变化、文艺复兴运动的鼓舞及其他多种因素共同作用的结果。"大旅行"在目的地、路线的空间分布及旅行活动等方面都具有显著的特征[2]。

"大游学"兴起于16世纪中后期,经过17世纪的发展,18世纪发展到高峰,特别在

---

① 付有强."大旅行"研究述评[J].西华师范大学学报(哲学社会科学版),2010(4).

② 付有强.17—19世纪英国人"大旅行"的特征分析[J].贵州社会科学,2012(3).

Note

资本主义高度发达的英国社会生活中占有重要地位。同时,以"大旅行"为代表的旅行文化得到多方面的发展。英国社会精英所依附的中心都位于英国领土之外,这种空间上的分离促使国外旅行发展成为他们文化的一部分①。哲学和科学思想的发展强化了上层社会旅行的愿望。

相比于意大利、法国等欧洲大陆国家的文化与艺术,英国处于边缘地带。到欧洲大陆学习古典知识、艺术、建筑、技能的"大旅行"成为一种文化教育活动。英国人"大旅行"的目的地是法国、意大利等,经过巴黎、阿姆斯特丹、布鲁塞尔、汉堡、维也纳、威尼斯、佛罗伦萨、罗马和那不勒斯等中心城市。以"大旅行"为代表的旅行文化呈现出明显的地域特色。

16—19世纪的"大旅行"具有鲜明特色,主要表现在"大旅行"的客源主要来自特定区域特点的社会阶层,集中在城镇、庄园及大中小学。位于乡村的庄园成为非正式教育的场所,在这里,各种书籍、旅行游记等在不同的社交圈传播。旅游与现代性的关系是旅游社会学的核心问题之一②。

古代遗迹以及具有重要价值的艺术和建筑名胜的地理位置也是影响"大旅行"线路空间分布模式的重要文化因素。直到18世纪晚期,主要的古代遗迹都位于意大利、罗马及其周边地区,而"大旅行"旅游者重点游览古代遗迹。

旅行活动从一开始就包含哲学、历史、文化、心理、审美、地理和社会等多方面的内容。旅游是重要的社会、文化现象③。文化因素是影响"大旅行"线路空间分布模式的又一因素。教育和社会文化需求等文化因素的变迁对"大旅行"线路的分布模式产生了明显的影响④。其中,大学教育重视实用知识和社会技能训练,这些也是"大旅行"的重要动机,同时,为"大旅行"提供语言、科学、舞蹈、剑术、外交等多方面的知识和技能的文化培训机构受到关注,进而成为旅行者主要的汇集地,所以巴黎和凡尔赛成为"大旅行"的重要目的地。

第二节　研学旅行的内涵与特征

一、研学旅行的内涵

(一)研学旅行的定义

研学旅行是以教育为首要目的、集学习与旅行为一体的社会实践活动。研学旅

---

① Erik Cohen. 旅游社会学纵论[M]. 巫宁,马聪玲,陈立平,译. 天津:南开大学出版社,2007.
② 王宁. 旅游、现代性与"好恶交织"——旅游社会学的理论探索[J]. 社会学研究,1999(6).
③ MacCannell D. The Tourist:A New Theory of the Leisure Class[M]. Berkeley:University of California Press,1976.
④ 付有强. 17—19世纪英国人"大旅行"的特征分析[J]. 贵州社会科学,2012(3).

行又有狭义和广义之分：狭义上，研学旅行指由学校组织、学生参与，以学习知识、了解社会、培养人格为主要目的的校外考察参观和体验实践活动；广义上，研学旅行是指一切出于求知需求的旅游者的旅游活动，以研究性、探究性学习为目的的专项旅游，是旅游者出于自然探索和文化求知需要而开展的旅游活动。现代教育日益注重素质培养，旅游的教育价值日益凸显，教育部等部委提出了通过旅游助推中小学生素质教育的政策。

不同时期关于研学旅行的定义有所不同，但都以旅行的教育意义为核心和出发点。自古以来，研学旅行先后有学术旅行、教育旅游、"大游学"、游学等不同概念。中国古代的研学旅行是通过异地旅行获得知识、进行文化体验、拜师求学以及文人之间学术交流的旅行活动，如孔子周游列国、唐玄奘西天取经、徐霞客旅行考察等。国外研学旅行以16世纪英国的贵族教育为开端，"大游学"是近代欧洲贵族子弟的一种培养方法[①]，兼具游学、求知、观赏和游乐的性质，通过旅行方式实现教育目的。

（二）旅行与教育交融

研学旅行是由学校根据区域特色、学生年龄特点和各学科教学需要，组织学生通过集体旅行走出校园，在与课堂完全不同的生活中拓宽视野、丰富知识，亲近自然和文化的活动。研学旅行继承和发展了传统游学"读万卷书，行万里路"的教育理念和人文精神，成为素质教育的新内容和新方式，通过旅游活动的推动、与教育融合渗透而形成的新业态，它不仅为旅游业发展拓展了空间，也为教育事业发展创造了新的形式和路径，同时也提升了中小学生的自理能力、创新精神和实践能力。将研学旅行作为教学要求，让学生体验社会，学习自然研学旅行文化知识，提高跨文化理解能力，研学旅行作为社会课堂发挥重要作用。同时，在生活劳动体验中，在学习劳动技能的过程中，懂得勤俭节约、团队协作等。

社会研学旅行与学校研学旅行之异同。研学旅行包括社会研学旅行和学校研学旅行两大类型。二者在学习动机、游学目的地、兴趣选择、旅行目的等方面表现不同。社会研学旅行表现为多层次、多样化，比如增长见闻、民族认同、情感交流和休闲放松等。学生研学旅行的主要特征是学习知识、培养兴趣能力、愉悦身心、开拓视野、陶冶情操、健全人格等。研学旅游使旅游者的认知、情感、行为意向水平等各方面都有积极的提升。

（三）"游"与"学"融合

旅行对学习具有重要的促进作用。中国传统文化中很早就记载了在"行"的过程中追求知识、培养高尚人格乃至求仕为官、报效国家的思想。

其一，研学旅行是"第二课堂"。研学旅行区别于一般的旅游活动强调旅游者获得的科学与文化知识，研学旅行不仅针对中小学生和大学生，同时针对广大的社会群体。基于兴趣爱好、学习方式、研学动机等多方面的游与学，与景观学、教育学、管理学、心理学等密切关联、深度相融。

---

① 白长虹，王红玉.以优势行动价值看待研学旅游[J].南开学报（哲学社会科学版），2017(1).

其二,研学旅行促进学校教学的实现。研学旅行者在旅行过程中对于某一事物的认知、情感和行为意向产生影响,都将对助推教育目标的实现、深度融入课程教学产生影响。同时,进一步引发研学课程效果评估[1]、旅游者文化背景知识与研学旅游效果之间的关系[2]等深度探索,思考如何从价值感知、社会文化、教育心理等相关角度探求解决途径。

(四)研学旅行中实现家国情怀

中华优秀传统文化和中国共产党红色旅游资源是研学旅行的重要资源。在研学旅行中感悟文化之美,增加文化自信,培育青少年群体的家国情怀,持续提升国民的综合素质。新时代研学旅行必须坚持国之大者的战略导向,万不可只是将其当作一门生意来做,也不可任由资本的意志和市场的力量把研学旅行带入无锚之境。从人的全面发展出发,万物皆可研学。从城市到乡村、从工厂到学校、从剧院到菜市场,祖国的每一寸土地、每一秒时光,都构成研学旅行的时空场景。

基于自然与文化的社会课堂,在旅行中感受和学习中国传统文化。在参与楹联、书法、绘画、陶瓷、刺绣、戏剧、雕刻、工艺、美食、服饰等中国传统文化的创作和表演活动中,深刻感受中华传统文化的源远流长,体会文化作品中蕴含的古代智慧、文化内涵,体验中华传统文化自身蕴含的绵延不绝的生命力和生生不息的活力,增强文化自信。

二、研学旅行的特征

旅游是社会教育的重要组成部分,具有德育、智育、体育、美育和环境教育等方面的功能。研学旅游作为个体的学习情境,具有愉悦性、演变性和社会导向等特征[3]。基于教育学视角,包括研学旅行内涵、构成要素、影响因素、推进措施等方面内容。研学旅行作为教育的重要组成部分,对学生的学识、认知及养成教育都具有重要意义。

(一)文化性特征

旅行,人类自童年就已经开始探索拓展生存与生活的空间,无论以怎样的方式和途径,都或多或少与"文化"相随。在所经历的诸多与旅行相关的活动中(如迁徙、游牧、漂泊、商贸、征伐、差役、出访乃至地理大发现、移民等),虽然还不是今天所认知的科学意义上的旅游,但旅行活动根植于人类文化创造的发展与进步中,根植于对完善人格的追求中。

中国独特的旅行文化踪迹体现了独特的旅行文化传统。中国古代旅行的参加者是帝王将相、文人墨客等,包括帝王巡游、文人旅行、科学考察等不同旅行方式。中国古代旅行的历史,就是文化创造与传播的历史。

文化的传播基于两种方式:

一种方式为孔子、孟子、朱熹等先贤通过旅行活动传播文化;

---

① 汤国荣,章锦河,周珺,等.文化间性理论进展及其对旅游研究的启示[J].旅游学刊,2018(4).

② 臧丽娜,任谦.论"齐鲁文化修学游"品牌的跨文化传播路径构建[J].山东社会科学,2017(8).

③ 白长虹,王红玉.旅游式学习:理论回顾与研究议程[J].南开管理评论,2018(2).

另一种方式为旅行者对目的地进行文化传播。

孔子周游列国，"登泰山而小天下"；屈原被贬而有"路漫漫其修远兮，吾将上下而求索"的卓越追求。商旅文化、礼乐文化、地理文化、审美文化等旅游文化的客体，都是古人通过旅行的途径创造的。同时，古人在旅行中自然形成了旅游文化资源客体的内容，当今旅游者一直在致力于追踪古人的游迹。

旅行与文化密不可分；旅行本身就是一种文化交流。我国古代旅行活动形式众多，异彩纷呈。司马相如出使西南夷、司马迁游历全国而撰写的《史记》成为经典，《徐霞客游记》中记录的"景点"更是今天的"经典"。"读万卷书，行万里路"深深影响了所有时代的读书人。旅行与人类的生活和追求密切相关。同样，读书与旅行密不可分。读万卷书，行万里路，在地研学是传承中华民族传统文化和提升国民素质的场景支撑，自古以来就是中华民族的优良传统。读万卷书在先，行万里路在后。教育是人才培养、知识传承和文化创造的主渠道。[①]

（二）自然性特征

研学旅行的核心价值在于教育功能的实现，即研学旅行对旅游者产生的教育意义和影响。研学旅行承载着基础教育阶段素质教育的重任。与传统修学旅行相比较，研学旅行具有新的时代教育特征，主要体现在：

1. 在研学旅行活动中，学生融入大自然，学习新知识

正如卢梭在《爱弥儿》所说："大自然希望儿童在成人以前就要像儿童的样子。"教育要顺应自然成长规律，研学旅行将"学"与"游"融合一体，重新回到原初意义的学习方式。在"学"与"游"的融合活动中，学生个体从大自然、从大社会获得信息素养和心灵感悟。

2. 在旅游旅行中践行自然教育

"建设生态文明，关系人民福祉，关乎民族未来"。研学旅行具有开展生态教育的天然优势。研学旅行有助于学生全方位地认知自然的丰富性、多样性、开放性，激发热爱之情；敬畏自然，增强环保意识，承担社会责任。

（三）体验性特征

民国时期陶行知先生坚持"教学做合一"，倡导研学旅行，积极推动"新安小学长途研学旅行团"。研学旅行活动强调学生广泛参加各项社会实践活动，倡导学生亲近自然，倡导学生走进社会，强调青少年在真实的客观环境中自我体验、自我感悟、自我成长。在研学旅行活动中，学生通过真实的体验，可以获得快乐、增长知识、训练技能、增长才能。

研学旅行将"学"与"行"结合在一起，在社会实践中进行探求、进行体验、进行求真，使得理论知识和社会实践相互印证，去伪存真，探求真知。走进名胜风景、人文遗址、科技馆、博物馆、现代农业示范园等与学校生活截然不同的新环境，参与过程本身就是一种情感体验，更是一种分享与合作的体验。

---

① 戴斌.书生意气的研学　家国天下的旅行[N].中国文化报,2021-11-13(03).

第三节　研学旅行的理论价值和实践意义

一、研学旅行的理论价值

研学旅行具有多层面的理论价值和实践意义。

从国家层面,研学旅行是培育学生践行社会主义核心价值观的重要载体,也是拓展文化旅游发展空间的重要举措。

从学校层面,研学旅行是深化基础教育课程改革的重要途径,是推进实施素质教育的重要阵地,是学校教育与校外教育相结合的重要组成部分。从学生层面,研学旅行是进一步促进学生全面发展的重要方式。

经过多年的探索和发展,研学旅行已呈现诸多新的特征。从观光旅游发展到具有教育功能的研学旅行,旅行方式、学习内容、教育目标等多方面都发生了较大的变化。研学旅行已经成为学校教育必不可少的组成部分,充分体现了终身教育和人的全面发展的重要特征。

二、研学旅行的实践意义

(一)促进人的全面发展

研学旅行的核心主要体现于促进人的全面发展,在研学旅行中促进学生全面成长。研学首先表现为体验活动。体验作为一种心理现象,研学旅行者到全新的环境中会自然产生一种即时的新奇体验。这种体验就是中国传统文化中所阐述的"知行合一"思想,它包含着生活、情感、意志、观念等多方面内容,"故不登高山,不知天之高也;不临深溪,不知地之厚也",只要亲临此地才可以获得。同时,旅行中所耳闻目睹的万事万物,不仅能增长知识,同时更是道德认知的拓展,进而到人生意义的领悟与提升。

在研学旅行中增进多方面的交互。在旅行中,必然近距离地接触人、自然、社会等彼此交融的有机整体,在走近大自然和融入社会的过程中,提供了与自然和社会交互的机会。比如在与自然的交互中,发现大自然之美,进而提高审美力,思考人与自然和谐,进一步产生保护自然的意识并付之于行动。比如与社会的交互中更是异彩纷呈,包括衣食住行、琴棋书画等方方面面:穿戴和学习制作民族服饰,品尝和制作民族食品,参与民俗活动体验不同地域、不同民族文化,这样才能深层次地了解目的地真实的风土人情和价值观念;特别是与非物质文化传人交流,了解当地特色文化遗产,可以使爱乡爱国情感升华,并进一步为文化的传承和传播做科学的努力。

在这个过程中,可以获得多方面教育成效,丰富教学内容,为学生提供多元价值观认知和宝贵的学习机会,实现德育源于生活,德育回归生活。实现养成教育,使学生获得多元化发展。

人的全面发展是人类对自身发展的最高追求①。人的全面发展是历史的概念，与社会发展是一致的。社会分工使工人片面发展，但现代大工业生产要求劳动者全面发展，并为之创造了条件。新的科学技术革命对人的发展提出了新的要求。终身学习是人的全面发展的主要途径②。孔子"若臧武仲之知，公绰之不欲，卞庄子之勇，冉求之艺，文之以礼乐，亦可以为成人矣"（《论语》）。当时的教育内容"礼、乐、射、御、书、数"（"六艺"）就是想培养"智、仁、勇"全面发展的人。古希腊重视和谐教育，希腊人认为，美就是和谐，或者说和谐就是美。希腊人所理解的人，不仅是心灵美，而且身体也美，心灵美和身体美的统一才真正体现了和谐③。

马克思主义关于人的全面发展思想体现了其本质内涵。历史上许多思想家、教育家都曾探索过人的全面发展。马克思把人的全面发展和社会发展联系起来，科学地阐明了人的全面发展的本质及其发展的物质基础和条件。人的全面发展是指脑力和体力充分的、自由的发展和运用④；人的全面发展是通过生产劳动同教育的结合实现。如何才能促进人的全面发展，只有通过教育与学习。科学技术革命使得知识与训练有了全新的意义，使人类在思想上和行为上获得许多全新的内容和方法，并且是第一次真正具有普遍意义的革命。⑤ 教育和学习已经不限于学校，而是学校教育与社会教育、正规教育与非正规教育、正式教育与非正式教育结合的多种形式。信息技术的发展、远程教育、互联网都给学习者提供了随时随地学习的条件。

（二）终身学习——动态的全面发展

全面发展包括脑力、体力、思想和行动诸多方面的发展。终身教育体系中，无论是常识的获得，还是价值观和人格的建立，相对于制式教育，家庭、社会和自然都比我们想象的要重要得多。青少年时代所阅读的书、所体验的文化，以及旅行中所接触的人和事，对个体综合素质的提升无疑具有"扣好第一粒扣子"的重要作用。全球范围都以构建国民终身教育体系为导向，全面建成小康社会的中国，全面开启社会主义现代化国家建设新征程的中国，必须坚持有中国特色的新时代研学旅行指导思想：以青少年群体为重点，构建全体国民的终身研学体系；既不能游而不学，把研学旅游变成观光旅游，也不能学而不游，简单地把课堂教学场景搬到校园之外；既要强调研学参与者的科学精神、环境保护和公民意识，更要涵养广大青少年家国天下的大格局、大情怀⑥。研学旅行帮助旅游者认识自然、体验文化、接受多样性，对旅游者的心理结构、行为模式产生重要影响。社会文明建设与研学旅游相互促进，具有重要的社会价值与科学意义。

---

①　顾明远.终身学习与人的全面发展[J].北京师范大学学报（社会科学版），2008(6).

②　顾明远.终身学习与人的全面发展[J].北京师范大学学报（社会科学版），2008(6).

③　滕大春.外国教育通史[M].济南：山东教育出版社，2005.

④　马克思恩格斯选集（第3卷）[M].北京：人民出版社，1995.

⑤　联合国教科文组织国际教育发展委员会.学会生存——教育世界的今天和明天[M].华东师范大学比较教育研究所，译.北京：教育科学出版社，1996.

⑥　戴斌.书生意气的研学　家国天下的旅行[N].中国文化报，2021-11-13(03).

Note

本章小结　　通过系统学习研学旅行的相关理论及其实践内容，基于中外研学旅行思想渊源探索中国研学旅行的理论与实践，在全面发展和终身学习中实现研学旅行的可持续目标。

课后训练

1. 比较欧洲各国"大游学"的异同及其对欧美社会发展的作用。
2. 试析中国研学旅行的历史与现状，及中国研学旅行的可持续发展模式。

第三章
研学旅行的要素体系

学习目标

(1)理解研学旅行体系构成。

(2)掌握各要素的基本概念、构成要素和特征。

(3)运用研学旅行要素体系理解研学旅行现象。

思维导图

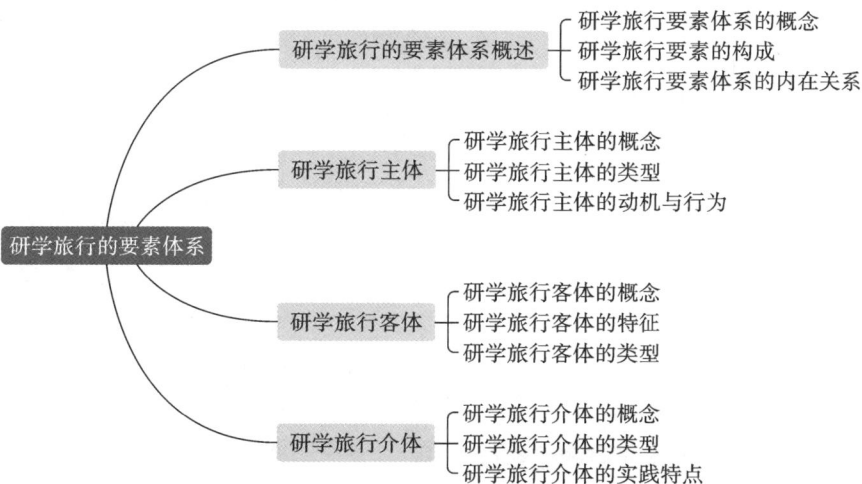

研学旅行的要素体系
- 研学旅行的要素体系概述
  - 研学旅行要素体系的概念
  - 研学旅行要素的构成
  - 研学旅行要素体系的内在关系
- 研学旅行主体
  - 研学旅行主体的概念
  - 研学旅行主体的类型
  - 研学旅行主体的动机与行为
- 研学旅行客体
  - 研学旅行客体的概念
  - 研学旅行客体的特征
  - 研学旅行客体的类型
- 研学旅行介体
  - 研学旅行介体的概念
  - 研学旅行介体的类型
  - 研学旅行介体的实践特点

学习重点

(1)研学旅行要素体系的内在关系。

(2)研学旅行主体要素的分类与动机。

(3)研学旅行客体要素的构成。

(4)研学旅行介体要素的构成。

案例
导入

2019 年冬令营研学活动

活动地点：水利部科技推广中心华东智慧灌溉科技推广示范基地

相关课程：灌溉寻根、启迪梦想

2019 年 1 月 21—22 日，上海市金山区钱圩小学、上海市金山区第二实验小学、上海市金山区教师进修学院附中、上海市金山区兴塔小学共计 370 名中小学生在老师的带队下来到华东智慧灌溉科技推广示范基地。

在这里，通过讲解员现场讲解、观看纪录片、动手实践操作，同学们了解了中国灌溉史，以及现代农业灌溉技术的发展，并通过参与情景剧的方式，体验了中国不同阶段的农耕技术，感悟了中国的农耕文明。

具体活动安排见下表。

时　间	地　点	活　动　安　排
2019 年 1 月 21 日上午	华东智慧灌溉科技推广示范基地	(1)通过视频介绍让同学们简要了解中国灌溉史，以及现代农业灌溉技术的发展。(25 min) (2)带领同学们参观灌溉博物馆，并辅以任务单，使参观重点明确，有指向性。(20 min) (3)自由活动时间，给同学们一定的交流时间，完成任务单。(10 min) (4)在体验馆中检验同学们的任务单完成情况，积极分享自己心得的同学获得情景剧《我来管理农场》的参演机会。(20 min)
2019 年 1 月 22 日上午	华东智慧灌溉科技推广示范基地	(1)参观水文化园，体会不同作物所应用的不同灌溉方式。(10 min) (2)实际感受古代灌溉工具的使用情况，对比今天的用水，发表感悟。(5 min) (3)分 2 组进行"种植小能手"比赛，一组同学负责种植秧苗，另一组同学对秧苗的种植情况进行判断，选取合适的灌溉方式浇水。(20 min)

（资料来源：引自全国中小学生研学实践教育平台）

分析思考：

(1)在此次研学旅行活动中，同学们的学习方式与课堂学习有什么不同？

(2)研学旅行涉及哪些机构与人？

(3)研学旅行的课程有什么特点？

(4)你还知道哪些研学旅行方式？

第一节　研学旅行的要素体系概述

一、研学旅行要素体系的概念

随着研学旅行的实践发展和深入研究,研学旅行体系日臻完善,构成逐渐明晰。不同国家研学旅行的构成元素各有不同。

在加拿大旅游委员会(The Canadian Tourism Commission)从供给的角度指出研学旅行的两个主要组成部分是旅游产品和支持元素。旅游产品主要包括景点和活动、资源专家、旅行规划师、旅游接待操作员。支持元素包括交通部门、酒店服务机构、旅游机构、目的地营销机构[1](Ritchie,2003)。

在日本,修学旅行教育体系的要素有为修学旅行提供法律支持、政策保障和支持的政府及相关部门,以及为日本修学旅行活动提供指导与监督的财团法人(日本修行旅行研究协会(Educational Tour Institute))、为参加修学旅行的学生和家长间传播信息的新闻媒介、构成修学旅行的核心组成部分修学旅行产品(曹晶晶,2011)[2]。

我国研学旅行构成要素包括教育行政管理部门和学校、参加研学旅行活动的中小学学生、研学旅行活动基地、提供研学旅行服务的旅行社(滕丽霞,2015)[3]。

尽管各国研学旅行的元素内容不一,从概念入手,研学旅行体系的总体构成是一致的,包括主体、客体、介体三部分。"研学旅行可以独立进行,也可以是正式组织,可以在各种自然或人为环境中进行。"(Ritchie,2003)[4]。研学旅行具有三项主要特征:①研学旅行是专门以教育为中心的;②学习方式是经验性的;③研学旅行是围绕一个教育项目进行的(Pitman等,2010)[5]。而狭义的研学旅行多指中小学生的研学旅行,中小学生研学旅行是指"由学校有计划地组织安排,通过集体旅行、集中食宿方式开展的研究性学习和旅行体验相结合的校外教育活动"(《关于推进中小学生研学旅行的意见》)。研学旅行是教育与旅行之间的重叠,"不仅是一种旅游产品,更是一种教育形式、一种以旅游为载体的教育旅游活动[6]"。无论是作为一种教育形式还是旅行活动,都必然由主体、客体及介体构成,体系中各要素应当相互作用、协调发展。

---

① Brent W Ritchie,Neil Carr,Christopher P. Managing Educational Tourism[M]. Multilingual Matters Ltd, 2003.

② 曹晶晶.日本修学旅游发展及其对中国的启示[J].经济研究导刊,2011(4).

③ 滕丽霞,陶友华.研学旅行初探[J].价值工程,2015(35):251-253.

④ Brent W Ritchie,Neil Carr,Christopher P. Managing Educational Tourism[M]. Multilingual Matters Ltd, 2003.

⑤ Pitman T,Broomhall S,McEwan J,Majocha E. Adult Learning in Educational Tourism[J]. Australian Journal of Adult Learning,2010(2).

⑥ 陈莹盈,林德荣.研学旅行学习机制的整合性解释框架[J].旅游学刊,2020(9).

二、研学旅行要素的构成

(一)研学旅行的主体

研学旅行的主体指研学旅行活动的主角,指那些以教育和学习为旅行的主要或次要目的到一个目的地进行过夜或短途旅行的人。

(二)研学旅行的客体

研学旅行的客体指研学旅行活动实施的对象,是能吸引研学旅行者进行研学旅行的目的地旅游资源与产品。

(三)研学旅行的介体

研学旅行的介体指研学旅行活动的服务者,是为研学旅行主体进行研学旅行活动提供便利条件和外部支撑的组织和个体。

三、研学旅行要素体系的内在关系

研学旅行的主体是进行这项活动的主导者,是产生研学旅行这一现象的核心因素,主体通过体验、反思、概念化和应用的方式学习研究客体;研学旅行的客体是吸引主体进行研学旅行活动的对象,是研学旅行的必备条件,客体通过传输知识、改变思维、发展技能的方式培养主体的核心素养;研学旅行的介体是联系研学旅行主体和研学旅行客体的纽带,对主体与客体的互动发挥监管、指导、组织、服务、辅助、保障等支撑作用。研学旅行的主体、客体、介体相互作用(见图 3-1),才能实现研学旅行。

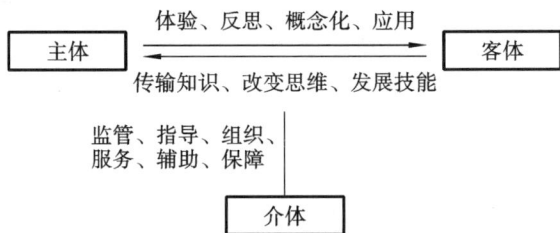

图 3-1 研学旅行要素体系的内在关系

第二节 研学旅行主体

一、研学旅行主体的概念

研学旅行主体包括广义与狭义的概念。广义的研学旅行主体,指那些以教育和学习为旅行的主要或次要目的而到一个目的地进行过夜或短途旅行的人。广义的研学旅行主体的定义核心以教育为目的,包含了不同性别、年龄、职业、收入等因素的个体或人群,比如小学生、学生、教师、研究人员、老年人,等等。而狭义的研学旅行主体指组团参加研学旅行的中小学生和学前期儿童。

二、研学旅行主体的类型

根据年龄分段,广义的研学旅行主体包括以下几类:

1. 学前期儿童

《3—6岁儿童学习与发展指南》中明确指出,要最大限度地支持和满足幼儿通过直接感知、实际操作和亲身体验获取经验。学前期儿童(3—6岁)的心理发展特点为:(1)认识活动的具象性;(2)心理活动及行为的无意性;(3)开始形成最初的性格趋向(薛俊楠、马璐,2018)[1]。学前期儿童的认知思维发展处于感知运动阶段,表现出自我中心思维(从自己的角度看待世界),并表现出中心化,即只关注刺激的某一方面。社会性发展表现为游戏更加具有建设性与合作性,社会技能变得重要[2](罗伯特·费尔德曼等,2007)。"幼儿的心理是在活动中形成的,幼儿的活动主要是对物的操作活动和对人的交往活动"[3](薛俊楠、马璐,2018)。此阶段获取经验的活动大多在幼儿园内,这有一定的局限性,因而需要研学旅行等园外教育活动作为补充以弥补园内生活和学习的局限性。

精神分析学家艾里克森(Erik Erikson)认为本阶段儿童社会性发展处于"主动对内疚阶段"(initiative-verus-guilt stage),乐于自由把握机会和尝试新活动,通过寻求主动性和独立性消除内疚感并发展自我概念(罗伯特·费尔德曼等,2007)[4],社交活动中的行为榜样和共情会引发道德行为。

十八世纪德国教育家弗里德里希·福禄贝尔认为"游戏是儿童时期人类发展的最高阶段,因为游戏本身就是对儿童灵魂的自由表达"。学前儿童参加研学活动的价值在于,在教育工作者的陪伴与引导下,儿童在自己主导的、非刻意的、非结构化的游戏活动中进行自主观察、自由探索、自主建构,在一种自由与流动的状态中探索周围的世界、体验他们的个人生活以及享受游戏所带来的情感和幸福感(任珂、康纳·麦·古金,2021)[5],实现"畅"的体验,在主动体验中获得对世界与自我的初步认知,并逐渐发展生活能力、社会能力、创造能力与解决问题的能力。

2. 小学生

《关于进一步做好中小学生研学旅行试点工作的通知》(2014年)中提道:研学旅行的主体是全体中小学生和学校,目的是培养中小学生的生活技能、集体观念、创新精神

① 薛俊楠,马璐.学前儿童发展心理学[M].北京:北京理工大学出版社,2018.
② 罗伯特·费尔德曼,等.发展心理学:人的毕生发展[M].4版.苏彦捷,邹丹,等,译.北京:世界图书出版公司,2007.
③ 薛俊楠,马璐.学前儿童发展心理学[M].北京:北京理工大学出版社,2018.
④ 罗伯特·费尔德曼,等.发展心理学:人的毕生发展[M].4版.苏彦捷,邹丹,等,译.北京:世界图书出版公司,2007.
⑤ 任珂,康纳·麦·古金.欧洲对学前教育游戏教学的反思及其启示——从"基于游戏的学习"到"引导游戏"[J].学前教育研究,2021(10).

和实践能力。中小学学生(包含基础教育阶段小学生、初中生,以及中等教育阶段高中生),是研学旅行教育体系构建的核心要素。

小学生处于儿童阶段中期(6—12 岁),思维发展开始能够去中心化,开始考虑多种观点,同时进入具体运算阶段,开始把逻辑思维运用于具体运算中[1],用逻辑思维解决问题,但这种运算性质的治理思维仍处于萌芽阶段,只能运用于具体对象,且只能从一个事物传给下一个事物(皮亚杰,1981)[2]。在此阶段,符号化学习逐渐展开,而实践感知对于认知发展依然起着非常重要的作用,"实践感和经过客观化的意义的一致所产生的一个基本效果,是生成一个常识世界,该世界具有直接明证性,同时还具有客观性"[3]。

此阶段的社会性和人格发展表现为自尊和道德发展两个重要领域[4],自尊发展出来后,儿童开始强调社会尊重,通过社会比较理解社会地位与同一性个体处于"勤奋对自卑"阶段(industry-verus-inferiority stage),注重发展能力和应对挑战。社会问题解决能力和社会信息加工能力的提高能促进儿童拥有更好的人际沟通能力,从而提高其受欢迎程度。

小学生研学旅行的价值在于,通过亲身体验具体的客观事实来克服认知能力的局限性,通过解决具体情境中的问题理解抽象概念,并突破家庭生活和校园学习的单一性,结合儿童的个体特性中发展丰富的素养与能力,在实践中认识社会、自己和他人,奠定良好的社会能力和道德观,促进健全人格形成。

3. 中学生

青春期(12—20 岁)进入快速生长期及发育期,身体与心理经历着显著的变化与成长。"大脑的发育为认知能力的发展铺平了道路"(罗伯特·费尔德曼等,2007)[5],认知发展进入形式运算阶段,通过采用逻辑的形式原则,抽象地思考问题,并且开始运用命题思维进行抽象的逻辑推理,而不再局限于具体的术语。不断增加的抽象推理能力导致他们易于质疑和争辩。家长、老师、书本等儿童时期的成人权威皆可能是他们挑战的对象。同时伴随新近发展出的元认知(metacognition),即对自己思维过程的认识以及对自己认知的判断能力和监控能力,他们能够更好地内省与自我觉知,并对他人的认知过程有一般性推测,故而促成较强的自我中心主义[6],很难接受批评与传统的束缚。

在社会性方面,青少年处于"同一性对同一性混乱阶段"(identity-verus-identity confusion stage),一方面,他们试图发现自己的独特性,通过尝试不同的角色或选择试图发现同一性,从而理解自己是谁;另一方面当此过程受阻,他们变得困惑,可能会以某

---

① 罗伯特·费尔德曼,等.发展心理学:人的毕生发展[M].4 版.苏彦捷,邹丹,等,译.北京:世界图书出版公司,2007.

② 让·皮亚杰.教育科学与儿童心理学[M].北京:文化教育出版社,1981.

③ 皮埃尔·布迪厄.实践感[M].蒋梓骅,译.南京:译林出版社,2003.

④ 罗伯特·费尔德曼,等.发展心理学:人的毕生发展[M].4 版.苏彦捷,邹丹,等,译.北京:世界图书出版公司,2007.

⑤ 罗伯特·费尔德曼,等.发展心理学:人的毕生发展[M].4 版.苏彦捷,邹丹,等,译.北京:世界图书出版公司,2007.

⑥ 罗伯特·费尔德曼,等.发展心理学:人的毕生发展[M].4 版.苏彦捷,邹丹,等,译.北京:世界图书出版公司,2007.

种方式脱离同一性形成过程,比如去扮演社会所不能接受的角色,对自我的感觉变得"分散",而由此产生的压力使他们追求心理的延缓偿付期(psychological moratorium),相对自由地探索更多角色与可能性,推迟即将面临的成人责任。本阶段他们更倾向从朋友或同伴处寻求帮助和信息,寻找同一性的群体也变为更具体精确。

中学生研学旅行的价值在于:

第一,实践出真知,实践学习能够帮助中学生透彻地验证与理解日益复杂的知识,将扎实的知识与厚实的见识相结合,既能满足青少年追求真知、挑战权威的心理需求,又能使其养成"知行合一"、立志躬行的作风。

第二,研学旅行通过营造良好健康的活动场所和德育环境、丰富多彩的实践活动、广泛的社交机会,让青少年结识新的朋友、接触新的群体,有更多机会发现同一性,引导他们更加明确自己的社会角色、社会责任与发展目标,为平稳进入成年期做准备。

4. 大专院校学生

大学阶段处于青少年期(12—20 岁)晚期与成年早期(20—40 岁)的早期。在这个阶段,体能与感觉能力达到巅峰,大脑机能持续发展。在本阶段,自主学习成为重要的学习方式,青春期单纯的形式运算认知思维已无法满足需求,基于固有逻辑的严格运算无法为更加复杂微妙的现实给出合理答案,因此大学生开始明白世界并非非黑即白,每个故事并非一定有一个符合逻辑的结果,看待问题无法时时泾渭分明,因此他们倾向于采用"后形式思维",即认知思维开始涵盖更多的现实因素,承认解决方案有多样性,能够对抽象、理想的解决方案和可能的现实阻碍进行权衡,充分考虑先前经验,采用协商的方式解决问题(Labouvie-Vief,1990)[①]。

在社会性方面,其一,本阶段开始进入"亲密对疏离阶段"(intimacy-verus-isolation stage),发展他人亲密关系变得重要,包括发展友谊和恋爱,在此过程中经历困难的人往往是孤独疏离的。同时,由于工作有助于确定个体的同一性和社会地位,因此职业尝试与职业巩固成为本阶段社会生活的重点。其二,在我国,从中学相对封闭单一的环境进入大学里开放多元的社会生活,大学生会经历更多的竞争压力、人际障碍、学习焦虑等心理危机,此时通过实践学习满足社交需求与自我价值实现是人格健全的关键点。

大学阶段研学旅行的价值在于:

首先,通过专业性的实践学习以及广泛的旅行活动,开阔视野、增长阅历、获得多元的学习资源和广泛的学习支持、亲历鲜活的现实,为解决复杂问题的后形式思维提供丰富的现实依据。其次,通过进一步接近职场中的研学,了解行业现状,为顺利走向职场做准备。

最后,研学旅行突破校园时空局限,变换学习方式,让师生、生生之间的交流方式无处不在,灵活的沟通与协作为社会交际提供更便捷的途径,大学生在研学中主体地位的凸显更能实现其自我价值。

大学阶段是学生从家庭步入社会的过渡阶段,是学生各方面综合素质提升和全面发展的关键阶段。大专院校的青年学生身心发展处于趋于成熟的阶段,行为具有较多

① 罗伯特·费尔德曼,等.发展心理学:人的毕生发展[M].4 版.苏彦捷,邹丹,等,译.北京:世界图书出版公司,2007.

自主性。大学生研学旅行不仅是参观体验,更是以研究性学习为主导的旅游活动,在研学旅行中开阔眼界、增长见识,了解所学专业的行业现状及前景,感受异地文化等,实现社交需求、尊重需求和自我价值、提升其综合能力,为顺利走向职场做准备。

5.非学校教育阶段的大众

我国研学旅行的发展,在经历了近五年的快速发展后,当下正处于"从自发走向自觉,从小众走向大众"的阶段(《中国研学旅行发展报告 2021》)。

从研学的广义概念来看,除学校教育阶段的研学,研学旅行是实现终生学习的重要途径,学校教育阶段外的研学逐步得到认可。中国人历来有"活到老学到老之说",除了学校教育,终身学习的意识日益加强。生活即教育,社会即课堂。目前,在国内"红色研学""绿色研学""银发研学",以及"亲子研学"发展迅速。

校外的大众,具有丰富的个性化特点和心理需求,研学旅行具有多样化的目的,其核心价值在于,扬弃一次性教育模式,利用开放的空间和广泛的资源,通过灵活的方式和深入的体验,随时随地满足人们学习的需求,继续提高人们的学习能力,完善人们的素养,培育全社会的学习文化,通过人的全面发展实现社会的发展。

三、研学旅行主体的动机与行为

(一)研学旅行主体的价值追求

面对时代变化和未来发展的新需求,人类对教育的价值和内涵有了更清晰、更综合的认识。发展核心素养成为各国际组织、教育机构公认的当今时代教育发展目标定位。欧盟委员会认为"能力需求不是静态的;它们在一生中,在几代人之间都会发生变化。因此,必须确保所有青年人和成年人都有机会在初级教育和培训、高等教育、持续专业培训、成人教育或不同形式的非正式学习中获得所需的能力"。(欧盟委员会,2018)。[①]素养不仅包括知识和理解,还包括在执行任务时应用知识的能力(技能),以及学习者用什么心态,如何完成任务(态度)。实施以素养为导向的教育、培训和学习往往需要跨课程的方法,更强调互动的学习和教学风格,将正式与非正式学习结合起来,与非教育利益相关者和当地社区更多的合作,教师的新角色,指导学习过程以及评估新方法的培训师和教育者。

21 世纪初,我国教育部将知识与技能、过程与方法、情感态度价值观的三维目标观设定为教育教学的目标,2014 年将"落实立德树人"作为课程改革的根本目标,2016 年9 月,教育部课题组发布了《中国学生发展核心素养》,文件中指出核心素养是当今时代发展对教育目标的重新定位,清晰地阐释了"立德育人"的核心精神。研学旅行契合了培养核心素养的要义,是实现立德树人的必要途径,也是全社会实现终身学习的重要途径。因此,研学旅行的价值追求在于"提倡实践、探究、合作、反思等多样化的学习方式,注重知识与经验的整合,注重发展学生的创新精神、实践能力、社会责任感以及良好的个性品质"[②],最终提升研学旅行主体的核心素养。

---

① 欧盟委员会《关于终身学习关键能力的建议》。
② 吴支奎,杨洁.研学旅行:培育学生核心素养的重要路径[J].课程·教材·教法,2018(4).

（二）研学旅行主体的动机

Burkart 和 Medlik（1981）认为，从最初的教育与学习旅行开始，旅行的存在是为了满足旅行者对人们在国内外生活方式的好奇心。在后来的几年里，传统的旅游教育价值促进了留学的发展，成为欧洲和后来的美国高等教育的合法组成部分（Kalinowski & Weiler，1992）[①]。

从旅游的发展史来看，教育与学习一直是促使参与者出行的一项关键动机。研学旅行作为"正在进行通宵假期的人，以及正在进行短途旅行的人所进行的旅游活动，对他们来说，教育和学习是其旅行的主要或次要部分。这可以包括普通教育旅游和成人游学，国际和国内大学和学校的学生旅游，包括语言学校，学校远足和交换项目。教育旅游可以是独立的或正式组织的，可以在各种自然或人为的环境中进行"[②]。

教育与旅行各有其独特的领域和类型，而二者的结合则形成了全新的研学旅行体系。顾名思义，教育和学习是研学旅行的重要动机，它可能涉及对学习的普遍兴趣或有目的的学习，而教育动机的重要性在不同的类型细分中地位有所不同，研学旅游的教育或学习可以被视为一个连续统一体，从一端的"旅游时的一般兴趣学习"到另一端的"有目的的学习和旅行"，组织方式可以是独立的（非正式），也可以是团队的（正式）（加拿大旅游委员会，2001）。

根据不同动机，研学旅行可分为两种类型：

（1）"旅游优先"，指在旅行中，学习是提高整体体验质量的刺激因素，比如成人或老年人的教育旅游、教育旅游（包括生态旅游和文化旅游）。一般是有组织、有互动、带导游的、正式或非正式的旅行；

（2）"教育优先"，指以参加教育培训为目的的旅行，这通常与学分有关，比如中小学生、大学生旅游的正式研学旅行。（Ritchie，2003）

研学旅行的概念、动机及类型见图 3-2。

基于旅游和教育两项动机的重要性，可以将研学旅行分为以下三大类（见表 3-1）：

1. 来自学校的学生群体

比如普通学校的中小学生和大专院校的大学生，由于学习机会增加、语言学习兴趣增加、课外活动的主动性学习等因素，通过语言学校、学校远足和交换计划等方式参加研学旅行，其主要目的是学习，同时，即便他们可能认为自己不是游客，他们参与旅游活动，对旅游地产生影响，其次要动机仍是旅游。

2. 社会群体

比如老年人或成人，他们通过生态旅游、文化旅游等方式参加研学旅行，其主要动机为旅游体验，而教育和学习是旅游经历中激励人心的次要动机。

---

① Brent W Ritchie，Neil Carr，Christopher P. Managing Educational Tourism[M]. Multilingual Matters Ltd，2003.

② Brent W Ritchie，Neil Carr，Christopher P. Managing Educational Tourism[M]. Multilingual Matters Ltd，2003.

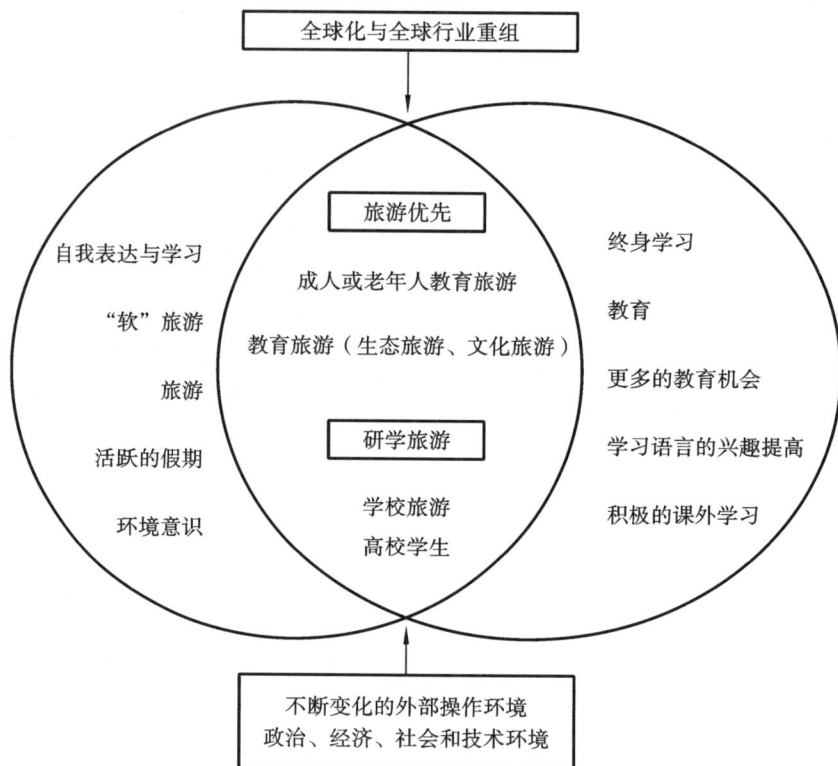

图 3-2　研学旅行的概念、动机及类型

（资料来源：Brent W. Ritchie，Neil Carr，Christopher P. *Managing Educational Tourism*，2003.）

3. 各类人群

包括学生及社会人士，旅游与教育动机同为首要动机。不同动机的研学旅行主体类型见表 3-1。

表 3-1　不同动机的研学旅行主体类型

类型	主要动机	次要动机	概　念	例　子	教育的形式	典型的参与者
类型一	教育	旅游	人们前往专门的研学基地旅游，或人们专程前往旅游地进行学习；即便他们可能认为自己不是游客，他们参与旅游活动，对旅游地也产生影响，其次要动机仍是旅游	国际语言学校、学校远足、学生交换项目、有学分要求的游学、专业培训研学旅行	正式（带有学习任务的旅行）	大中小学学生
类型二	旅游	教育	人们在旅行过程中以旅游体验（娱乐、休闲、社交等）为目的，带有对学习一般的意愿	营地或背包旅行、家庭旅行、娱乐旅行、生态旅行、文化旅行	非正式（自我探索之旅）	成年人、老年人

续表

类型	主要动机	次要动机	概　念	例　子	教育的形式	典型的参与者
类型三	教育和旅游		人们在旅行过程中将旅游动机与教育动机并重	成人的探索游学或特殊兴趣游,学校假期的研学旅行	正式、非正式	成人、老年人、学生

(三)研学旅行的教育功能

研学旅行的核心价值在于提升个人核心素养,研究证明研学旅行是综合实践育人的有效路径,比如 Pearce 和 Foster(2007)对背包客的研究发现,旅行有助于培养诸如解决问题、适应能力、社会和文化意识、资源管理和自我意识等一般技能。那么旅行如何提升素养呢? 亚里士多德认为,智慧与三种素养有关,即知识素养、技术素养和实践素养。知识素养(理论知识)是指在特定语境中具有系统性和普遍性的知识。技术素养(实际技能)是指与制作、创造和实践相关的技能、惯例和技术。实践素养(实践智慧)是关于如何在具体场景下发展和应用经验知识的。以此为框架,研学旅行对素养的影响如表 3-2。

表 3-2　研学旅行对个人素养的影响

研学的教育功能	被 动 影 响	主 动 影 响
知识素养 (理论知识)	一般技能和技术的偶然发展(例如:沟通、组织、解决问题、确定方向)	主动学习掌控身体的技能或认知技能(如高尔夫、帆船、摄影等项目应具有的能力)
技术素养 (实际技能)	无意和自发地获得知识(例如:偶然地了解一些地方、环境和物种)	有意地寻找知识和理解(例如:有意地学习一些地域、环境和物种方面的知识)
实践素养 (实践智慧)	通过接触不同的环境和环境积累生活经验(例如:自我意识、社会和文化意识)	积极追求美好和高尚的生活(例如:有意识地学习可持续并且合乎道德的行为和文化)

(资料来源:John H. Falk,Roy Ballantyne,Jan Packer,Pierre Benckendorff. *Travel and Learning :A Neglected Tourism Research Area* ,2012.)

第三节　研学旅行客体

一、研学旅行客体的概念

研学旅行的客体主要由研学旅游产品组成。研学旅行产品是旅游产品与教育产品的有机结合,二者的整合与配对,能够满足消费者的旅行和教育需求。旅游产品与教育产品的结合有多种形式。通常,参与的旅游产品除了基本的旅游服务——交通、住宿和膳食,还有多种多样的旅游形式,比如乡村旅游、生态旅游等。而教育产品的类型则比较多样,它可以是学生外出参加活动、培训、研讨会、研究旅行、夏令营等。

二、研学旅行客体的特征

研学旅行体验表现为三方面的特点,即教育性、体验性、结构性(Pitman 等,2010)。结合体验特性,研学旅行客体表现出以下三个方面的特征。

(一)教育性

教育性指研学旅行有意识地关注教育。教育与旅行的结合是研学旅行最大的亮点与优势。脱离了教育性,研学旅行就与走马观花的普通旅行无异了;脱离了旅行,它又等同于普通的教学活动。

一方面,教育性反映在研学旅行课程的教育价值中。教育价值是研学旅行资源的核心价值,通过对旅游资源的设计,寓教于乐,让旅行者在行走中汲取知识,启发思考,在与环境的互动中主动构建认知,在潜移默化中得到教育,才能实现研学旅行客体的教育功能。

另一方面,教育性反映在研学旅行课程的科学性与规范性。研学旅行课程应该经过科学的论证与设计,教育方式符合教育的基本规律,教学内容符合自然规律与社会规律。研学旅行课程具有明确的目标与原则,实施流程规范健康,应当适合学生的的生理和心理特征,配合校内课程延展的需要,发挥校外资源的客观价值,符合道德法律规范,体现出教育的规范性实践本质。

(二)体验性

体验性即研学旅行的学习风格是体验式的。

一方面,体验性表现在具有实践性的教学方式。传统的教育方式一般是静态式的,而研学旅行作为探索之旅,抽象的知识在学习者身临其境、身心感受的过程中通过立体的、亲身的、实践的方式进行传递,激发其学习欲望,增加其体验深度,使其产生内省感悟。与传统的课堂教育体系相比,研学旅行产品创造性地改变了学习者的学习方式,提供机会将知识应用于实践,在实践中检验知识,使知识与现实生活相交融,将被动接受知识转变为主动地研究问题,通过亲身的体验培养、锻炼、提升核心素养,实现实践育人的目标。

另一方面,体验性表现为满足学习者个性化发展的学习需求。相较于学校教育,研学旅行结合教育与旅行,是一种开放性的学习方式,游客的动机和需求的微小变化,都会导致教育旅游产品的不断多样化,并使其更加个性化。能够整合更丰富的资源、融合灵活多样的旅游方式,贴合个人特质提供多样专属的特色课程,让学习者拥有更多的课程选择和更灵活的学习方式,在独特的体验中成为真正的学习主导者。

（三）结构性

结构性也即系统性，指研学旅行是围绕系统的教育计划而构建的。

一方面，研学旅行产品作为课程，课程内容必须具有系统的知识体系，各部分学习内容必须具有严密的逻辑性和紧密的连贯性，学习内容必须与课程主题和课程目标紧密相关，学科知识要完整统一，全面促进学习者的综合素质发展。

另一方面，研学旅行产品并不是单一的课程项目，而是旨在促进学习者素质能力的高质量全面发展的系统过程。《关于推进中小学生研学旅行的意见》明确提出作为综合实践育人的有效途径，研学旅行要以统筹协调、整合资源为突破口。本着立德树人、综合育人的根本出发点，研学旅行不仅是研究性学习与旅行体验结合的教育产品，而且是校内外联合、多学科结合、多资源整合的产物。研学旅行客体需要集"研学课程产品开发、研学基地建设、研学线路设计与组织实施、研学旅行导师培养、评价等要素于一体"①（庄伟光、武文霞，2021），通过学校教育、家庭教育、社会人文教育与自然环境教育协同融合才能实现研学旅行全方位育人的目标。

三、研学旅行客体的类型

研学旅行结合学校、家长、政府、企业、社会的多方面力量，将旅行、学习、研究融为一体，拓展于广阔的社会与自然环境中，因此体现出明显的复杂性和多元性特征，具有多重的分类标准。

（一）以课程主题分类

研学旅行资源包括艺术类、科技类、语言类、文化类、自然类等各类资源，设计的课程内容也是丰富多彩。依据课程内容的主题，研学旅行产品国家旅游局发布《研学旅行服务规范》对研学产品的定义是以资源类型分类，主要分为知识科普型、自然观赏型、体验考察型、文化康乐型、励志拓展型。

1. 知识科普型

知识科普型主要包括各种类型的博物馆、科技馆、主题展览、动物园、植物园、历史文化遗产、工业项目、科研场所等资源。知识科普型产品要照顾参与者的知识水平和理解能力，兼具科学性和通俗性的特点。一方面要严谨系统，并且有一定深度，尽可能展示前沿知识，促进学识结合；另一方面，要形象具体、有趣味性，尽可能贴近生活，激发学生求知欲望。

2. 自然观赏型

自然观赏型主要包括山川、江、湖、海、草原、沙漠等资源。在自然环境中，参与者通过发现自然物的特征和变化，认识生命的意义；通过感受自然环境及自然物的美，接受美学熏陶；通过设身处地与自然相处，了解动植物的生长过程，保护自然；通过参与种植饲养活动，掌握劳动的技能；通过对动植物的照料，增进同伴间的互动与合作。

---

① 庄伟光，武文霞."构建新发展格局"专题（2）新发展格局下完善研学旅行制度体系[J].广东经济，2021（3）.

3.体验考察型

体验考察型主要包括农庄、实践基地、夏令营营地或团队拓展基地等资源。在亲身体验与自主探究过程中,参与者的探究精神和探究能力得到发展,在不断尝试与解决问题的过程中,参与者的批判思维和创新意识不断提升,在合作交流与责任担当的过程中,参与者的互助意识和团队意识逐渐加强。

4.励志拓展型

励志拓展型主要包括红色教育基地、大学校园、国防教育基地、军营等资源。在此类课程中,参与者通过体能训练、任务挑战、情景体验等方式,增强体能、磨炼意志、陶冶情操、坚定信念、完善人格,从而实现身心全面发展。

5.文化康乐型

文化康乐型主要包括各类主题公园、演艺影视城等资源。此类活动中,参与者主要通过聆听文化故事、体验历史场景、学习传统技艺、参与遗产保护等方式,培养人文素养,提高审美情趣,激发文化自信,增强社会责任感。

(二)按开发的主体分类

按开发的主体分类,研学旅行客体分为自主开发与委托开发两类。

1.自主开发

自主开发是指由公共教育体系的部门自行开发产品,通常是学校根据校内的教育体系自主设计、自主策划的主题紧扣所学课程内容,内容具有一定的系统性、规范性、科学性[1](杨晓,2021)。但是由于学校对研学旅行的"旅行"要素的理解不足,易于造成"只学不游"的现象,研学客体的参与方式缺乏灵活性和个性化。

2.委托开发

委托开发是指学校委托校外的社会机构开发产品,通常是学校委托研学旅行基地或者社会文化机构设计开发,研学旅行的资源丰富多彩,方式灵活有趣,但是,受到师资力量限制、不了解参与者知识背景等原因,易于造成"只游不学"的现象,研学客体的内容缺乏一定的系统性和教育性。2016年12月教育部等11部门发布《关于推进中小学生研学旅行的意见》,之后专门的研学旅行机构应运而生,它们专注于研学旅行服务,打造专业的研学旅行课程,正在建立健全实施标准,做好学校与营地的桥梁作用,设计的产品与学校课程体系有较好的衔接,提高了研学旅行产品的质量。

案例链接

这个庄园换了10任庄主,靠研学旅行,终成国内外游客的首选

澳大利亚的研学旅行始于20世纪80年代。堪培拉大学的Brent W. Ritchie教

---

[1] 杨晓.研学旅行的内涵、类型与实施策略[J].课程·教材·教法,2018(4).

授和英国布莱顿大学的 Duane Coughlan 教授用了两年时间,研究了 807 所澳大利亚中小学开展研学旅行的初衷和面临的困境。

他们发现,澳大利亚的研学旅行主要出发点是学生的教育和校外实践,因而会首先选择有足够系统化、差异化课程的营地。制约研学活动的最大因素是配套资金和交通成本,因而大多数学校会选择近郊且收费适中的营地。

研学旅行尽管无法成为这些基地的主要收入来源,但可以解决基地淡季无客源的问题。同时经过孩子们的亲身体验,口口相传,使让家长陪伴孩子一次次前来游玩成为可能。

老庄园焕发新活力

悉尼西南部有一个有 210 年历史的古老庄园——Calmsley Hill 庄园。自 1806 年苏格兰人 John Jamieson 从土著手中获取这块 150 公顷的土地以来,已经有过 10 次易主。

1984 年起,这里开始依托畜牧产业和乡村旅游项目,打造研学旅行基地,现已成为悉尼及周边学校研学的必选之地。

世界各地的孩子,凡是到悉尼旅游,必去这个庄园。不少中国家长陪孩子到这里玩过之后,写的游记文章引来点赞无数。

吸引散客的法宝:互动体验、营地生活

根据 U 然自然教育对欧美十余个庄园的实地调研,这里针对散客的日常项目较为传统,但是体验感十足。

针对散客,Calmsley Hill 庄园从每天上午十点半开始,每半个小时推出一个项目,如拥抱小动物、挤牛奶、拖拉机趣味游园、户外烧烤、马鞭表演、牧羊犬表演、剪羊毛表演、考拉互动等。

接下来如果还有时间,游客可以再次坐拖拉机游园,再次拥抱小动物、挤牛奶……这样,一天下来,8 大主题活动,会给孩子和家长足够的互动和撒欢的机会。

为了更加丰富游客的生活,Calmsley Hill 庄园还推出了营地体验项目。

参与营地生活的小伙伴们,有机会做一次牧羊人,在牧羊犬的陪伴下,看日出、日落;和家人或朋友一起,吃烧烤、开 Party、品田园野趣;在袋鼠、鸸鹋、考拉的陪伴下,度过一个难忘的夜晚;在鸡叫声中早早起床,喂养庄园的动物,然后亲自收鸡蛋,准备早餐。

@xiaolingl467:"带着 3 岁的儿子来这里过生日,我很感激这次营地体验。每件事都棒极了!我的小孩(1 个 3 岁,1 个 5 岁)都累坏了,一夜香香地睡下,伴着公鸡清晨 5 点的报晓,以及饥饿的山羊咩咩的叫声……"

@AnnieMY:"这是我们第二次参观这家农场。第一次来的时候,我的小儿子才 4 岁。在那个年龄,对孩子来说,经历很有趣。动物们很可爱。当孩子们长大后,我们又一次来了,但是他们仍然很喜欢……"

Calmsley Hill 相信,每一个在这里体验营地生活过的孩子,都将留下铭记一生的美好记忆。

借鉴:研学课程和研学线路

Calmsley Hill 庄园与悉尼多数中小学成功牵手,秘诀就是一流的研学课程设计和活动策划。

Calmsley Hill 庄园的课程设置和活动策划主要针对三个年龄段:幼儿园—小学2年级、小学3—6年级、中学生。

针对幼儿园—小学2年级的儿童,Calmsley Hill 庄园的研学课程重在让他们理解食物从哪里来,动植物的生命周期,动植物的生存条件,动植物如何满足人类需求等。

观察生命体的异同,观察动植物的生长和变化,了解庄园不同区域的功能,了解动物的家,从而初步培养家的概念;通过挤牛奶、剪羊毛等活动亲自发现日常用品的来源等,系列化活动的安排,加上庄园日常的牧羊犬表演、考拉表演等活动,让孩子们在庄园一天的生活充实而有趣。

针对小学3—6年级的学生,研学课程重在培养实地考察和探索能力。庄园开辟了两条研学线路:

线路一:专注于环境保护、地球科学、可持续发展和濒危物种保护等。

线路二:专注于生态农业的启蒙,学生们将通过蚯蚓农场体验和堆肥箱制作,观察和体验现代化农业设备的功能,探索农业种植的奥秘。

澳大利亚从小学开始抓科学教育和环境教育,孩子们在庄园里也有了足够的考察空间和研究素材。

针对中学生,这里的课程侧重生物群落研究、永续生活和庄园的开发运营等专题。

其中庄园开发运营主题研学课程,将引导中学生与庄园运营团队一起,体验庄园的运营环节,在工作中发现问题,寻找答案,最终形成总结报告。

从环境的保护者,到绿色生活的拥护者,再到未来的庄园运营或拥有者,这些中学生在 Calmsley Hill 庄园中扮演的角色,正在一次次丰富着他们的人生。

总结

(1)Calmsley Hill 庄园,靠深度的、可以过夜的营地体验,给了孩子们以及他们的家长们足够多的理由,从偶然体验,到经常来、带着更多的朋友来,再把庄园体验纳入自己生活和成长的一部分。

(2)研学旅行无法成为大多数庄园的主要收入来源,然而依托有利的自然条件和产业支撑,和 Calmsley Hill 庄园类似的近郊型庄园,可以通过研学旅行,与学校携手、与学生及家长建立终身联系。

(3)研学旅行的课程及活动重在系统化、差异化的参与体验。这就要求对庄园的在地资源深入挖掘,对课程和活动合理编排,并要求庄园打造专业团队,持续为研学活动提供运营支撑。

Calmsley Hill 庄园焕发新活力的秘诀就在于此。

(资料来源:引自郭海岩　U 然自然教育/首席架构师,https://www.sohu.com/a/210672327_803177,2022 年 3 月 2 日访问。)

第四节　研学旅行介体

一、研学旅行介体的概念

除研学旅行的主体与客体,研学旅行的各环节涉及的相关组织与个人复杂多样。研学旅行的介体以研学旅行主体为服务对象,帮助研学旅行主体实现目的,同时也能实现研学旅行客体的价值,是研学旅行主体与客体的中介,是实现研学旅行的得以有序进行的重要保障,通常指为研学旅行主体与客体提供服务支持的部门、企业、个人,比如政府、学校、家庭、旅行社、研学机构、研学营地、交通部门、酒店、景区等。

二、研学旅行介体的类型

根据功能,研学旅行介体有如下分类。

(一)官方介体

组织与实施研学旅行的官方介体主要包括各级政府部门、学校。此类组织注重研学旅行的教育性和公益性。期望通过研学旅行的有序推进促进校内教育和校外教育的有机结合,实现中小学生素质教育目标。这些主体有能力而且本身具有强烈的意愿为研学旅行创造良好的政策环境和条件。[1](陈慧婷,2017)

1.政府部门是研学旅行活动的引导者

提高国民素质、培养优秀人才、增强软实力是国家发展的利益诉求,政府部门发展研学旅行,目的在于完善教育体系、提升素质教育质量、供应高质量人才,而政府在配置资源、明确方向、制定规则方面有强大的支持能力。在研学旅行实施过程中,政府作为社会调控的有力抓手,能够"对研学旅行持续关注,切实行使资源配置的权力,监督各地研学旅行开展情况,并协同其他政府部门为研学旅行活动开展提供良好条件,便利研学旅行发展"[2]。(周姗等,2020)

2.学校是研学旅行活动的主要组织者

夯实知识基础、提高教学质量、优化培养计划是学校组织研学旅行的重要目的,而学校对学生的身心培养有体统严谨的教学计划,并且对校内教学的外延需求以及学生的认知水平有科学的评估能力。在研学旅行实施过程中,学校是主要的组织者与负责人,能够通过制定科学的教学计划,提出研学旅行的合理思路,"主导研学旅行的整体设计和实施。根据校本区域特色、学生年级高低和各学科教学内容需要,设计策划研学内容,发挥统筹协调作用,或交由旅游企业负责,学校监督各项工作进展,以确保研学旅行

①　陈慧婷.利益相关者视域下的研学旅行社会支持系统构建[J].商业经济,2017(11).

②　周姗,陈燕菁,林武夷,等.利益相关者视角下研学旅行发展机制研究[J].中国市场,2020(25).

的顺利开展"[①]。（周姗等，2020）

（二）商业性介体

商业性介体指对研学旅行活动有明确商业利益诉求的商业机构，包括教育培训机构、旅行中介机构、研学机构、商业性研学营地、景区，以及提供餐饮、住宿、交通、保险等配套服务的企业。此类机构出于盈利或者塑造企业形象的目的，参与研学旅行服务的积极性高，同时具有资源丰富、设备齐全、服务专业、协调能力强、行业经验丰富、资金较雄厚的优势。

一方面，受委托的研学中介机构是研学旅行活动的具体实施者。由于学校有繁重的校内教学任务与管理事务，难以调配足够的专业人员具体实施研学旅行活动，倾向于委托专业的服务机构负责具体的实施工作。研学旅行需要兼具教育功能和旅游功能，教育培训机构或旅游中介机构利用原有的资源优势，补充新的服务功能，设立专门的研学旅行服务部门，增加新的盈利增长点，也能提高企业的稳健发展的能力。由教育培训机构或旅游中介机构延伸发展出的研学旅行部门以及专营的研学旅行机构，往往兼具教育服务和旅游管理的能力，它们既掌握了教育学的一般规律，又能根据市场需求灵活地设计高质量研学旅行产品。同时它们也能根据市场经验和实操效果为政府管理部门和学校提供建议与反馈，优化提升研学旅行产品。

另一方面，除研学中介机构外，研学营地、景点、酒店、餐饮企业、交通企业、保险企业等服务机构为研学旅行活动提供配套服务，辅助研学旅行活动有序开展。

（三）公益性介体

公益性介体指准官方或民间的公益组织，包括共青团、社会志愿者组织等，为研学旅行参与者和组织者提供咨询建议、资金支持、医疗安全保障服务，其目的在于辅助研学旅行活动顺利进行。研学旅行是校内教育的延伸，具有教育事业的公益性属性。而高品质的研学旅行对人才、资金、时间成本的要求较高，因此为了实现教育的公益性和公平性，公益组织肩负辅助责任。

一方面，"在建设中国特色社会主义的伟大实践中，造就有理想、有道德、有文化、有纪律的青年，努力为党输送新鲜血液，为国家培养青年建设人才"是共青团组织的一项基本任务。共青团组织能够引导旅游企业推出更多符合青少年游客需求的研学旅游产品，同时通过对研学旅行的推广宣传提高社会认可度、重视度，组织青年研学旅游推荐官通过媒体渠道进行宣传推介，引导青少年前往研学旅游目的地，传扬积极向上的价值观。

另一方面，民间公益组织参与研学旅行发展的方式多种多样。其一，公益组织通过引入企业或基金会的资金资助研学旅行；其二，通过组织邀请来自大专院校的学者专家、民间的文化传承者、社会志愿者为研学旅行者提供咨询支持、技艺传授、知识讲解、安全引导、医疗救援等公益服务，缓解资金与人员的压力，提高研学课程质量、巩固安全保障。

---

① 周姗,陈燕菁,林武夷,等.利益相关者视角下研学旅行发展机制研究[J].中国市场,2020(25).

总结而言,研学旅行介体的主要分类及功能如表 3-3 所示。

表 3-3　研学旅行介体的主要分类及功能

类　型	代表性部门	角　色	功　能
官方机构	政府部门	引导者	政策引导、监督管理
	学校	组织者	活动组织、制定要求
商业机构	研学中介机构	实施者	方案策划、活动实施
	旅行服务机构	服务者	业务代办、配套服务
公益机构	准官方公益机构	推广者	公益宣传、价值引导
	民间公益组织	辅助者	公益奉献、精神传播

三、研学旅行介体的实践特点

由于研学旅行的独特性,研学旅行体系在建设和运行过程中,需要遵从教育性、实践性、安全性、公益性的原则(《关于推进中小学生研学旅行的意见》)。作为研学旅行活动组织与实施的支撑者,研学旅行介体的具体实践表现为以下特点。

(一)教育性

教育性指"研学旅行要结合学生身心特点、接受能力和实际需要,注重系统性、知识性、科学性和趣味性,为学生全面发展提供良好成长空间"。研学旅行介体提供的指导与组织要贯彻"做中学"的教育理念,认清研学是目的、旅行是载体的关系,坚持教育的规律、目标和原则。

(二)实践性

实践性是指"研学旅行要因地制宜,呈现地域特色,引导学生走出校园,在与日常生活不同的环境中拓宽视野、丰富知识、了解社会、亲近自然、参与体验"。在开展研学旅行时,介体的角色定位是服务者和辅助者,应当给予研学主体充分的自主权和能动性,通过个人体验达到学习目的。同时,研学旅行的在地环境更能以地方优势为主体提供身临其境的体验,因此社区等介体的特色服务和有力支持才能落实研学的实践性。

(三)安全性

安全性是指"研学旅行要坚持安全第一,建立安全保障机制,明确安全保障责任,落实安全保障措施,确保学生安全"。相对校内课程而言,校外研学的实践性与移动性活动就有更多的不确定性和风险,介体提供的医疗、治安、保险服务必须建立行之有效的安全责任落实、事故处理、责任界定及纠纷处理机制,才能使研学旅行平稳开展。

(四)公益性

公益性是指研学旅行不得开展以盈利为目的的经营性创收,对贫困家庭学生要减免费用。教育资源合理分配与教育事业优质均衡发展是人类的共同目标,尽管研学旅行的支撑介体中有盈利性的商业机构,但研学旅行不能单纯只由市场主导,政府、家庭、

Note

学校、社会组织的全社会共同参与,构建出一个政府机构、政府与学校、学校与社会机构、学校与家长多方合作、全员参与的研学旅行支持服务体系才能真正实现研学旅行的公益性。

案例链接

"公益点亮梦想,研学筑梦前行"公益研学旅行

抓好教育是扶贫开发的根本大计,要让贫困家庭的孩子都能接受公平的有质量的教育,起码学会一项有用的技能,不要让孩子输在起跑线上,尽力阻断贫困代际传递。国家鼓励通过社会捐赠、公益活动形式来获取资金,促进教育公平、资源共享,促进学生的全面发展。

为了积极响应重庆市教育委员会等10部门印发的《关于推进中小学生研学旅行的实施方案》中公益性原则要求的"对建档立卡贫困学生参加研学活动的费用予以免除"及"鼓励通过社会捐助、公益性活动等形式支持开展研学旅行"的指示精神,开展"研学实践教育公益行"活动。

此次由重庆彭水苗族土家族自治县教育委员会、重庆九黎旅游控股集团、重庆奥林教育科技集团联合主办,重庆渝你研学教育科技有限公司、九黎城中小学社会实践教育基地、摩围山中小学社会实践教育基地联合承办"公益点亮梦想,研学筑梦前行"走进《世界苗乡·蚩尤九黎城》公益研学旅行。公益研学旅行于2020年7月9日上午九点九黎城中小学社会实践教育基地举行。

在启动仪式上,县教委副主任刘敏介绍此次公益研学活动旨在助力研学旅行,拉近教育公平,希望通过公益研学,让每一个家庭困难的孩子都有平等的接受研学教育的机会;让全体学生都能公平参与研学,提高综合素质,培养对国家有用之才;推动彭水县研学实践教育均衡发展,推进彭水县教育精准扶贫工作。

重庆九黎旅游控股集团董事长何良希望通过公益研学旅行活动,为彭水旅游事业增添新风景,大大提升"世界苗乡、养心彭水",进一步推动九黎城研学基地的研学市场发展,让更多的中小学生走进彭水,走进九黎城,带动九黎城景区研学旅行业态,推动九黎城景区研学品牌升级,促进九黎城研学基地的发展,传播"世界苗乡蚩尤九黎"品牌,体验苗家民俗文化,传承非物质文化遗产。未来几年,"研学旅行"必将成为彭水县文化旅游的新品牌,并将开启彭水全域旅游发展新篇章,为彭水经济社会发展贡献积极的力量。

重庆奥林教育科技集团董事长任华高致辞:作为土生土长的彭水人,教育人,心系彭水,助力教育扶贫,在帮助贫困优秀学生和建卡贫困学生公益研学活动中,将持续下去,让彭水县所有帮助贫困优秀学生和建卡贫困学生得到更好的研学教育,集团计划用两年时间开展公益研学活动50场次,帮助贫困学生1万人,同时呼吁更的爱心企业加入公益研学旅行活动中来。

此次公益研学旅行活动的学生来自彭水县一小、二小、三小、四小、五小,以及森林希望小学、隆鑫希望小学七所学校的200多名学生,上午九点的启动仪式表演了景

区特色苗族舞蹈,以及由彭水文武学校提供武术表演。

在走进《世界苗乡·蚩尤九黎城》的研学旅行活动体验中,彭水县七所小学的同学们在研学四大课程时,扩大了自己的视野,在活动和游戏的组织中,逐渐告别依赖,走向独立,懂得了感恩,懂得了尊重,有了责任感,经历了一天的研学体验,孩子们懂得了独立自主,懂得了合作与帮助,他们热爱家乡,热爱祖国,保护自然环境,在社会实践中快乐成长。

(资料来源:人民网人民科技官方账号"人民资讯"。)

本章小结　　理解研学旅行体系概念与构成,重点理解研学旅行体系各要素的构成与特点,运用相关知识阐释研学旅行体系的内在机制。

课后训练

1.什么是研学旅行的要素体系? 各要素之间是什么关系?
2.研学旅行主体的动机与一般游客有什么区别?
3.研学旅行的客体有什么功能?
4.研学旅行的介体有哪些,分别发挥什么作用?

第四章
研学旅行的实施体系

学习目标

(1)了解实施研学旅行服务的机构组成。

(2)熟悉参与研学旅行工作的政府部门组织架构及其职责。

(3)了解参与研学旅行工作的教育和旅游中介机构的组成及职责。

(4)熟悉研学旅行的服务市场、供给体系及规范标准。

(5)了解研学旅行的实施保障体系。

思维导图

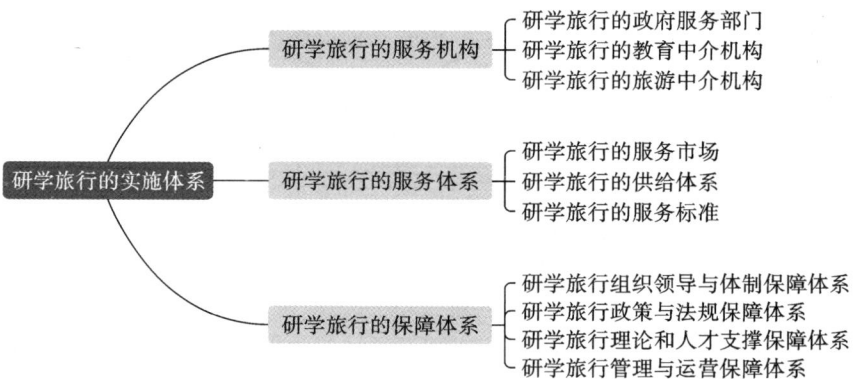

学习重点

(1)研学旅行服务工作中政府部门的架构组成及工作机制。

(2)研学旅行服务工作中中介机构的构成及其工作模式。

(3)研学旅行供给体系构成。

(4)研学旅行服务规范标准内容要点。

(5)研学旅行的管理与运营保障体系。

案例
导入

2021年5月27日,由四川省文化和旅游厅、四川省教育厅、乐山市人民政府联合主办的四川省首届研学旅行大会在峨眉山市召开。

大会发布了《关于进一步推进中小学生研学旅行实践工作的实施意见》。该意见要求,各地把研学旅行实践作为推进中小学素质教育的重要手段和载体要抓细抓实,推进研学旅行实践健康快速发展。意见还要求各地中小学每学年组织1—2次研学旅行实践活动并尽量避开旅游高峰期,鼓励各地遴选一批中小学生研学旅行实践教育基地(营地),规定未经县级及以上教育行政部门、文化和旅游行政部门审核认定的研学旅行实践基地(营地)不得承接中小学生研学旅行实践活动。

该意见要求,各地逐步将学生研学旅行实践评价结果纳入学生学分管理体系和学生综合素质评价体系,加强师资队伍建设,对符合条件的研学旅行实践管理人员和骨干教师开展培训,开展"研学旅行实践策划与管理"职业技能等级认证工作,同时还要求各级教育行政部门合理核定教师承担的研学旅行实践任务劳务补助,相关单位严格落实票价优惠和免费等政策。

会议上公布了2项四川省级研学标准,评定出45个省级地学研学旅行实践基地和112个红色教育研学旅行实践基地,为研学旅行各参与方选择研学基地(营地)、制定研学线路提供了标准和依据。

为响应落实四川省研学旅行大会精神,2021年6月,四川省成都市崇州市教育局下发《崇江市教育局关于做好研学旅行风险防控的通知》,就做好研学旅行风险防控工作做出了相关规定。该通知从规范研学组织、强化安全保障、严格备案管理等方面做出了相关要求,确定了"崇州市中小学研学旅行活动备案表、研学旅行活动方案、安全应急预案、师生保单信息、学校与服务单位签订的安全责任协议、家长安全责任书、第三方资质、费用组成"等研学备案清单管理机制。

(资料来源:根据相关资料整理。)

分析思考:

(1)通过分析解读案例中的意见,梳理研学旅行工作中政府部门的架构组成及工作机制。

(2)通过查阅资料,了解国家部委、地方、团体、行业等不同类型的研学相关标准规范,谈一谈研学旅行相关规范及标准是如何推动行业的发展的。

(3)阅读《崇州市教育局关于做好研学旅行风险防控的通知》,查阅国内相关研学安全风险防控文献资料,谈一谈常见的研学旅行的安全风险及应对措施。

第一节　研学旅行的服务机构

春秋时期,孔子率领众弟子周游列国,杏林设坛,修订六经;唐代李白年少时即走出

Note

蜀地,"仗剑出国,辞亲远游""南穷苍梧,东涉溟海"……古人通过学习与游历的融合,增长见识、锻造坚韧意志、培养适应环境的能力。延续和发展了古代游学教育理念和人文精神的"研学旅行"是教育与旅游行业的新词,通过近年的发展,研学旅行已经成为我国创新教育实践、培养创造性人才、提升国家教育水平和人口素质的重要途径。一次研学旅行活动的实施需要政府部门、教育中介机构、旅游中介机构等多方服务机构的参与,它的实施具有自主性,内容具有开放性,方法具有探究性,取向具有实践性。明确研学旅行服务机构的构成及其职责内容,从宏观与微观两个层面建立研学活动的运行实施机制,做好顶层架构设计,健全各项管理制度,形成合力,才能确保研学旅行活动顺利开展。

一、研学旅行的政府服务部门

(一)旅游业发展中政府部门的职责

1997年,国家旅游局提出了"旅游业政府主导型"的发展战略,政府主导的旅游发展战略经过长时间的实践和论证,被认为是目前对我国影响最大的旅游发展战略。就政府在旅游业中发挥的作用而言,在宏观调控、市场监管、基础设施、公共营销、安全保障等方面发挥着举足轻重的作用,服务于旅游目的地开发治理、品牌打造、公共营销和公共服务等方面,政府的作用难以被市场和社会所替代,旅游业发展与政府履行公共管理职能密不可分,政府主导的旅游发展模式是中国旅游业发展的重要经验之一。

(二)研学旅行工作中的政府部门职责

从2016年教育部等11部门印发的《关于推进中小学生研学旅行的意见》中可以看到,参与研学旅行的政府部门主要有教育部门、发改委、公安部门、财政部门、交通运输部门、文旅部门、食品药品监管部门、银保监部门、共青团等部门。

相比于传统旅游业,研学旅行有其独特的模式和特点:

一是非营利性,《关于推进中小学生研学旅行的意见》文件中明确研学旅行的公益性原则,要求不得开展以盈利为目的的经营性创收,对家庭贫困的学生应减免研学旅行的费用,明确提出文化旅游部门要指导场馆、景区减免门票,提供优质服务。

二是主体的多样性,传统旅游行业利益相关者的核心层是当地社区、旅游者、旅游企业和政府,而研学旅行在实施中普遍采用"政府主导、学校组织、市场参与"的路径,各地政府通过政策扶持、资源统筹、设施配套、公共营销、跨区域合作等方式推动当地研学旅行,研学旅行的发展不仅与传统旅游业的吃、住、行、游、购、娱六大旅游要素相关,还涉及教育、文化、农业、工业、体育等多项产业,政府部门通过推动研学旅行,打造研学旅行目的地将有助于带动区域餐饮、景区、教育、住宿等多个行业的经济发展,推动各个产业之间的交叉性融合,有效撬动盘活区域存量旅游资产,助推区域经济社会高质量发展。文化场馆、景区、旅行社、酒店、餐厅、教育中介机构等市场要素作为载体,为研学旅行活动提供场地、产品和服务配套。

三是突出的教育性,旅游是研学旅行的实践手段,教育是研学旅行的根本目的,通过研学旅行课程产品引导学生在旅行过程中对知识进行理解,与大自然进行接触,对新事物进行实践探索,对情感进行体验,以达到教育的目的和效果,其教育性决定了研学旅行具有更加明显的公共性[①]。研学旅行的公共性决定了其本质含义"每个人的终身修行"[②],研学旅行将"读万卷书"与"行万里路"进行有机结合,是在行走中触摸历史,是在旅途中感知文化,是让收藏在博物馆里的文物火起来,让陈列在广阔大地上的风景动起来,让书写在书籍中的文字活起来,是用脚步丈量山河,用知行抵达远方。

政府部门在研学旅行不同发展阶段的作用变迁如表 4-1 所示。

表 4-1　政府部门在研学旅行不同发展阶段的作用变迁

阶段	阶段性特点	政府重点工作	政府作用分析	政府角色定位
引入期	行业初步形成,市场主体参与度较低,呈现观望状态	宏观调控,顶层规划,培育市场,形成研学公共产品和服务	制定研学发展规划及产业政策,统筹旅游教育资源,完善市场配套	市场开拓者、市场培育者
发展期	利益主体参与度较高,研学目的地初步形成	研学行业规范及标准制定,市场监管,公共营销	提供公共产品和服务,建立市场准入和退出机制、标准评价体系	市场服务者、市场监管者、规则制定者
成熟期	市场主体参与度高,形成竞争性市场,研学目的地知名度较高	搭建平台,资源整合,公共研学品牌,市场监管	开展公共营销,品牌化推广,质量保障与市场监管	市场营销者、平台搭建者

就整体发展情况来看,尽管研学旅行具有巨大的市场潜力和成长空间,且从最开始的野蛮生长发展到如今政府部门介入后的规范运行,但关于研学旅行的公共政策在 2016 年才正式出台,总体来说,政府主导力度不强,行业相关标准规范成熟度较低,全国范围内研学旅行的发展仍然停留在观望期、试水期和起步期。

(三)研学旅行实施工作的教育部门

卡尔·西奥多·雅斯贝尔斯在《什么是教育》中写道:教育的本质意味着,一棵树摇动另一棵树,一朵云推动另一朵云,一个灵魂唤醒另一个灵魂。研学旅行的根本任务是关注人的精神世界和健康成长。研学是一个"移动的课堂",是旅游和教育同步进行,互为映照,研学让孩子们得以走出校园,步入社会这所大课堂,体会祖国的大好河山,见人、见物、见生活。

研学旅行的教育属性决定了教育主管部门和中小学校将作为其主要实施主体,作为研学旅行实施工作中的中枢,教育部门从顶层设计和政策规划层面将研学旅行纳入了中小学教学计划,对中小学生研学实践教育工作形成常态化管理和指导,对研学实践教育基地(营地)、研学课程、研学旅行导师以及承办企业(机构)进行认定、管理、监督和

[①]　钟静怡.研学旅行业态发展中的政府作用分析[D].厦门:厦门大学,2019.
[②]　杨振之《研学旅游　每个人终生的修行》,https://mp.weixin.qq.com/s/tFBFEdsxERXoqL1rjWB23w。

评价,从教育部到省级教育厅,再到市县级教育局,不同层级的教育主管部门都对当地研学旅行的发展起着至关重要的作用,教育部门的直接参与也为研学旅行的发展提供了科学指引与实践指导。

(四)研学旅行实施工作的旅游部门职责

研学旅行实施工作的旅游部门主要是文旅部门及其相关单位,文旅部门的主要工作是研学资源的挖掘开发,协调研学基地(营地),做好研学实践教育服务,在研学经费上争取门票优惠政策,配合教育行政部门审核研学实践教育基地(营地)和承办企业(机构),利用旅行社系统而庞大的网络,做好研学旅行的安全服务,确保行业诚信、合法承接开展研学活动。

(五)研学旅行实施工作的其他部门职责

研学旅行工作涉及面广、产业链条长,因此涉及的部门较多,除了主要的文旅与教育部门外,卫生健康部门、应急管理部门、公安部门、发改委、财政部门等多部门参与为研学旅行提供了全方位的服务与管理保障。

卫生健康部门主要负责组织研学实践活动中的医疗救援救助工作,做好研学实践教育基地(营地)的医疗站点、餐饮住宿等工作的监督检查,尤其是要保障研学旅行的卫生健康安全管理。

应急管理部门指导协调研学实践活动突发事件的应急处置工作,对研学实践教育基地(营地)安全管理、应急保障实施综合监管。

发改委协同教育行政部门做好中小学生研学实践教育收费工作指导和管理,指导研学基地(营地)、研学实践活动承办机构合理确定收费标准,制定《中小学服务性收费和代收管理办法》,将研学旅行费用纳入中小学服务性收费和代收费用名录,提供与研学费用相关的法律法规依据。

公安部门主要工作配合学校做好师生安全教育工作,研学实践活动出发前,有条件的学校可委托所在地公安部门到校开展安全专题教育讲座,强化师生安全防范意识。组织大型的研学活动时,校方可联系公安部门协调随队民警共同参与,提供研学活动安全保障。此外,公安部门在研学旅行中的工作还涉及对酒店宾馆等研学公共经营场所的安全监督,对车辆运输企业和交通安全的依法监管。

财政部门将研学旅行活动经费纳入年度财政预算,设立研学实践教育专项经费,补助建档立卡等贫困学生研学实践教育费用,积极协调中央专项彩票公益金支持研学项目。

银保监部门主要负责研学旅行中的保险监管工作,协调相关部门将研学实践教育纳入校方责任险范围,监督管理旅游场所公众责任保险、旅行社责任险、旅行意外险等研学保险购买与理赔,鼓励保险企业为研学旅行开发有针对性的保险产品,对研学投保费用实施优惠措施,维护研学旅行活动中参保师生保险权益。

团委关工委充分发挥团委、少先队、群团组织的组织优势,通过研学旅行筑牢党和政府联系青少年的桥梁和纽带,发挥志愿者协会、科普协会等各类社团优势作用,协助做好研学实践教育活动。

(六)研学旅行政府部门协调机制

由于研学旅行实施过程中涉及领域广、牵涉部门多、细节事务庞杂,加之中小学生群体本身的特殊性,这对研学旅行的产品开发、安全保障、经费筹措和运营服务都提出了较为特殊的要求,从研学政策的顶层架构到研学活动的落地实施,整个研学旅行服务链需要通过建立政府统筹、部门联动、专班推进的保障机制和运营机制,各个部门各司其职、各负其责,通过有效的协调推进和制度保障,共同推动研学旅行的健康发展[①]。

案例链接

湘潭市中小学生研学旅行工作领导小组成员单位及职责

为加快建成全国中小学生研学旅行实验区,推动我市教育事业科学发展,成立湘潭市中小学研学旅行工作领导小组,领导小组组长由湘潭市人民政府刘永珍副市长担任,副组长由市人民政府副秘书长刘定良、市教育局局长陈利文担任,成员单位包括市教育局、市发改委、市公安局、市财政局、市交通局、市文体广新局、市卫计委、市旅游外侨局、市食药监局、市经研金融局、团市委等部门。各单位具体职责如下:

市教育局:负责加强与各部门联系沟通,制定配套文件,明确政策要求,组织召开协调工作会议;将研学旅行纳入学校课程计划,加强对中小学生研学旅行工作的管理和指导,形成工作常态;指导研学旅行基地做好课程研发和计划,联合旅游等部门,对研学基地、承办企业、研学辅导员(师)进行认定和评价,对研学路线确认;对学校研学旅行工作开展情况和基地工作进行评价,牵头开展示范研学基地、示范学校、优秀案例、优秀文章的评选等。

市发展和改革委员会:协同教育行政部门做好中小学生研学旅行工作指导和管理,配合教育行政部门采取多种形式、多种渠道筹措中小学生研学旅行经费,探索建立政府、学校、社会、家庭共承担的多元经费筹措机制。

市公安局:配合学校做好师生安全教育工作。学校组织研学旅行出发前,由学校所在地公安部门配合学校开展安全专题教育,强化师生安全防范意识;对研学旅行涉及的公共经营场所由属地公安机关加强安全监督,依法查处接送学生车辆的交通违法行为。

市财政局:将研学旅行工作经费纳入年度预算,增设研学旅行专项经费。

市交通运输局:负责督促取得道路运输许可证的客运企业为中小学生研学旅行优先提供符合安全要求的车辆,督促相关企业做好学生出行客运车、船等交通工具的安全检查。

市文体广新局:协调文化类基地做好研学旅行服务,对中小学生研学旅行实施减免场馆门票政策,提供优质研学旅行服务。

市卫计委:负责组织协调研学旅行人员生命健康受到损害或严重威胁等突发事

---

① 王德刚.研学旅行健康发展需要机制保障[N].中国旅游报,2017-08-02(03).

件的医疗救援工作;做好研学旅行基地医疗站点和饮水安全等工作督查。

　　市旅游局:联合教育行政部门审核认定研学旅行基地、承办企业和研学辅导员(师),确保行业诚信。协调相关等级景区、景点等相关旅游企业对中小学生开展研学旅行活动实行门票优惠政策,提供优质研学服务。

　　市食品药品监督局:加强对本地研学旅行基地的食品安全监督。

　　市经研金融局:负责加强与保险公司的沟通、协调,支持驻潭保险公司认真履行保险合同,维护参保师生保险权益。鼓励保险机构开发有针对性的产品,对投保费用实施优惠政策。

　　共青团湘潭市委:充分发挥团委、少先队的组织优势,协助做好研学旅行活动;充分发挥志愿者协会、各类社团优势,协助做好研学旅行优质服务。

　　(资料来源:《关于深入推进湘潭市中小学生研学旅行工作的实施意见》。)

二、研学旅行的教育中介机构

　　研学旅行在我国属于新兴事业,目前还处于初级发展阶段,因此在中介组织、实施服务等方面还存在诸多问题。《研学旅行服务规范》文件规定,研学旅行的承办方是指与研学旅行活动主办方签订合同,提供教育旅游服务的旅行社,这里的规范明确提出,研学旅行的承办方是旅行社,但在实际的实施过程中,仍然存在教育公司、培训学校、文化公司等教育中介机构参与其中。

(一)教育中介机构的类别

　　从事研学旅行服务的大多数教育中介机构是各类民办培训学校及教育咨询服务公司,民办培训学校通过多年的发展已经建立了自己的私域流量,加之研学政策的利好与"双减"政策的实施,吸引了大量教育机构进入"研学"领域分食蛋糕,教育培训企业纷纷布局研学旅行这一"蓝海市场"。例如,培训机构的巨头"好未来"在"双减"政策实行前布局了研学板块,投资了许多研学类企业,其中最知名的是在 2012 年就以 4000 万元投资"世纪明德",还投资设立了知名的亲子旅游和研学旅行电商平台"乐学营"。此外,学而思也有自身的游学产品,疫情前经常推出暑期的国际游学营[①]。瑞思教育推出了"瑞思海芽成长空间"和"瑞思研学"。英孚教育推出了英小孚儿童成长中心,涵盖艺术创造、科创启蒙、文化传承、探索世界等素质教育内容。2021 年,教育领域巨头"新东方"在旅游业仍处至暗时刻时就开始加码布局研学旅行业务。从教育培训头部企业到各地小微培训学校乃至各类教育咨询公司,从最开始的市场试水到后面的全面转型,这些教育中介机构已逐步成为参与研学旅行的主力军。2021 年 7 月,中共中央办公厅、国务院办公厅印发《关于进一步减轻义务教育阶段学生作业负担和校外培训负担的意见》(以下简称"双减"文件),"双减"文件的落地,让教育培训行业出现了前所未有的变局,也让更多的教育培训学校机构纷纷转型至研学这一"蓝海赛道"。

---

① 《校外培训时代的结束:研学旅行或成大赢家》,http://www.pinchain.com/article/252408。

（二）教育中介机构参与研学的积极效应

教育中介机构天生的教育基因与研学旅行的教育本质属性一脉相承，其参与研学有其丰富的教育基础、稳定的生源市场、成熟的运营体系作为支撑。

在课程开发设计方面，研学旅行涉及的内容较为广泛，包括地理、历史、语文、生物、政治等多学科，而且要根据课程内容设计多元的活动形式，涉及调查、访谈、记录、实验、考察等，这些都需要多学科教师共同参与，同时也需要每位研学旅行导师都具有一定的跨学科综合能力和素养[①]。教育中介机构拥有复合型、综合型的教师团队，熟悉教学大纲，能够将学校教学内容与研学教学内容进行链接映射，对于研学课程的教学目标、课程规划、课程单元、教学方法、课程评价等环节能够进行针对性的设计。

在研学教学方面，培训学校的教师通过多年的教学积累，初步掌握了教育学、心理学等学科知识和技能，对学生和工作充满了爱心与耐心，具有健康的心理素质与丰富的情感，对于不同年龄阶段不同性格特点的学生能够实行分层次个性化教学，这样的教学技能与方法，同样适用于研学旅行的教学工作。在研学活动的组织实施方面，需要协调学生、家长、校方、景区、基地等多方人员的协同，因此研学旅行导师必须具有较强的协调能力、领导能力和组织能力，而大多数教育培训学校的教师有过班主任工作的经历，与研学旅行导师所需要的知识、技能与素养接近，教师转导师便是水到渠成。总体来讲，教育中介机构作为研学行业起步发展阶段的主要力量，对于研学课程的创新设计开发、研学活动的组织实施、研学旅行导师人才队伍建设做出了一定的贡献，为研学旅行的发展提供了"教育培训行业"的经验和力量。

（三）教育中介机构参与研学的风险评估

从教育研究先行展开，到旅游市场最先导入，再到市场倒逼政策供给，这是国内研学旅行相关政策的发展轨迹。目前，业内只有《研学旅行服务规范》作为行业标准，缺乏更为具体的、有指导性的、具可操作性的标准规范可依。随着研学旅行的发展，野蛮生长、鱼龙混杂、无序扩张、课程质量参差不齐、概念界定模糊、行业标准不健全、准入门槛低、退出机制不完善、研学旅行人身安全问题频发、缺乏风控管理和反馈机制等问题也日益凸显。

一方面，教育中介机构从严格意义上来讲是不具备承接研学旅行工作的资质，这些机构良莠不一，有些缺乏营业执照，有些经营范围不符合要求，经营界限模糊，存在"打擦边球"的现象，个别机构为了过度追逐利润，恶意节省费用开支，导致在研学活动中饮食、住宿、交通、师资等方面的服务水准大大降低，严重影响了研学旅行的收获学习和体验，这给研学旅行的发展埋下了极大的隐患。

另一方面，随着行业的发展，研学也受到了越来越多的重视，从国家部委到地方部门，各个主管单位从最开始的监管空白到逐渐形成完善的监管机制。例如，2017年，湖北省宜昌市旅游委、市教育局联合制定了《宜昌市中小学生研学旅行推荐旅行社遴选方

---

① 高磊. 论研学旅行导师应有的知识构成和能力培养[J]. 中小学信息技术教育,2021(1).

案》,经市旅游委、市教育局共同评定审核并经公示,确认宜昌大三峡国际旅行社等 15 家旅行社为首批研学旅行推荐旅行社,以此规范当地中小学生研学旅行服务,确保学生研学旅行顺利推进。2018 年,武汉市中小学生研学旅行系列标准出台,公布了具有资质研学旅行服务机构名单,同时武汉研学机构实行动态管理机制,每年组织开展一次专项评估则。

宜昌市与武汉市的研学管理措施为行业的规范发展提供了借鉴,市场的野蛮发展倒逼行业主管部门出台规范措施,通过政策促进行业的良性发展,驱逐市场"劣币",实现研学行业的科学化可持续发展。

案例链接

2019 年 4 月 26 日,新东方国际游学 & 营地教育推广管理中心,联合上海艾瑞咨询研究院,于北京正式发布《2019 泛游学与营地教育白皮书》。这是继 2017 年的《国际游学蓝皮书》、2018 年的《2018 中国国际游学行业发展报告》之后,新东方从更高的行业高度对泛游学与营地教育进行的深度分析与展望。

随着时代的发展,泛游学和营地教育越来越成为培养国际化全面型人才的主流教育模式。作为中国最早涉足游学教育行业的开拓者,新东方每年都会带领近两万名学生加入海外游学,2018 年 9 月,新东方国际游学推广管理中心正式更名为"新东方国际游学 & 营地教育推广管理中心"。"这是新东方重新定义和布局中国泛游学与营地教育的重要举措。"中国营地教育联盟执行理事长、新东方国际游学和营地教育推广管理中心负责人刘婷说。泛游学与营地教育的产品品质和客户需求,一直是新东方国际游学和营地教育推广管理中心"女掌门"刘婷在行业发展过程中最为看重的核心要素。新东方正式发布《2019 泛游学与营地教育白皮书》,预示着新东方全面开展在泛游学与营地教育三大板块的业务布局。

2019 年,新东方国际游学整合全球主流发达国家优质教育资源及营地资源,将新东方国际游学产品升级为五大资源体系。沃凯德美国国际教育学院、沃凯德英国国际教育学院,两大海外自建营地的成立和发展,为新东方国际游学对话全球优质教育资源,为新东方国际游学营员体验世界各领先领域的优质游学体验项目搭建桥梁。

新东方国内研学致力于开拓自然教育与人文历史教育两大教育主题产品,围绕教育部提出的人文精神、科学精神、自主学习、自我管理、国际理解、实践创新 6 大中国学生核心素养发展要求,整合国内新锐的教育资源,以参与式学习、多元化文化和核心素质课堂为主要形式,帮助孩子锤炼素质教育和培养文化自信力。具有天然教育基因,坚持深挖青少年核心成长价值的新东方国内研学,也将成为未来素质教育版块的重要增长点。

(案例来源:《新东方重新定义泛游学　全面布局营地研学教育》,https://zhuanlan.zhihu.com/p/64331621。)

三、研学旅行的旅游中介机构

(一)研学旅行逐步成为旅游消费需求的增长点

随着文旅融合发展的加速进程,旅游业正面临着重要的时代变革,传统的观光型旅游产品已经不能满足人民日益多样化、多层次的旅游消费需求,加之受到散客化旅游趋势、在线旅游电商以及新冠肺炎疫情的冲击,旅行社业务面临着巨大的挑战。

研学旅行作为旅游产业的垂直细分领域,自带"深度内容"的属性,以在校中小学生群体为主要服务对象,相比于传统的旅游业具有规模大、不确定因素干扰少、操控性强等特点,逐步成为旅游细分赛道的热点、教育细分领域的焦点、消费需求的增长点。面对研学旅行的蓬勃发展,传统的旅行社也面临着难得的发展机遇,众多旅行社纷纷布局研学赛道。然而,旅行社也应充分认识研学旅行与传统旅游的异同,除了着重发挥线路设计、食宿安排、旅行计调等方面的优势,更应在研学旅行活动设计、课程开发、导师能力、教育素养等方面下功夫,补短板[1]。

(二)以课程开发为导向调整业务方向

研学旅行这一新兴行业,也给传统的旅行社提出了一系列挑战。"双减"政策的深入实施、国家对研学劳动教育的重视、大众教育理念的改变、旅游体验方式的升级,这些都给研学旅行带来了发展机遇,如何创新研学旅行课程产品,满足中小学生学习需求,成为业界关注的热点。

传统的旅行社更擅长设计旅游线路,研学课程的研发属于其业务和能力短板,旅行社应转变传统旅游资源视角为教育资源视角,基于教育的视角、学生的心理认知特点、课标内容、核心素养,以课程开发为导向调整业务方向,以课程的形式承载其教育属性,开展教育教学活动,从而实现教育活动化、活动课程化。

(三)"以学带游"改造升级传统模式

人们通过旅游,可获得美好的人生,提高生活质量,并能发现自我、获得真我、完善自我。旅游是人终生的修行,人在旅行中潜移默化地接受教育,不断地提升自我和修炼自我,旅游又肩负着教育的使命。旅游就是人生的幸福之源、教育之本、成长之基[2]。

研学旅行和传统旅游都属于参与者离开惯常环境前往异地的活动,二者都具备异地性活动的特点,进而产生食、宿、行、游等物质需求和求新求异的心理需求。研学旅行和传统旅游都认可旅游企业在线路设计、食宿安排、交通安排、资源整合等方面的优势。面对研学旅行带来的发展契机,旅行社要抓住政策环境的利好因素,改造升级传统业务。

一方面,研学旅行一般采取集体出行、集中食宿的方式,出行方式与旅行社组织的

---

① 曲小毅.研学旅行视角下旅行社应对机遇和挑战的策略——基于政策分析的研学旅行与传统导游比较研究[J].兰州教育学院学报,2019(12).
② 杨振之.再论旅游的本质[J].旅游学刊,2022(4).

团队旅游比较相近,旅行社发挥组织团队、设计线路、策划活动的经验仍然适用于研学旅行的组织。

另一方面,旅行社作为研学旅行活动实施的委托方,需要按照学校的育人要求和课程范式开展业务,将以"愉情悦性"为主要目的的传统旅游活动升级为"读万卷书,行万里路"的课程活动①。

然而,随着研学旅行的不断发展,旅行社作为中介方的角色和作用正逐步被淡化,学校(需求端)与基地(营地)(供给端)的直连是正在发生并可能被强化的趋势,届时纯中间服务商的价值立足点将会面临再次考验,这将对旅行社的运营能力、课程建设能力、服务质量和执行水平提出更高的要求②。

第二节　研学旅行的服务体系

研学旅行的服务涉及政府、学校、机构和研学目的地等多个单位。从服务内容来看,主要包括中介组织方提供的导游讲解与活动组织服务、研学旅行导师提供的组织教学服务、运输企业提供的客运交通服务、饭店餐厅提供的餐食服务、酒店宾馆业提供的住宿服务、研学目的地提供的参观游览服务等,呈现出"关联业态多、参与部门多、服务环节多"等特点,是一项集教育、旅游和服务为一体的管控难度较大的系统工程。

从研学旅行市场发展历史来看,市场服务主体是研学旅行服务品质保障的关键要素,众多拼搏在一线的旅行社、研学机构、研学基地(营地)、研学旅行导师是研学旅行服务市场从无到有的建造者和推动者,也是构建研学旅行目的地中最积极、最活跃的要素。透过纷繁复杂的资源、市场和产业表象可以发现,研学目的地市场主体的参与和贡献是当地研学竞争力塑造的关键要素。从众多小而美的研学机构,到属性和类型多元的基地营地,再到为研学旅行提供基础保障的旅行社接待企业,他们是需求与供给的沟通者,是研学活动的服务者,是研学课程的实施者,更是未来研学发展的创造者。只有充分调动各类研学市场服务主体的积极性和创造性,才能为研学旅行未来的发展注入无限可能③。

一、研学旅行的服务市场

研学旅行兼备了教育属性和旅游属性,从旅游的属性来讲,研学旅行一定程度上属于服务行业,消费者花钱购买的是研学服务机构提供的教育和旅行服务。随着研学旅行成为中小学的必修课,旅行者除了能够享受走出校园走进大自然的惬意与放松,更多的还有对社会对生活的体验与感悟。研学旅行服务市场主要包括专业研学机构、旅行

---

①　曲小毅.研学旅行视角下旅行社应对机遇和挑战的策略——基于政策分析的研学旅行与传统导游比较研究[J].兰州教育学院学报,2019(12).

②　张杨、柴焰等:《中国研学旅行发展报告 2021》,https://new.qq.com/rain/a/20211115A00Y5O00。

③　中国旅游研究院:《一城诗书　研行古今:中国研学旅行发展的绍兴实践》。

社、研学基地(营地)、教学中介机构和教育旅游部门下属的单位等。教育部官网数据显示,截至 2019 年全国共有教育部批准的 581 家中小学生研学实践教育基地和 40 家中小学生研学实践教育营地,各类市场化运营的基地和营地数量也在快速增长。近 3 年来,处于存续状态的研学企业数量猛增,2021 年更是达到了 3 万多家。随着二胎、三胎人口红利的凸显,以及研学旅行利好政策落地实施,参与研学旅行的人群比例显著提高,市场需求逐步增加,研学旅行服务市场呈现出"僧多粥少、良莠不齐、高度分散、厮杀激烈、各自为战"的局面。

从历史发展阶段来看,我国的研学旅行的服务市场经历了三个阶段的变化。

第一阶段,服务市场的受众人群是精英国培。新中国成立初期,国家为了培养顶尖人才,开展具有奖励性质的公派游学,只有少数优秀大学生才能参加。

第二阶段,服务市场主要是中小学生。20 世纪 90 年代,大众旅游时代到来,以学校作为组织主体,全员参与型研学旅行活动开始兴起,随着《关于推进中小学生研学旅行的意见》下发,以及"双减"政策的全面实行,研学旅行成为中小学生素质教育的重要载体,学校学生成为研学的重要服务对象。

第三阶段,广义上的研学游客,随着人们文化程度的提升,传统的观光型旅游产品已经不能满足人民日益多样化、多层次的旅游消费需求,研学旅行自带内容属性,受到亲子市场、"银发"市场、高端旅游市场、境外游客市场的青睐,研学旅行市场呈现出"非一次性消费、回购行为明显、低龄化趋势显现、重视体验感受、教育本质诉求上升"等特点,学生、亲子、成人、"银发"等研学市场客群逐渐细分,服务主体逐渐由政府主导转向为以教育和文旅集团为主的企业主导,研学旅行服务市场进入快速发展时期。

从整体来看,中国研学旅行的服务市场目前的主导力量还是旅行社和研学机构,发展仍处于初级阶段,存在着服务市场不规范、导师不专业、投诉渠道不畅通、恶性竞争、市场有灰色地带等诸多需要修正的问题。但从长远处看,研学旅行服务的市场潜力巨大、教育使命宏大、社会影响深远,因此迫切需要将研学旅行的服务市场制度化、规范化、统一化,构建科学规范的研学旅行服务市场体系。

二、研学旅行的供给体系

研学旅行的供给是指在一定条件和一定价格水平下,研学旅行经营和服务者愿意并且能够向研学市场提供研学课程产品或服务,主要包括研学旅行吸引物、研学旅行设施、研学课程产品、研学旅行导师服务、研学餐饮住宿、产业融合等方面。随着供给侧结构性改革的推进与休闲经济时代的来临,旅游产业发展面临着新的要求。作为旅游产业的细分赛道,研学旅行供给侧近年来得到了飞速的发展,2020 年底,我国已遴选了 622 个全国中小学生研学实践教育基地和营地,开发了 6397 门研学实践课程和 7351 条精品线路①。但在新形势下,最突出的问题便是研学者日益增长的个性化需求与当前单一有限的研学供给之间的矛盾。研学产业结构如调整? 研学旅行生产要素如何配置? 如何扩大研学课程产品的有效供给? 如何满足中小学生的认知特点与心理需求?

---

① 《教育部已遴选 622 个全国中小学生研学基地和营地》,http://www.moe.gov.cn/fbh/live/2020/52763/mtbd/202012/t20201210_504727.html。

这是当下研学旅行发展亟待解决的突出问题。基于此,研学旅行学术界从"全域旅游"的模式引入"全域研学"概念,通过积极探索科学的全域研学发展模式,促进研学产业的供给侧结构性改革,对全域研学进行顶层设计,对全域研学供给体系中各组成要素进行综合分析,科学构建全域研学供给体系。

一是全域研学旅行资源,研学旅行资源是指那些能够对研学者构成吸引力的自然因素、社会因素及其他因素[①],是研学旅行目的地供给的首要内容,是研学旅行活动的载体和基础。在研学资源中,最基本的部分是自然资源、历史遗产和民族文化,这些研学资源因其成因而固定在一定的地域和社会环境之中,因而具有垄断性和不可移动的特点。全域旅游视角下研学资源不再是单纯的景区景点旅游,也不仅是热门旅游资源的开发利用,而是立足学生在不同阶段的学习诉求,借助研学资源载体开展研学课程,让研学者去自主认知、体验学习、感知感悟。

二是全域研学旅行设施,主要包括教育教学设施、运输设施、研学食宿接待设施、研学游览设施等四部分。研学旅行设施是研学经营者为直接开展研学活动向研学参与者提供食、住、行、游、学、娱等方面服务的凭借物,是研学企业投资的主体部分,是代表研学旅行目的地接待能力的硬性指标,反映着研学旅行的整体实力和发展规模。

三是全域研学旅行服务,包括研学旅行社的导游讲解服务、研学旅行导师的教学组织服务、交通运输的客运服务、饭店酒店业的食宿服务。研学服务必须以服务体验和教学质量为中心,最终目的是通过研学服务让研学者的需求得到最大满足,从而获得良好的社会效益和经济效益[②]。

四是全域研学旅行导师,全域研学背景下研学旅行导师并非传统意义上的"教师",他们可能是田间的农民、工厂的匠人,亦可能是非遗传承人、文化主理人,他们应该是这样一群人,没有三尺讲台,不用三寸粉笔,以大自然为讲坛,以山野为学堂,以万物为教师,以大地为课本,用脚步丈量山河,用知行抵达远方,以旅行滋养品格德行,用行走拓展教育版图,他们带领学生读万卷书,行万里路,让研学成为每个孩子人生路上成长前行的坚实力量。

五是全域研学产业融合发展,将研学旅行与相关产业深度融合发展,加大研学旅行产业融合开放力度,加强与科技、交通、体育、工业、农业、林草、卫生健康、中医药等领域相加相融、协同发展,推出"研学+农业现代、研学+乡村振兴、研学+冰雪旅游、研学+红色旅游、研学+非遗文创、研学+山地运动、研学+新型工业"等课程产品,创造新价值,催生新业态,不断延伸完善研学旅行产业链,形成多产业融合发展新局面。

影响研学旅行供给的因素主要有研学资源因素、课程产品价格因素、社会经济因素、受教育程度因素、科学技术因素、政府政策因素。从研学旅行的全要素来看,研学课程是前提和基础,旅行线路是载体和形式,而研学旅行导师、辅导员等人力因素是产品价值实现的推进者,研学基地、景区、餐饮、住宿、交通等配套服务要素构成了研学旅行产品的供给保障体系[③],因此,只有厘清各要素之间的关系,才能构建起科学、高效的研学旅行供给体系。只有立足健全现代旅游业体系,加快研学旅行产业供给侧结构性改

① 杨振之.旅游项目策划[M].北京:清华大学出版社,2007.

② 王恒.全域旅游示范区供给体系构建研究——以大连市为例[J].大连大学学报,2021(2).

③ 《四要素,推进研学旅行产品高质量发展》,https://www.sohu.com/a/359575094_120071668.

革,加大优质研学旅行课程产品供给力度,激发各类研学市场主体活力,推动"研学+"和"+研学",才能形成多产业融合发展、多维度研学供给的新局面。

三、研学旅行的服务标准

随着我国研学旅行的快速发展,产业规模不断扩大,产业体系日趋完善,研学旅行行业标准的制定工作也不断走向深入。国内目前已有湖南省、广东省、四川省、重庆市等13个省级行政部门和武汉市、南京市、郑州市、昆明市等11个市级行政部门陆续发布研学旅行相关标准及规范文件。其中,国内研学旅行相关标准及规范文件的行业标准4个、团体标准26个、地方标准45个,以文旅部门为发起单位的相关标准及规范文件约34个,以教育部门为发起单位的相关标准及规范文件约6个,以教育部门和文旅部门联合作为发起单位的相关标准及规范文件约为8个。

国内研学旅行相关标准及规范文件发布统计如表4-2所示。

表4-2　国内研学旅行相关标准及规范文件发布统计　　　单位:个

	2015年	2016年	2017年	2018年	2019年	2020年	2021年
行业标准	0	1	1	0	0	2	0
团体标准	0	0	1	0	9	14	2
地方标准	1	2	3	5	3	18	13

2016年国家旅游局制定了《研学旅行服务规范》,规定了研学旅行服务的术语和定义、总则、服务提供方基本要求、人员配置、研学旅行产品、研学旅行服务项目、安全管理、服务改进和投诉处理,初步构筑了以研学诸要素为基础的研学旅行服务标准体系框架。

当下,我国研学旅行发展与研学市场需求还有很大的差距,最突出的表现便是研学旅行服务能力不足。研学旅行服务能力是指提供研学旅行服务的能力程度,主要包括研学旅行场地、食宿、交通、教育服务等要素,研学旅行服务能力提升成为当下研学产业发展及科学研究的重要议题。研究表明,教育功能是研学旅行的核心价值所在,其实现需要多方面的设施及服务支撑。讲解及教育服务是影响研学旅行服务能力最为关键的服务要素,其他服务按重要性依次为交通服务、医疗及救助服务、食宿服务。

研学旅行服务能力评价指标体系如表4-3所示。

表4-3　研学旅行服务能力评价指标体系

目标层	服务项目	指标因子
研学旅行服务能力	教育及讲解服务	A级景区及研学实践教育基地数量
		教育从业人数
		旅行社个数及从业人数
		教育服务项目
		教育服务设施及教材
		导游导师讲解服务

续表

目 标 层	服 务 项 目	指 标 因 子
研学旅行服务能力	交通服务	年客运量
		城市道路面积
		城市道路长度
	食宿服务	住宿和餐饮业法人单位数
		住宿和餐饮业从业人数
	医疗及救助服务	医疗机构数
		医疗床位数
		医疗技术人员数
		安全管理及安全教育

(资料来源:陈东军、杨定、谢红彬《研学旅游服务能力评价体系构建与实证研究》,载《世界地理研究》2022 年第 2 期。)

(一)教育及讲解服务

教育及讲解服务主要包括教育服务计划、教育服务项目、教育服务流程、教育服务设施及教材。《研学旅行服务规范》规定,承办方和主办方应围绕学校相关教育目标,共同制订研学旅行教育服务计划,明确教育活动目标和内容,针对不同学龄段学生提出相应学时要求,其中每天体验教育课程项目或活动时间应不少于 45 分钟。

教育服务项目可围绕健身项目、健手项目、健脑项目、健心项目进行开发等。教育服务流程包括在出行前,指导学生做好准备工作,如阅读相关书籍、查阅相关资料、制订学习计划等;在旅行过程中,应组织学生参与教育活动项目,指导学生撰写研学日记或调查报告;在旅行结束后,组织学生分享心得体会,如组织征文展示、分享交流会等。教育服务设施及教材应设计不同学龄段学生使用的研学旅行教材,如研学旅行知识绘本读本;应根据研学旅行教育服务计划,配备相应的辅助设施,如电脑、多媒体、各类体验教育设施或教具等。

研学旅行教育服务应由研学旅行导师主导实施,由导游和带队老师等共同配合完成。应建立教育服务评价机制,对教育服务效果进行评价,持续改进教育服务。导游导师讲解服务应符合 GB/T 15971 的要求,应将安全知识、文明礼仪作为导游讲解服务的重要内容,随时提醒并引导学生安全旅游、文明旅游。应结合教育服务要求,提供有针对性、互动性、趣味性、启发性和引导性的讲解服务。

(二)交通运输服务

研学旅行过程中应选择具有良好资质的企业合作,对车龄及司机的驾龄应有明确的要求。根据《研学旅行服务规范》,单次路程在 400 千米以上的,不宜选择汽车,应优先考虑铁路、航空等交通方式;选择水运交通方式的,水运交通工具应符合 GB/T 16890 的要求,不宜选择木船、划艇、快艇;选择汽车客运交通方式的,行驶道路不宜低于省级公路等级,驾驶人连续驾车不得超过 2 小时,停车休息时间不得少于 20 分钟。

研学过程中要加强交通服务环节的安全防范,向学生宣讲交通安全知识和紧急疏散要求,组织学生安全有序地乘坐交通工具。在承运全程随机开展安全巡查工作,并在学生上、下交通工具时清点人数,防范出现滞留或走失现象。遭遇恶劣天气时,应认真研判安全风险,及时调整研学旅行行程和交通方式。

(三)餐饮服务

研学旅行中的餐饮应以食品卫生安全为前提,高标准严要求选择餐饮服务提供方。餐饮服务方应提前制定就餐座次表,组织学生有序进餐。同时应按照有关规定,做好食品留样工作,在学生用餐时做好巡查工作,确保餐饮服务质量。

(四)住宿服务

研学旅行过程中,涉及住宿服务的,以安全、卫生和舒适为基本要求,学校或提前对住宿营地进行实地考察,便于集中管理,方便承运汽车安全进出、停靠,有健全的公共信息导向标识,有安全逃生通道。活动组织方应详细告知学生入住注意事项,宣讲住宿安全知识,带领学生熟悉逃生通道。在学生入住后及时进行首次查房,帮助学生熟悉房间设施,解决相关问题。应安排男、女学生分区(片)住宿,女生片区管理员应为女性,制定住宿安全管理制度,开展巡查、夜查工作。

(五)医疗救助服务

提前调研和掌握研学营地周边的医疗及救助资源状况,学生生病或受伤,应及时送往医院或急救中心治疗,妥善保管就诊医疗记录。返程后,应将就诊医疗记录复印并转交家长或带队老师。在研学过程中应聘请具有职业资格的医护人员随团提供医疗及救助服务[1]。

第三节　研学旅行的保障体系

研学旅行的健康、高效、可持续发展离不开规范有效的管理和保障体制,研学旅行能否发展成为旅游与教育行业的优势产业,与是否具有健全的保障体系密不可分。研学旅行的保障体系主要包括研学旅行组织领导与体制保障体系、研学旅行政策与法规保障体系、研学旅行理论和人才支撑保障体系、研学旅行管理与运营保障体系。研学旅行应坚持党的全面领导,坚持中国特色社会主义教育发展道路,落实立德树人根本任务,遵循教育与旅游发展规律,深化教育综合改革,以建设高质量教育体系和高质量文旅体系为目标,充分调动各方积极因素,强化支持政策,加强基础理论建设和应用研究,加强研学人才培养,为推动研学旅行产业发展提供强大的保障合力。

[1] 《研学旅行服务规范》,http://zwgk.mct.gov.cn/zfxxgkml/hybz/202112/t20211231_930207.html。

一、研学旅行组织领导与体制保障体系

建立研学旅行组织领导与体制保障体系,从行政层面为研学旅行的发展提供保障。各地区要将研学旅行产业发展纳入重要议事日程,把方向、谋大局、定政策、促改革,形成党委领导,政府推动、部门协同、全社会参与、人民共享的研学发展格局。

文旅部门将研学旅行纳入各地文化旅游发展规划,完善有关政策法规,加强研学旅行的顶层设计,以规划为引领,制定研学旅行发展纲要。

教育部门将研学旅行纳入中小学必修课,纳入学生综合素质评价体系和学分管理体系。

成立由教育和文旅部门牵头,发改委、公安部门、财政部门、交通部门、食品药品监管部门、银保监部门和共青团等相关部门共同参加的研学旅行工作协调小组,形成由地方党政领导干部任组长、教育和文旅部门一把手任副组长、相关部门领导为成员的研学工作专班,形成研学旅行工作联动协调机制,设立研学联席会及专项办公室,负责研究研学旅行政策,审定研学重大事项,形成统筹规划、综合协调、密切配合、同向发力的工作保障机制。

二、研学旅行政策与法规保障体系

建立完善研学旅行政策与法规保障体系。落实用地、财政、区域、税收、金融、投资、人才等方面的研学支持政策与法律法规。各相关部门根据职责分工支持研学旅行发展,形成合力。

发改委做好重大研学项目的立项和实施,推进国家级、省级研学基地(营地)建设工作,做好研学旅行收费和价格管理工作。

财政部门要通过现有资金渠道,支持加强研学公共服务设施建设、研学教育公益宣传推广等工作,将符合条件的研学项目纳入彩票专项公益基金及地方政府债券支持范围,推进研学领域政府和社会资本合作,研究制定研学旅行奖补政策措施。自然资源部门要充分考虑人口分布及需求,对研学基地(营地)用地做出专门安排,依法保障研学与教育公共服务设施土地供给,努力保障研学建设项目用地供应,创新研学用地供给机制,会同文化和旅游部做好山、水、林、田、湖、草、沙等旅游资源向研学资源的转化开发管理。

交通运输部门要推进交通与研学旅行的融合发展,加强交通干线与重要研学基地(营地)衔接,推进主题景观研学线路建设,构建研学旅行交通体系。

外交部门要支持开展与相关国家的国际研学交流合作。

工业和信息化部门要加强工业研学产业化融合化发展,开发"智慧研学"系统,推动数字化研学课程资源建设共享,加强信息化研学平台建设。

卫生健康部门要根据全国和区域性疫情防控要求,研判调整相关研学旅行政策,做好出行警示、提示。

统计局部门要加强研学产业相关数据统计监测。

金融管理部门要积极支持符合条件的研学企业上市融资、再融资和并购重组,拓展

企业融资渠道，支持符合条件的研学企业通过发行公司信用类债券等方式进行融资，创新贷款担保方式，开发适合研学旅行产业特点的金融产品。

地方人大要推动研学旅行相关法律法规体系建设，要会同文旅教育部门加快出台研学旅行相关法律法规，保障研学旅行消费者和研学旅行经营者的合法权益，为研学旅行的发展提供法律依据，保驾护航[①]。

三、研学旅行理论和人才支撑保障体系

建立研学旅行理论和人才支撑保障体系。推动研学旅行重大现实问题、热点问题和难点问题研究，加强研学基础理论研究，加快构建以立德树人培养人才为根本目的、以培养德智体美全面发展的社会主义建设者和接班人为基本任务、以推动文旅高质量发展为主要目标的新时代研学旅行发展理论体系。研究出台关于加强研学旅行科研工作的政策文件，推动研学旅行科研院所创新发展，培育和认定一批研学旅行行业智库建设试点单位，与世界研学旅游组织（WRTO）、世界自然基金会（WWF）、世界旅游联盟（WTA）、国际营地协会（ICF）、全国自然教育网络等国内国际组织开展理论课题研究。促进研学旅行职业教育高质量发展，健全继续教育机制，优化研学旅行管理与服务相关专业设置，完善研学旅行专业教学质量标准，推动研学旅行升级为本科专业，试点探索研学旅行硕士专业学位研究生教育。健全研学从业人员培训机制，加大研学旅行领军人才、急需紧缺人才培养力度，落实有关优惠政策，建立研学人才孵化器，开通吸引优秀研学人才集聚的"绿色通道"，打造研学旅行高素质人才队伍。整合政府部门、企业、院校、行业组织等资源，完善研学旅行人才培养、引进、使用体系。

四、研学旅行管理与运营保障体系

建立研学旅行管理与运营保障体系。加强研学质量监督与评估管理，落实研学旅行质量主体责任，通过引导和激励研学基地、研学营地、饭店、旅行社、运输公司等市场服务主体提升研学服务质量作为增强市场竞争力的重要手段。充分发挥研学旅行服务标准规范、研学旅行教育与服务质量监测和评价认证等提升研学质量的基础性作用，夯实研学旅行教育与服务质量基础。加强研学旅行教学与服务质量评价指标、模型和方法研究，建立以学生为中心的研学教学与服务质量评价体系，与中小学生综合素质评价系统衔接挂钩。建立研学市场信用监管工作综合协调机制，加强研学行业教学与服务质量监管，完善研学市场信用管理制度，推进研学旅行企业信用体系建设。建立研学旅行安全宣传教育系统、安全危机预警系统、安全管理控制系统、安全应急救援系统、安全商业保险系统、安全法律法规系统，构筑研学旅行安全的思想保障、预防保障、管理保障、救助保障、经济保障与法律保障。

研学旅行的发展离不开强大的运营系统。通过组建研学旅行行业联盟协会，将研学基地（营地）、研学机构、研学旅行导师、学校、宾馆、饭店和其他研学服务商等市场主体纳入联盟协会，由研学旅行主管部门实行统一管理，政府做好研学公共品牌建设、研

---

① 《国务院关于印发"十四五"旅游业发展规划的通知》，http://www.gov.cn/zhengce/content/2022-01/20/content_5669468.htm。

学品牌形象建设、目的地市场营销推广,逐步实行研学规范化经营,增强研学行业经济实体的活力和竞争力。政府搭台,企业唱戏,精细分工,协同推进,建立"政府主导、企业运作、社会参与"的研学发展模式,为研学旅行的发展提供强有力的运营保障。

本章小结

　　通过对研学旅行实施体系架构的梳理,了解研学旅行实施工作中的服务机构及其工作模式机制,熟悉研学旅行服务体系及保障体系,理解研学旅行工作中政府部门的架构组成及工作机制,掌握研学旅行服务规范标准内容要点及研学旅行的管理、运营等保障措施,以期对国内研学旅行的实施体系有所认识,从而促使研学旅行的实施和管理优化发展。

课后训练

　　(1)阐述在研学旅行工作中,文旅部门与教育部门如何协同合作推进工作。

　　(2)"双减"背景之下,分析研学旅行行业"利好与挑战"。

　　(3)简要分析教育中介机构参与研学旅行工作的优势与风险。

　　(4)以《中华人民共和国旅游法》为背景,分析研学旅行法律法规体系构建。

　　(5)从研学旅行导师的角度写一篇研学安全风险防控的小论文。

第五章
研学旅行的课程建设

学习目标

(1)理解研学旅行课程开发的基本概念、构成要素和内容。

(2)掌握研学旅行课程目标制定原则。

(3)掌握研学旅行课程内容选择与实施方法。

(4)运用研学旅行课程评价方法开展课程评价。

思维导图

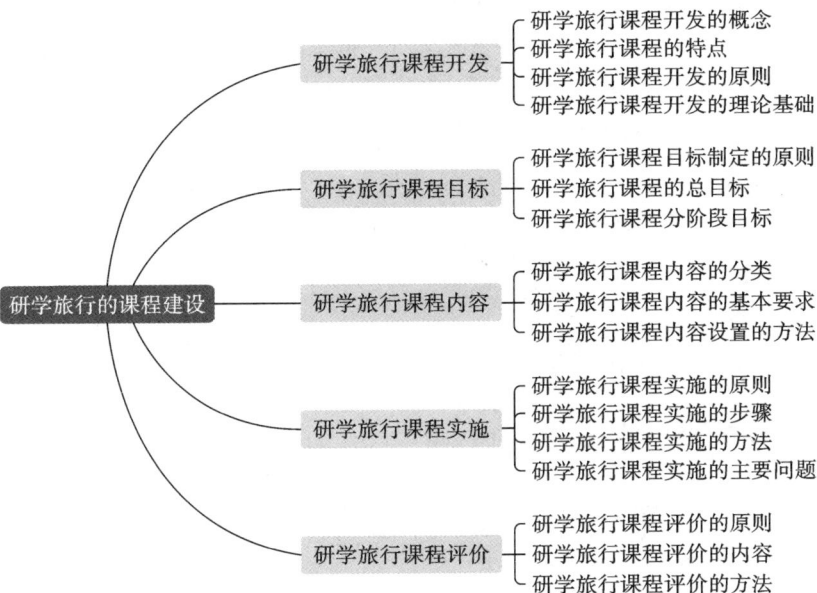

```
                          ┌─ 研学旅行课程开发的概念
              研学旅行课程开发 ┤─ 研学旅行课程的特点
                          ├─ 研学旅行课程开发的原则
                          └─ 研学旅行课程开发的理论基础

                          ┌─ 研学旅行课程目标制定的原则
              研学旅行课程目标 ┤─ 研学旅行课程的总目标
                          └─ 研学旅行课程分阶段目标

                          ┌─ 研学旅行课程内容的分类
研学旅行的课程建设  研学旅行课程内容 ┤─ 研学旅行课程内容的基本要求
                          └─ 研学旅行课程内容设置的方法

                          ┌─ 研学旅行课程实施的原则
              研学旅行课程实施 ┤─ 研学旅行课程实施的步骤
                          ├─ 研学旅行课程实施的方法
                          └─ 研学旅行课程实施的主要问题

                          ┌─ 研学旅行课程评价的原则
              研学旅行课程评价 ┤─ 研学旅行课程评价的内容
                          └─ 研学旅行课程评价的方法
```

学习重点

(1)研学旅行课程目标的制定。

(2)研学旅行课程内容的选择。

(3)研学旅行课程实施的方法。

(4)研学旅行课程评价的方法。

案例导入

　　研学旅行的目的是通过研学活动使广大中小学生在研学旅行中感受祖国大好河山，感受中华传统美德，感受革命光荣传统，感受改革开放伟大成就，激发对党、对国家、对人民的热爱之情，增强对坚定"四个自信"的理解和认同。让学生在研学旅行中学会动手动脑，学会生存生活，学会做人做事，促进身心健康，培养社会责任，提高实践能力。

　　井冈山是红色老区，作为革命圣地，也是中国共产党的第一个农村革命根据地。提起井冈山，每个人心中都会激起一种别样的情怀，那是一片充满光荣和梦想的神圣土地。井冈山革命历史辉煌，自然风光绚烂，红绿辉映，融为一体。面向中小学生开发井冈山红色根据地体验之旅，带学生走进"红色文化圣地"。2016年2月，习近平总书记曾到井冈山革命圣地考察，反复强调井冈山是中国革命的摇篮。井冈山留给我们最宝贵的财富，就是跨越时空的井冈山精神。继承和弘扬井冈山精神，丰富艰苦奋斗的内涵，将崇高理想与现实学习统一起来。面向中小学生，以传承井冈山精神为主题设计研学课程，把革命历史教育、爱国主义教育和感恩教育紧密结合，设计传承井冈山革命精神研学课程具有重要意义。通过访问老红军，参观红色景点，学习光荣而壮烈的井冈山历史，激发学生爱国热情和报效祖国的壮志；通过体验式团队教育，引导青少年忆苦思甜，感恩生活的来之不易，树立爱国主义情操，学习艰苦奋斗的精神，促使其健康成长。

　　（资料来源：根据相关资料整理。）

分析思考：

　　(1)结合本案例，通过互联网查找相关资料，并以小组合作形式讨论并思考：设计井冈山研学课程时需要考虑哪些因素？

　　(2)谈一谈你认为一个规范的研学旅行课程方案应该包含哪些必要内容。

第一节　研学旅行课程开发

　　面向中小学生的研学旅行是由教育部门和学校有计划地组织安排，通过集体旅行、集中食宿方式开展的研究性学习和旅行体验相结合的校外教育活动，是学校教育和校外教育衔接的创新形式，是教育教学的重要内容，是综合实践育人的有效途径。

一、研学旅行课程开发的概念

　　课程开发是指通过需求分析确定课程目标，再根据这一目标选择某一个学科(或多个学科)的教学内容和相关教学活动进行计划、组织、实施、评价、修订，以最终达到课程目标的整个工作过程。

　　研学旅行是中小学综合实践活动的重要方式,是各个学段课程方案中的必修课程。综合实践活动是从学生的真实生活和发展需要出发,从生活情境中发现问题,转化为活动主题,通过探究、服务、制作、体验等方式,培养学生综合素质的跨学科实践性课程。

　　综合实践活动是国家义务教育和普通高中课程方案规定的必修课程,与学科课程并列设置,是基础教育课程体系的重要组成部分。该课程由地方统筹管理和指导,具体内容以学校开发为主,自小学一年级至高中三年级全面实施[①]。

　　研学旅行属于综合实践活动课程,与学科课程并列设置、相互补充,是中小学课程结构不可或缺的组成部分。研学旅行是学科课程内容的延伸、综合、重组与提升,既是学科课程基础知识、基本原理的应用,也是对学生各学科核心素养养成的实践检验、各学科领域学习成果的拓展和加深。研学旅行推进中小学研究性学习的开展,培养学生良好的学习习惯。

　　综上来看,研学旅行课程开发是指由教育部门和学校(主要是学校)围绕课程目标,根据学生实际发展需要,以教师、研学旅行导师、课程专家、学生、家长和社区人士共同参与的课程规划、实施和评价的过程。

二、研学旅行课程的特点

(一)综合性

　　研学旅行课程属于综合实践活动课程,其范围包括了学生与自然、与社会、与自我关系的基本情境和问题,远超任何一门学科的知识体系。对任何研学课程主题的设计和实施都应体现个人、社会、自然的综合,体现科学、艺术、道德的整合。

(二)实践性

　　研学旅行本身就是综合实践活动的一类,实践性是其核心特征。在研学旅行课程中,强调亲身经历,要求学生在各项活动中,通过"做""考察""实践""探究"等形式去发现和解决问题,发展实践能力和创新能力。

(三)开放性

　　研学旅行课程的过程与结果均具有开放性,表现在学习活动方式和活动过程上,学生可以根据现有的课程资源、自身已有的经验,采取不同的学习方式和活动过程。研学课程内容的选择应根据学生的学习经验与兴趣,不同于学校内的学科教学,需要打破学科边界,选择综合性活动内容,鼓励学生跨领域、跨学科学习,为学生自主活动留出余地。

(四)生成性

　　在综合实践活动课程中,有关实际事物的知识与技能、过程与方法、情感态度和价

[①] 《教育部关于印发〈中小学综合实践活动课程指导纲要〉的通知》。

值观不能以传授的方式传递,它要求学生在活动过程中亲历、亲为、亲自体验,从而不断生成。

(五)自主性

综合实践活动的主题、活动方式、活动过程,都是学生在教师的指导下,从学生的现实生活情景中自主确定和设计的,学生是课程实施的主体。在研学旅行课程中,教师是引导者的角色,学生是活动的主体,需要充分调动和发挥学生的学习自主性。

三、研学旅行课程开发的原则

(一)教育性原则

在《关于推进中小学生研学旅行的意见》中,研学旅行推进的第一项原则就是教育性原则。研学旅行要结合学生身心特点、接受能力和实际需要,注重系统性、知识性、科学性和趣味性,为学生全面发展提供良好成长空间[1]。因此研学旅行的课程开发首先应该基于教育性原则,要以促进学生身心健康发展为目的,要把知识学习、能力提升和品德养成统一到课程设计之中。

(二)整合性原则

《关于推进中小学生研学旅行的意见》明确地提出:作为综合实践育人的有效途径,研学旅行要以统筹协调、整合资源为突破口。从立德树人、培养人才的根本目的出发,站在综合育人的高度,再基于核心素养的形成来进行统筹、设置和实施,在此过程中就要进行资源的梳理、整合,包括学校内的学科整合、多学科整合、跨学科的整合,甚至是跨界的整合,比如,整合资源,要结合地区的情况、学校的情况、学生的实际情况,对自然文化遗产、红色教育资源、综合实践基地,包括科技馆、知名院校、工矿企业、科研机构等都可以去充分地挖掘、整合可利用的资源。

(三)实操性原则

研学旅行是研究性学习和旅行体验相结合的一项校内外相结合的教育活动。研学是目的,旅行是载体,也就是说通过开展各种活动和学生的亲身体验来实现研学综合育人的目的,课程的设计和实施之中,就要去充分地促进学生知与行、动手与动脑、书本知识和生活经验的结合和统一。作为这样一种人才培养的创新模式,特别要注重学生实践性的学习,避免在学校里以单一的学科课堂知识接受为基本方式、以知识结果的直接获得为目的的学习活动。研学旅行课程更强调要超越教材、课堂和学校的局限,在活动时空上向自然环境、学生的生活领域和社会活动领域延伸,加强学生与自然、与社会、与生活的密切联系。

---

[1]　《关于推进中小学生研学旅行的意见》。

（四）安全性原则

研学旅行课程开发要坚持安全第一，建立安全保障机制，明确安全保障责任，落实安全保障措施，确保学生安全。为了贯彻这一原则，需要建立安全责任体系，详细提出具体要求。学校要做好行前安全教育工作，要制定安全手册，进行安全培训，对于研学课程线路中可能发生的安全隐患都要说明。

学校负责确认出行师生购买意外险，必须投保校方责任险，与家长签订安全责任书，与委托开展研学旅行的企业或机构签订安全责任书，明确各方安全责任。旅游部门负责审核开展研学旅行的企业或机构的准入条件和服务标准。交通部门负责督促有关运输企业检查学生出行的车、船等交通工具。公安等部门加强对研学旅行涉及的住宿、餐饮等公共经营场所的安全监督，依法查处运送学生车辆的交通违法行为。保险监督管理机构负责指导保险行业提供并优化校方责任险、旅行社责任险等相关产品。

四、研学旅行课程开发的理论基础

（一）研学旅行课程开发的教育学理论基础

1. 自然主义教育理论

自然主义教育在中西方都源远流长，它代表了一种遵守自然秩序、遵从自然本性的教育观。亚里士多德认为，教育应该遵守一种自然的秩序，应该从儿童身心发展的规律出发。捷克著名教育家夸美纽斯是西方自然主义教育的系统构建者，他主张教育应该符合一种"自然适应性"原则，认为儿童的成长如同自然界的植物、动物一样，要顺其自然，符合自然的规律。卢梭是从人的自然本性出发，强调顺自然与主体的自由性，也就是要求儿童在自身的教育和成长中取得主动地位，无须成人的灌输、压制、强迫，教师只需创造学习的环境、防范不良的影响。

我国古代自然教育思想丰富。老子在《道德经》中提出重要的"道法自然"哲学思想。这里的自然就是自己样子的意思，不为外力和人为干涉的状态，是不要勉强和强迫意义上的自然。庄子提出"天地有大美而不言，四时有明法而不议"。虽然中外自然教育思想略有差异，但其对研学旅行课程开发的理论启示是研学旅行教育原则应该引导儿童走向自然，顺应其本性和自然发展的规律，而不应该是完全封闭的灌输和说教。

2. 生活教育理论

如果说自然教育是研学旅行教育的原则的话，生活教育理论则指明了研学旅行的教育内容以及教育手段。生活教育的主要倡导者是美国的杜威以及我国的陶行知。陶行知的生活教育理论主要包括"生活即教育""社会即学校""教学做合一"三方面内容。生活教育给生活以教育，用生活来教育，为生活向前向上的需要而教育。陶行知说："学校即社会，就好像把一只活泼的小鸟从天空里捉来关在笼子里一样。它从一个小的学校去把社会所有的一切都吸收进来，所以容易弄假。社会即学校则不然，它是要把笼中的小鸟放到天空中,使它任意翱翔,是要把学校的一切伸展到大自然里去。"①生活教育理论强调教的方法根据学的方法,学的方法根据做的方法。事怎样做就怎样学,怎样学就怎样教。教与学都以做为中心。研学旅行是让学生走进自然和社会,把学校教育和校外教育有机结合起来。生活教育理论可以更好理解研学课程的开发就是要设计真实生活情景的学习内容,让学生在该情景中学会相互协作,培养他们的社会责任感、合作能力、批判性思维以及创新精神等。

3.泰勒的课程开发基本原理

泰勒是美国著名教育学家、课程理论专家、评价理论专家,现代课程理论的重要奠基者,也是科学化课程开发理论的集大成者,被誉为"当代教育评价之父""现代课程理论之父"。泰勒于1949年出版的《课程与教学的基本原理》被誉为"现代课程理论的圣经"。泰勒提出的"课程原理"可简约成这样四个阶段:①确定教育目标;②选择学习经验;③组织学习经验;④评价结果②。泰勒的现代课程理论作为西方课程理论的主导范式,揭示了课程编制的四个阶段。泰勒的课程开发原理是现代课程论最有影响的理论构架,对我国课程理论研究和实践工作具有重要的借鉴意义。泰勒的《课程与教学的基本原理》一书的影响,从瑞典学者胡森等人主编的《国际教育百科全书》中对其评论就可略见一斑:"泰勒的课程基本原理已经对整个世界的课程专家产生影响……不管人们是否赞同'泰勒原理',不管人们持什么样的哲学观点,如果不探讨泰勒提出的4个基本问题,就不可能全面地探讨课程问题。"正因为如此,有人把这本书看作"达到了课程编制纪元的顶点",看作"课程研究的范式"。"泰勒原理"其对研学课程开发提供了重要框架。

4.多尔的后现代课程理论

20世纪70年代以来,西方教育科学领域发生了重要的"范式转换":开始由探究普遍性的教育规律转向寻求情景化的教育意义。这种"范式转化"在课程与教学研究领域有突出表现。课程研究领域开始超越以"泰勒原理"为代表的具有理性主义性格的"课程开发范式",走向"课程理解范式"——把课程作为一种多元"文本"来理解的研究范式。

后现代课程观强调:课程目标的灵活性。后现代主义课程理论支持课程具有"适量"的不确定性、异常性、模糊性,教学要根据具体实际制定恰当的、适合学生实际的课程目标。

课程是师生进行解构和建构的文本。多尔强调,课程实施不应拘泥于灌输和阐释,所有课程参与者都是课程的开发者,课程是师生共同探索新知识的过程。后现代主义者要求消解学科边界,甚至最终取消学科本身,主张通过跨学科的、非线性的和流动鲜活的综合课程把学生置于现实生活中,学习现实生活世界所需的知识与技能③。

在研学旅行课程开发与实施过程中,泰勒的现代课程理论为我们提供了课程开发与实施的基本框架,具有预设性、规范性、科学性、操作性的突出优点;多尔的后现代课

① 陶行知.陶行知全集[M].长沙:湖南教育出版社,1984.

② 施良方.泰勒的《课程与教学的基本原理》——兼述美国课程理论的兴起与发展[J].华东师范大学学报(教育科学版),1992(4).

③ 小威廉姆 E 多尔.后现代课程观[M].王红宇,译.北京:教育科学出版社,2000.

程理论为我们提供了课程开发微型化、模块化、个性化的新思路和重要的理论支撑,具有生成性、选择性、个性化、人本化的突出优点。按照泰勒现代课程理论进行课程框架的设计与规划,按照多尔后现代课程理论进行课程设计的细化、微观化、操作化,实现泰勒现代课程理论与多尔后现代课程理论的有机结合,这是研学旅行课程开发与实施的最佳策略[①]。

(二)研学旅行课程开发的心理学理论基础

1.人本主义心理

人本主义心理学是 20 世纪五十六十年代在美国兴起的一种重要的心理学思潮,主要代表人物是罗杰斯。人本主义心理学从学习者潜能的发挥、自我实现及个人意义的角度思考学习问题。人本主义心理学家认为,心理学应该探讨的是完整的人(the whole person),而不是把人的各个从属的方面(如行为表现、认知过程、情绪障碍)割裂开来加以分析。罗杰斯批评传统的学校教育把儿童的身心劈开来了:儿童的心(mind)到了学校,躯体和四肢也跟着进来了,但他们的感情和情绪只有在校外才能得到自由表达。

罗杰斯认为,意义学习主要包含四个要素:

第一,学习具有个人参与(personal involvement)的性质,即整个人(包括情感和认知两方面)都要投入学习活动。

第二,学习是自我发起的(self-initiated),即便在推动力或刺激来自外界时,但要求发现、获得、掌握和领会的感觉是来自内部的。

第三,学习是渗透性的(pervasive),也就是说,它会使学生的行为、态度,乃至个性都会发生变化。

第四,学习是由学生自我评价的(evaluated by the learner),因为学生最清楚这种学习是否满足自己的需要、是否有助于掌握他想要知道的东西,是否明了自己原来不甚清楚的某些东西[②]。

人本主义学习理论重视人的整体性发展,高度重视学习中的情感、态度和个性因素,充分尊重学生个体等,为研学旅行课程的实施提供了方法论指导。

2.建构主义心理

建构主义(constructivism)兴起于 20 世纪 90 年代,代表人物主要有皮亚杰、科尔伯格、斯腾伯格、卡茨、维果斯基等。建构主义提供了一种与传统的客观主义不同的学习理论。建构主义学习理论认为,学习过程不是学习者被动地接受知识,而是积极地建构知识的过程。由于建构主义学习活动是以学习者为中心,而且是真实的,因而学习者就更具有兴趣和动机,能够鼓励学习者进行批判地思维,更易于展示个体的学习风格。因而,建构主义在教学中的应用会带来一场教学或学习的革命。

建构主义的教学原则:

一是把所有的学习任务抛锚在较大的任务或问题中;

---

①　朱洪秋."三阶段四环节"研学旅行课程模型[J].中国德育,2017(12).

②　施良方.学习论[M].北京:人民教育出版社,2000.

二是支持学习者发展对整个问题或任务的自主权；

三是设计真实的任务；

四是设计任务和学习环境，可以反映学习者在学习结束后能够适应有效行动的复杂环境；

五是给予学习者解决问题过程的自主权；

六是设计支持并激发学习者思维的学习环境；

七是鼓励学习者根据可替代的观点和背景去检测自己的观点；

八是提供机会并支持学习者对所学内容与学习过程的反思[①]。

由此可见，建构主义学习强调以学生为中心，注重情境、协作、会话、意义建构四大学习环境要素的作用。建构主义认为学生是信息加工的主体，是意义的主动建构者，而不是外部刺激的被动接受者和被灌输的对象。

建构主义理论是研学旅行课程开发的重要理论基础。研学旅行课程开发已经基于学生已有的知识经验，设计行前学习内容，研学中发挥学生的主体性，引导学生开展有意义的学习。

3. 多元智力理论

多元智力理论是美国心理学家霍华德·加德纳（Gardner H.）教授于1983年在他的《智力的结构》一书中首次提出一种新的智力理论。最初是七种智力理论，1995年加德纳补充了自然探索的智力，后来他又补充了存在的智力。这一理论自20世纪90年代以来引起了世界的广泛关注，并成为许多国家教育改革的重要指导思想。加德纳认为传统理论对智力的定义过于狭窄，未能正确反映一个人的真实能力。这一理论认为，就其基本结构来说，智力是多元的——不是一种能力而是一组能力，而且，这组能力中的各种能力不是以整合的形式存在而是以相对独立的形式存在[②]。

加德纳认为智能是人在特定情景中解决问题并有所创造的能力。他认为我们每个人都拥有语言智能、数理逻辑智能、音乐智能、空间智能、身体运动智能、人际智能、自我认识智能、自然认知智能八种主要智力。

多元智力理论主张通过多种渠道、采取多种形式、在多种不同的实际生活和学习情景下进行的，切实考查学生解决实际问题的能力和创造出初步产品（精神的、物质的）能力，是一种超越了传统的以标准的智力测验和学生学科成绩考核为重点的评价取向。多元智能理论是我们理解和设计研学旅行课程以及对学生进行学习评价的重要理论依据。

第二节　研学旅行课程目标

课程目标是学生学习所要达到的结果[③]。它是课程开发阶段最重要的环节。课程

---

① 毛新勇.建构主义学习理论在教学中的应用[J].课程·教材·教法,1999(9).

② 霍力岩,沙莉,等.重新审视多元智力——理论与实践的再思考[M].北京:北京师范大学出版社,2007.

③ 钟启泉.课程论[M].北京:教育科学出版社,2007.

目标是对我国教育目的的具体化,是达到教育目的的手段,也是对课程内容的选择、实施和评价的重要依据。所以,制定课程目标是课程开发的重要环节。

课程目标的制定应该基于一定原则,研学旅行课程目标的确定应基于系统化、具体化和层次化的原则。其一,要明确研学旅行与教育目的和培养目标的衔接关系,以确保这些要求在课程中得到体现;其二,要在对学生特点、资源情况、学科发展等各个方面进行深入研究的基础上,确定行之有效的研学旅行课程目标①。因此,研学旅行课程目标的确定应该考虑对参与研学课程学生的研究、对校外现实的自然和生活的把握、对教育主管部门的相关要求和专家学者的相关建议。依据 2016 年 11 月出台的《关于推进中小学生研学旅行的意见》和教育部 2017 年 9 月颁布的《中小学综合实践活动课程指导纲要》。研学旅行课程目标的制定应遵守相应原则,其内涵应包含总目标和分阶段目标。

一、研学旅行课程目标制定的原则

(一)系统化原则

研学旅行课程目标是一个系统,设计时要从系统论的角度出发整体上把握。

第一,应从纵向上把握其联系。从"课程总目标—学段目标—单元教学目标—课堂教学目标"线索进行衔接分析。这四个层次是从一般到特殊逐级具体化,形成一个多层级的目标体系。

第二,应从横向上关照各个要素。由于智力因素和非智力因素是相互促进与制约的,它们共同影响着学习者的发展。

因此,在确定课程目标内容范围时,不能只注重知识领域的目标,而忽视其他领域的目标,应把它们摆在一个同等的地位,不可厚此薄彼,要逐渐形成一个合理的系统。

(二)具体化原则

具体化原则要求我们在表述课程目标时,力求明确、具体,符合学习者的实际需求,同时具有操作性和可检验性。如果含混不清,就难以理解和把握。设计者应依据课程标准的要求,深入分析和处理教材内容,明晰学习者的认知结构,把握其能力水平,熟悉其生活阅历、兴趣、习惯等,尽量让课程目标的内容序列化。在表述时,能够把随意推论的动词转换成对学习者的行为做直接观察的行为动词,使课程与教学目标细致化、具体化,做到明确具体,能够观察、测量和操作。

(三)层次化原则

研学旅行课程目标具有层次性。从其内涵来看,既包括内容的层次性,也包含阶段的层次性。内容的层次性体现在从宏观目标到微观教学目标的层次。阶段的层次化体现在课程目标的设定要结合学生年龄阶段特点设定分阶段的具体目标。

---

① 广东教育出版社基础教育课程发展研究院.最美课堂在路上——研学旅行实践指南[M].广州:广东教育出版社,2019.

二、研学旅行课程的总目标

我国教育的根本任务和目的是要落实立德树人根本任务,发展素质教育,推进教育公平,培养德智体美全面发展的社会主义建设者和接班人。开发研学旅行课程是为了促进学生培育和践行社会主义核心价值观,激发学生对党、对国家、对人民的热爱之情;是为了全面实施素质教育,推动创新人才培养模式,引导学生主动适应社会,促进书本知识和生活经验的深度融合;是为了加快提高人民生活质量,满足学生日益增长的旅游需求,从小培养学生文明旅游意识,养成文明旅游行为习惯,让广大中小学生在研学旅行中感受祖国大好河山,感受中华传统美德,感受革命光荣历史,感受改革开放伟大成就,增强对坚定"四个自信"的理解和认同;同时学会动手动脑,学会生存生活,学会做人做事,促进身心健康、体魄强健、意志坚强,促进形成正确的世界观、人生观、价值观,培养他们成为德智体美全面发展的社会主义建设者和接班人[①]。

研学旅行课程的总目标是通过亲近和探究自然,接触和融入社会,关注和反省自我,体验和感受集体生活,培养中小学生价值认同、实践内化、身心健康、责任担当的意识和能力。

三、研学旅行课程分阶段目标

根据 2017 年 9 月教育部《中小学综合实践活动课程指导纲要》相关规定,结合不同层次学生年龄和技能水平的差异性,小学、初中和高中三个阶段研学旅行课程的主要目标如下:

(一)小学阶段的研学旅行课程目标

1.价值体认

通过参加研学旅行活动,获得具有积极意义的价值体验。理解并遵守公共空间的基本行为规范,初步形成集体思想、组织观念,培养对中国共产党的朴素情感,为自己是中国人而感到自豪。

2.责任担当

围绕日常生活开展服务活动,能处理生活中的基本事务,初步养成自理能力、自立精神、热爱生活的态度,具有积极参与学校和社区生活的意愿。

3.问题解决

能在教师的引导下,结合学校、家庭生活中的现象,发现并提出自己感兴趣的问题。能将问题转化为研究小课题,体验课题研究的过程与方法,提出自己的想法,形成对问题的初步解释。

4.创意物化

通过动手操作实践,初步掌握手工设计与制作的基本技能;学会运用信息技术,设计并制作有一定创意的数字作品。运用常见、简单的信息技术解决实际问题,服务于学

---

① 《关于推进中小学生研学旅行的意见》。

习和生活。

（二）初中阶段的研学旅行课程目标

1. 价值体认

积极参加班团队活动、场馆体验、红色之旅等，亲历社会实践，加深有积极意义的价值体验。能主动分享体验和感受，与老师、同伴交流思想认识，形成国家认同，热爱中国共产党。通过职业体验活动，发展兴趣专长，形成积极的劳动观念和态度，具有初步的生涯规划意识和能力。

2. 责任担当

观察周围的生活环境，围绕家庭、学校、社区的需要开展服务活动，增强服务意识，养成独立的生活习惯；愿意参与学校服务活动，增强服务学校的行动能力；初步形成探究社区问题的意识，愿意参与社区服务；初步形成对自我、学校、社区负责任的态度和社会公德意识，初步具备法治观念。

3. 问题解决

能关注自然、社会、生活中的现象，深入思考并提出有价值的问题，将问题转化为有价值的研究课题，学会运用科学方法开展研究。能主动运用所学知识理解与解决问题，并做出基于证据的解释，形成基本符合规范的研究报告或其他形式的研究成果。

4. 创意物化

运用一定的操作技能解决生活中的问题，将一定的想法或创意付诸实践，通过设计、制作或装配等，制作和不断改进较为复杂的制品或用品，发展实践创新意识和审美意识，提高创意实现能力。通过信息技术的学习实践，提高利用信息技术进行分析和解决问题的能力以及数字化产品的设计与制作能力。

（三）高中阶段的研学旅行课程目标

1. 价值体认

通过自觉参加班团活动、走访模范人物、研学旅行、职业体验活动，组织社团活动，深化社会规则体验、国家认同、文化自信，初步体悟个人成长与职业世界、社会进步、国家发展和人类命运共同体的关系，增强根据自身兴趣专长进行生涯规划和职业选择的能力，强化对中国共产党的认识和感情，具有中国特色社会主义共同理想和国际视野。

2. 责任担当

关心他人、社区和社会发展，能持续地参与社区服务与社会实践活动，关注社区及社会存在的主要问题，热心参与志愿者活动和公益活动，增强社会责任意识和法治观念，形成主动服务他人、服务社会的情怀，理解并践行社会公德，提高社会服务能力。

3. 问题解决

能对个人感兴趣的领域开展广泛的实践探索，提出具有一定新意和深度的问题，综合运用知识分析问题，用科学方法开展研究，增强解决实际问题的能力。能及时对研究过程及研究结果进行审视、反思并优化调整，建构基于证据的、具有说服力的解释，形成比较规范的研究报告或其他形式的研究成果。

4. 创意物化

积极参与动手操作实践，熟练掌握多种操作技能，综合运用技能解决生活中的复杂问题。增强创意设计、动手操作、技术应用和物化能力。形成在实践操作中学习的意识,提高综合解决问题的能力①。

第三节　研学旅行课程内容

课程内容是指教育活动开设的学习领域和科目中特定的事实、观点、原理和问题及其相互联系方式,表现为一定的知识、技能、技巧、思想、观念、信念、言语、行为和习惯的总和。在教育领域,课程内容历来以教学材料为载体,总是在一定的活动中使用,而且需要转化为学生的学习经验②。

研学旅行课程作为综合实践活动课程,其课程内容是学生旅行参观、考察和体验的景点、场馆和营地的资源及其承载的文化、技术、原理、方法和传递的思想和价值观。研学旅行作为一门课程,其课程内容的选择应该依据研学课程的目标,以及文化、社会与自然资源。

一、研学旅行课程内容的分类

依据研学资源涉及的方面,可以将研学旅行课程内容划分为地质地貌类、水文类、生物类、气象气候类、博物馆类、科技类、红色研学类、职业体验类、历史遗址遗迹类、非遗文化类等十个方面。

(一)地质地貌类

对地球表面的各种高低起伏抓个难题,不同的地貌的有不同的景观特点和功能作用的认识。例如雅丹地貌、丹霞地貌、喀斯特地貌等。对地质地貌形态有大型、中型、小型或微型等的认识,例如,剥蚀地貌有河蚀、湖蚀、海蚀、溶蚀、冻蚀、风蚀;堆积地貌有冲积、洪积、湖积、海积、冰碛、风积;构造地貌有褶皱的、断块的;气候地貌有湿热气候地貌、干旱气候地貌,等等。不同地质地貌类型其形态各异,也形成了不同的土壤类型,对植被、生物的影响差异巨大。还可以探究地貌与经济、文化和社会的人文地理现象等。

(二)水文类

水文指的是自然界中水的变化、运动等的各种现象。21 世纪,国民经济和社会发展对防洪、水资源、生态环境的要求将越来越高。开展水文类研学,让学生认识水文的意义和水文工作的内容,了解水文仪器设备,学习水位(潮位)的观测、降水量的观测、蒸发量的观测以及含氯度的测定等重要工作。引导学生意识到水文事业对于国家和世界发展具有重要的价值,进而弘扬水利精神,传承水文事业。

---

① 《教育部关于印发〈中小学综合实践活动课程指导纲要〉的通知》。
② 黄甫全.现代课程与教学论[M].北京:人民教育出版社,2011.

（三）生物类

多种多样的生物不仅维持了自然界的持续发展，而且是人类赖以生存和发展的基本条件。人类及其他生物共同居住在生物圈这个美丽家园中。生物圈包括大气圈的底部、水圈的大部和岩石圈的表面。生物圈是最大的生态系统，生态系统包括森林生态系统、淡水生态系统、湿地生态系统、海洋生态系统、城市生态系统、农田生态系统等。生物可以分植物、动物和微生物，而每一种生物又包含了极为丰富的种类。生物类研学可以设计丰富的主题和内容，可以探究生命现象和生命活动规律，也可以开展农业生产实践等。

（四）气象气候类

气象气候对我们生存的环境影响巨大。明天的天气怎么样？是晴天还是雨天？日常生活中我们几乎每天都会关心天气的变化，实际上天气与气象密切相关。通过研学，学生可以认识天空中的风、云、雨、雪、霜、露、虹等一切大气的物理现象。它与我们的生活息息相关，关注气象，关注天气变化，就是保护我们自己，守护我们共同的地球家园。

（五）博物馆类

博物馆是指以教育、研究和欣赏为目的，收藏、保护并向公众展示人类活动和自然环境的见证物，经登记管理机关依法登记的非营利组织，教育功能是博物馆非常重要的功能。博物馆研学作为"学"与"游"的有机融合载体，在文化旅游融合发展的大背景下，越来越成为休闲旅游发展的主要方向。博物馆研学内容丰富，形式多样。相对于学校教育，博物馆研学教育内容丰富，涵盖社会历史、艺术、自然科技、民俗民族等。通过博物馆研学，学生可以获取更多知识，了解社会主义核心价值观，体会伟大民族精神和红色革命精神，增加民族认同感，提高文化自信。

（六）科技类

科技类研学旅行内容主要包括科技发展、科技研发、科技建设、科技伦理等方面，主要体现数学、科学、物理、化学、生物、信息技术等学科在研学旅行中的作用，借助现代人工智能、VR、AR、3D打印等技术、科学探究和实验方法，依托科技馆、科技活动、科研机构、高等院校、国家重大工程、现代产业园区等场所，通过参观、培训、实验等形式，培育学生科学伦理、创新意识、劳动观念等素养。

（七）红色研学类

红色研学是充分利用革命传统教育基地和爱国主义教育基地的资源优势，引导学生了解中国近现代革命的历程，增加对国家的认同感，增强学生的"四个自信"，促进学生树立社会主义核心价值观。

发展红色研学，是革命传统教育和爱国主义教育的新形式。开展红色研学课程寓教于游、寓游于教,是革命传统教育方式的创新,是贴近历史和生活的大课堂,是革命精神的实践之旅。

(八)职业体验类

职业体验类研学是带领学生走出课堂,走出校园,在真实职场情境中近距离接触和探索职业世界。学生可以到职业体验馆,在快乐的体验中研究学习,自主选择自己喜欢的职业进行体验,通过对各种不同角色的扮演培养他们从小探索不同职业的兴趣。通过职业体验更好地帮助学生在自我探索的基础上去了解职业世界,引导学生将当前的学习与未来职业建立联系,对可能意向的职业领域进行有针对性的探索,让学生从未来生涯发展的高度思考当前的学习与将来的职业选择,激发学生学习生活的内驱力。

(九)历史遗址遗迹类

历史遗址遗迹是指古代人类生产、生活等活动所留下的遗迹,它既包括人类为不同用途所营建的建筑群体,如民居、宫殿、官署、寺庙、作坊以及范围更大的村寨、城堡、烽燧等各类建筑遗迹,也包括人类对自然环境利用和加工所遗留下的一些场所,如洞穴、采石场、矿坑等。历史遗址遗迹是古代人们适应自然、利用自然和改造自然的结果,是人类历史的载体和见证,具有重要的历史研学价值。

(十)非遗文化类

根据联合国教科文组织的《保护非物质文化遗产公约》定义,"非物质文化遗产"是指被各社区群体,有时为个人视为其文化遗产组成部分的各种社会实践、观念表达、表现形式、知识、技能及相关的工具、手工艺品和文化场所等。这种非物质文化遗产世代相传,在各社区和群体适应周围环境以及与自然和历史的互动中,被不断地再创造,为这些社区和群众提供持续的认同感,从而增强对文化多样性和人类创造力的尊重。非物质文化遗产是一个国家和民族历史文化成就的重要标志,是优秀传统文化的重要组成部分,因此具有重要的传承价值。因此,开展非遗文化研学具有重要意义。

二、研学旅行课程内容的基本要求

(一)系统性和完整性

作为课程的研学旅行,各单元的学习内容之间必须通过课程主题或课程目标相互联系。每一单元的内容表达课程主题的部分特征,各单元合在一起共同表达课程主题的完整性特征和系统性特征。

(二)科学性和规范性

研学旅行课程内容的科学性和规范性表现在内容涉及的知识准确严谨,内容呈现的方式适合学生的心理和生理特点,学生在心智上能够理解和接受,在生理上能够坚持和承受。研学旅行课程内容的科学性和规范性还表现在课程内容应符合法律规范和道德规范,符合教育的基本理念。另外,其科学性和规范性还表现为课程内容与课程目标的对应性,课后作业或过程性学习任务的科学性和深刻性以及问题表达的规范性[1]。

(三)综合性和实践性

研学旅行的课程包括地理类、自然类、历史类、科技类、人文类、体验类等多种类型,这些不同类型的课程内容内涵丰富,涵盖中小学各个学科。学生在研学旅行过程中将面对自然和社会复杂情境中的真实的问题,需要学生综合运用不同学科的知识和方法。因此,研学旅行课程内容的选择应该选取能够培养学生综合运用知识能力的研学资源。实践性是研学旅行课程内容设置应该基于真实情景中的学习,学生在真实情境中实践。实践性意味着研学课程内容设置要让学生能够动脑动手,积极主动参与其中。

三、研学旅行课程内容设置的方法

研学旅行课程内容的设计要紧紧围绕学生的培养目标而展开,结合学生的兴趣、学习动机、意志品质、认知能力和认知方式,考察周围的环境和社会资源,体现以游、研、学为一体的综合学习方式。

(一)根据研学课程目标设计课程内容

课程目标具有激励、引导向等功能。它是对学生学业成就进行测量和评价的基本标准体系,它规定了通过教学活动,学生的学习结果应达到的要求和水准[2]。因此课程内容的选择应该依据课程目标。研学旅行作为综合实践活动课程的一类,从社会、文化和自然资源中选择课程内容,只有依据课程目标,选择最能达到研学课程目标的资源,设计研学课程的内容才能更好地达到课程预期效果。

(二)根据研学旅行的时间节点设置课程内容

研学旅行被定位于"课程",与普通的春游、秋游有着本质的区别,它是学校对研学旅行的教育目标、教学内容、教学活动方式的整体规划和设计,必须有着相对固定的课时安排、教学内容、参与人员安排等[3]。

通常研学旅行课程以开展研学旅行的时间先后分为研学前、研学中和研学后三个阶段。研学前,教师或者研学机构人员要设计出研学手册,开展导学工作;研学中,带队老师带领学生按照既定的学习内容开展活动教学;研学后,通过对研学旅行资料的整理

① 彭其斌.研学旅行工作实务 100 问[M].济南:山东教育出版社,2019.
② 黄甫全.现代课程与教学论[M].北京:人民教育出版社,2011.
③ 孟初薇.研学旅行课程内容设置方法及其注意点[J].江苏教育研究,2018(35).

和成果展示,为学科教学提供教学资源。

(三)根据学生可活动的区域设计课程内容

任何课程内容的设计都要考虑课程实施的可行性。根据《关于推进中小学生研学旅行的意见》要求,各中小学要结合当地实际,把研学旅行纳入学校教育教学计划,与综合实践活动课程统筹考虑,促进研学旅行和学校课程有机融合,要精心设计研学旅行活动课程,做到立意高远、目的明确、活动生动、学习高效,避免"只旅不学"或"只学不旅"现象。学校根据教育教学计划灵活安排研学旅行时间,一般安排在小学四到六年级、初中一到二年级、高中一到二年级,尽量错开旅游高峰期。学校根据学段特点和地域特色,逐步建立小学阶段以乡土乡情为主、初中阶段以县情市情为主、高中阶段以省情国情为主的研学旅行活动课程体系。因此,研学旅行课程内容的选择应该根据实际情况,结合学生可活动的区域来设计课程内容。

案例链接

触摸中华年轮——陕西历史文化研学旅行课程方案

例如在该课程方案中就根据学生活动的景点区域设计研学课程。

研学活动第一天:参观陕西历史博物馆、大雁塔、曲江池(大唐芙蓉园)

1.陕西历史博物馆介绍

[观察与思考]

(1)参观"人猿揖别""凤鸣岐山""东方帝国""大汉雄风""冲突融合""盛唐气象""告别帝都"七大部分展览,了解中华民族的发展历史和辉煌成就。认识"中华民族"的历史内涵及现代意义。

(2)古代"丝绸之路"的历史贡献及现代"一带一路"的伟大构想。

(3)通过博物馆的藏品,多侧面了解各个朝代的典型文化和精湛技艺。切身感受古人的智慧。挖掘文物背后的历史文化内涵,增进对中华五千年文明的理解。

(4)馆内寻宝活动。在参观过程中搜寻陕西历史博物馆的国家级文物,近距离了解这些文物的典型特点以及历史文化和艺术价值。

2.大雁塔介绍

[观察与思考]

(1)观察大雁塔,了解古印度佛寺的建筑形式和盛唐时期的建筑风格与特点。

(2)收集资料,聆听讲解,了解大雁塔的建造和修复过程,感受大唐盛世对佛教文化的重视和影响,以及大慈恩寺在中国佛教史上突出的地位。

(3)结合已有的知识,了解历史上真实的玄奘形象及玄奘对我国佛教文化发展的贡献,探讨历史上佛教对我国政治、经济、文化的影响。

(4)根据真实的玄奘取经的情景创作《新唐僧取经》的小故事,演一演。

(5)收集大雁塔的诗文楹联,组织雁塔诗文会,提高文学素养。

3. 曲江池(大唐芙蓉园)介绍

[观察与思考]

(1)游园赏景,感受盛唐气象,领略古今文化气息。

(2)收集有关大雁塔、曲江池的古代诗文,并吟诵、赏析。

(3)写一篇大唐芙蓉园游记。

(资料来源:王嵩涛《中小学生研学旅行课程指引》,首都师范大学出版社,2019年版。)

(四)以行动为中心,以活动为载体设计课程内容

在我国2022年义务教育课程方案和课程标准修订中强调各课程标准以核心素养为纲呈现课程目标,以主题、项目或活动组织课程内容,强化学科实践和跨学科实践,驱动教学内容与方式的深层变革。因此,作为综合实践活动课程范畴的研学旅行课程提倡以学生直接参与的丰富多彩的活动为主要教学形式,强调以调动学生行动为中心,以活动为载体设计研学课程内容,寓教于活动之中,让学生联系实际,充分调动学生学习行动力。

第四节　研学旅行课程实施

课程实施是课程开发中的重要环节,是实践形态的教育教学活动的集中体现,对实现教育目标和提高教育质量起关键作用[①]。传统意义上的课程实施就是依据教材进行"教学",然而随着我国基础教育课程改革的不断深化,课程实施的内涵也更加丰富,特别是像研学旅行这样的综合实践活动课程更加强调学生的自主、合作和探究学习,由原来的主要针对教师的"教"切换到现在的主要针对学生的"学"。

一、研学旅行课程实施的原则

(一)发展性原则

发展性原则是指学生通过研学活动能够使身心得到健全和谐的发展。研学旅行作为一种全新的学习方式,产生在以学生发展为本的良好理论土壤中,也由传统向现代、后现代的学习理论发展取向相结合,还要追求以学生的实际获得为本。研学课程实施的发展性原则要求研学教学的内容、方法和进度要适合学生的发展水平,但又有一定的难度,需要他们经过努力才能掌握,以便有效地促进学生的身心发展。

---

① 黄甫全.现代课程与教学论[M].北京:人民教育出版社,2011.

(二)科学性原则

科学性原则是指研学课程活动内容要科学,实施过程要科学,活动的结果应该科学。科学性原则应该贯穿研学课程的始终。研学内容要科学是指研学课程内容的选择和设计要基于客观事实,尊重科学规律,特别是选择当代最新的科技知识和成果。课程内容设计应该符合学校的育人目标,依托当地的社会资源,充分论证后进入研学课程。实施过程要科学是指研学课程的实施应该通过科学的方法组织各项活动。这些方法包括对现象的调查、测量、实验、采集、制作、分析和综合,等等。活动要着力引导学生从观察中去发现问题,通过分析提炼活动的内容,在实践探索中学习并掌握科学研究的过程和方法。要知道,只有能够产生正确结果的过程才是好过程。活动结果的科学性是指学生通过研究性学习活动能够得出有一定科学要求的结果。

(三)制宜性原则

研学旅行课程是在研学开展前就已经设计好的。其应呈现地域特色,结合当地旅游和文化资源设计课程,引导学生走出校园,在与日常生活不同的环境中拓宽视野、丰富知识、了解社会、亲近自然、参与体验。制宜性原则意味着课程的实施首先应该基于课程目标选择合适的研学资源,开展教学。制宜性原则还意味研学课程的设计和实施应该基于现实条件,因地因时制宜,让学生理解世界先从理解自己的家乡开始,开发当地本土化的研学课程。研学课程的实施与时间性和季节性紧密相关,所以课程实施也要因时制宜。宜性原则还应该因人制宜,根据学生的认知能力、年龄特点,实施适合学生身心特点的阶梯型研学课程。

(四)兴趣性原则

研学旅行课程实施应该注重贯彻趣味性原则。兴趣是最好的老师。检查趣味性原则,要充分尊重学生的兴趣和爱好,激发和调动学生参与活动的兴趣和积极性。只有当学生感兴趣,愿意探索某项实物和从事某种活动时才会充满内在的动力。其次利用趣味性问题,激发学生的学习兴趣,让学生手脑并用,实现深度学习。研学课程实施中有很多资源,以趣味性的问题提出引导学生探究,激发学生探索的欲望,并在探索中学会思考问题和解决问题,切实增强学生综合素养,实现研学课程的价值。另外,兴趣性原则还需要教师在实施研学课程教学过程中以学生感兴趣的教学方式,充分调动学生学习的积极性和主动性,打造高效、互动的教学模式。

二、研学旅行课程实施的步骤

根据泰勒现代课程理论,研学旅行课程的设计、开发与实施,也应该经历确定目标、选择资源、课程实施、课程评价四个环节,这是"三阶段四环节"研学旅行课程中"四环节"的主要理论依据。从研学旅行课程的实操步骤来看,可以将研学旅行课程分为"三阶段四环节"的实施步骤。

"三阶段四环节"研学旅行课程模型,是在研学旅行课程的理论依据和实践依据基础上建立起来的一种理论与实践相结合的课程模型。从研学旅行课程实践的视角,可以把研学旅行课程分为课前、课中、课后三个阶段,简称研学旅行课程的"三阶段";从研学旅行课程理论的视角,可以把研学旅行课程划分为确定目标、选择资源、课程实施、课程评价四个环节,简称研学旅行课程的"四环节"。

(一)研学旅行的"三个阶段"

研学旅行课程的"三阶段"是指课前、课中、课后三个阶段。课前阶段是研学旅行的准备阶段,课中阶段是研学旅行的实施阶段,课后阶段是研学旅行的总结阶段。

1.课前阶段

课前阶段是研学旅行活动课程实施之前的准备阶段。这个阶段要做好课程方案上报、选择机构、确定路线、实地考察、方案确定、学生教育等很多准备工作。但是,最核心的是做好三件事。

第一件事是课程目标的确定。

确定课程目标是做好其他准备工作的最基础、最重要的工作内容。这个目标主要是确定大的课程目标,如有的学校选择齐鲁文化研学旅行课程,并把泰山、曲阜、济南作为研学旅行目的地,称之为"一山(泰山)、一水(趵突泉)、一圣人(孔子)"。

第二件事是组织架构的建立。

研学旅行课程属于室外活动课程,课程组织的有序性、安全性、教育性是非常重要的课程目标,而这些课程目标的实现,关键是要建立起研学旅行课程的组织架构。这种组织架构除了干部、教师、学生"三位一体"的关系网外,最根本的是学生自我管理组织体系的建构,自我管理、自我教育应该成为研学旅行课程最主要的管理方式和教育方式。

第三件事是研学手册的编制。

研学旅行手册是整个研学活动的行动指南,也是实现自我管理、自我教育的基本保障。研学手册应该包括研学旅行组织架构、联系网络、课程简介、行程安排、研学课题等方面内容,研学手册应该力求明确具体、操作性强。

2.课中阶段

课中阶段是研学旅行的实施阶段。这个阶段要做的事情更多,而且全部是具体操作内容,最容易出现问题。概括起来,课中阶段主要包括乘车管理、食宿管理、活动管理三项核心内容。

第一项是乘车管理。

乘车管理包括往返家庭过程中的乘车设计与管理、通往旅行目的地过程中的交通设计与管理、活动过程中的交通设计与管理等。乘车管理包括乘车秩序、座位安排、文明要求等内容,最好的乘车管理方式是自我管理和小组合作管理。

第二项是食宿管理。

食宿管理属于生活管理,也是安全管理的重要内容之一。食宿管理中,较好的管理方式是提前做好餐桌分配,确定餐桌号、餐桌长,以及住宿人员房间分配、住宿管理制度规定、查岗查房等内容,以便实现食宿管理的有序化、自动化、科学化、效能化,以及食宿管理的学生自治。

第三项是活动管理。

活动管理主要是研学课程的实施过程,目前比较普遍的管理方式是以学校、年级、班级为单位的大一统管理,这种管理可以保障预设性、有序性,但是,缺乏灵活性、生成性和个性化。学校可以运用多尔的后现代课程理论,为学生设计更多的模块化、个性化、微型化的具有选择性、探究性、合作性的课程。

3.课后阶段

课后阶段是研学旅行的评价总结阶段。这个阶段是非常重要的课程学习阶段,也是很多学校容易忽视和轻视的阶段。课后阶段的主要内容包括研学作业的完成、研学成果的展示、研学成绩的认定等内容。

第一,研学作业的完成。

按照研学旅行的设计,学校会在研学旅行的课前阶段布置研学作业,并在课中阶段体验、探究,回到学校后整理并按要求完成作业。

第二,研学成果的展示。

研学成果的展示应该以小组为单位,以体现小组合作学习的效果。研学成果的展示实际上是一种课程评价方式,有利于检验研学目标的实现情况。研学成果的展示还可以实现研学成果的物化和延续,以提升研学的实效性。

第三,研学成绩的认定。

研学既然纳入课程,就应该有类似于学科课程的成绩和学分认定系统,这是研学旅行课程规范管理的需要,也是推动学生有效参与研学的重要手段。

(二)研学旅行课程的"四环节"

研学旅行课程的"四环节"是指确定目标、选择资源、课程实施、课程评价四个环节。这四个环节实际上是按照泰勒的现代课程理论四要素来设计的,这是研学旅行课程的规范性结构,我们还要在四个环节中融入多尔的后现代课程理论思想,为学生提供更多的选择性、生成性、个性化的课程,以实现现代课程与后现代课程的有机整合。

1.确定目标

确定目标是研学旅行课程的第一个环节。这一环节要在课前阶段完成,主要是根据学校的课程规划、育人目标、年龄特征等来进行设计,研学旅行目标大致包含科技类、艺术类、文化类、自然类、农耕类、场馆类等,或者是齐鲁文化、山岳文化、中原文化等,这些都是大方向。

大方向确定之后,最重要也是最艰难的工作是确定微型育人目标,一次研学旅行不可能实现太大、太多的目标。微型育人目标确定后,有两条思路:一条思路是按照学科知识的要求确定研学内容;一条思路是按照学生发展的核心素养,结合课程资源综合设计研学内容。

2.选择资源

选择资源是研学旅行课程的第二个环节。这一环节主要在课前阶段完成,主要是研学旅行的课程设计者根据研学大目标确定研学目的地和线路,这是研学旅行课程资源的第一次选择。

按照多尔的后现代课程理论,研学旅行的课程设计者还应该根据课程微型目标选择课程微资源,供学生以小组为单位进行选择和探究,这是课程资源选择的关键。课程设计者还可以把课程资源的设计权交给学生或合作小组,让学生在研学旅行过程中自主生成课程资源，这是一种更高境界和层次的课程资源开发方式。

3.课程实施

课程实施是研学旅行课程的第三个环节。这一环节主要在课中阶段完成，主要内容是按照课程目标、课程资源，亲自到研学目的地进行参观、考察、体验、探究。

课程实施阶段最容易出现的问题是走马观花，这是以前研学旅行实践中经常发生的，也是研学旅行中最需要改进的地方。这样的课程实施就是"旅行"，没有"研学"，而且这种旅行也是"旅行团式的"浅层次旅行，和"自助式的"深度旅行还有很大差距。

课程实施阶段的"研学性质"是未来研学旅行最大的挑战，需要旅行社和学校共同研究、共同探讨、共同解决。

4.课程评价

课程评价是研学旅行课程的第四个环节。这一环节主要在课后阶段完成，也要渗透于课前阶段和课中阶段，可以说，课前阶段、课中阶段、课后阶段都应该有课程的评价。

课程评价的方式多种多样，包括研学作业的完成、研学成果的展示、研学体会的分享、研学成绩的认定等。

"三阶段四环节"研学旅行课程模型是一个具有操作性的综合模型。"三阶段"是按照时间顺序划分的，把整个课程划分为课前阶段、课中阶段、课后阶段三个阶段，每个阶段包括三项重点工作内容；"四环节"是按照课程设计实施的要素和环节划分的。确定目标、选择资源、课程实施、课程评价四个环节是所有研学旅行课程都具有的共性环节[①]。

三、研学旅行课程实施的方法

研学旅行是行走的课堂，作为一种新的学生学习方式，课程实施的方法不同于长期以来形成的"学科本位"的课程观，它需要形成实践课程观。实践，才是研学课程最美的语言。研学旅行课程实施应该树立教师引导和学生主体意识。研学课程实施中教师不能推卸指导的责任，而应当成为学生活动的指导者、组织者、参与者和促进者。教师的指导应贯穿于研学活动实施的全过程，学生为主体，教师引导学生自主学习。结合中小学综合实践活动课程实施方法和研学课程的特点，研学旅行课程实施的方式主要包括以下几个方面。

(一)场馆学习:让孩子与一切美好的事物相遇

场馆学习作为非正式学习的重要形式，学习的特点主要体现在：场馆学习的情境性、自主选择性、主动探究性以及结果输出的多元性。研学旅行可以以博物馆、科技馆、纪念馆等各类场馆为资源，充分挖掘、活化和利用场馆资源开展研学活动。推动场馆学习与研学课程的深度合作。借助信息技术构筑虚拟场馆将成为未来场馆学习的新趋势。虚拟场馆的建立将切实解决场馆中一些资源难以陈列、资源结构不合理、地域分布不均衡等问题。

---

① 朱洪秋."三阶段四环节"研学旅行课程模型[J].中国德育,2017(12).

(二)行走学习:让孩子与世界站在一起

课程是一段美好的人生经历。教育的目的是教会学生过有意义的生活。学生只有在真正的生活中,才能感悟生活的意义,才能学会过有意义的生活。研学旅行是行走的课程,推进行走学习,让学生领略自然山水,感悟历史古迹,在行走中感悟自然,在行走中了解历史。具体课程设计可从学生的视角出发,采取"我知道、我行走、我感悟"等版块设计,让学生不论行走到哪里,"行"前都要先做查阅资料、了解景点、调查路线等准备工作;"行"中要做好观看、欣赏、拍照、记录、解说的工作,找准景点的风光特点或历史典故;"行"后要写下自己的独特感受,与家长、同伴一起分享。

(三)实践学习:用有意义的实践活化学习成果

实践是研学课程实施的一种重要方式,对于促进学生了解社会、了解国情、增长才干、奉献社会、培养品格、增强社会责任感具有重要作用。研学课程的实施应重视实践性,形成知识类学习和实践类学习的融合、静态式学习和活动式学习的兼容。让课程引领学生经历实践体验式学习,达到课程内容"文本学习"与"实践学习"结合,学习方式"文中学"与"做中学"的结合,让实践和体验成为一份丰富的课程资源。研学的实践学习应根据研学资源和设计的研学实践活动开展,通常包括劳动体验、动手制作、实验操作、团队拓展等多种形式。

(四)问题学习:探寻解决真实世界问题的方法

问题学习是把学习置于复杂的、有意义的问题情境中,通过让学生以小组合作的形式共同解决复杂的、实际的或真实的问题,学习隐含于问题背后的知识,形成问题解决的能力。研学旅行课程的实施强调学生基于自身兴趣,在教师的指导下,从自然、社会和学生自身生活中选择和确定研究主题,开展研究性学习,在观察、记录和思考中,主动获取知识,分析并解决探究问题的过程。问题学习以问题为学习之起点,整个学习历程紧扣问题而生。

(五)项目学习:把真实项目作为学习的驱动力

项目式研学旅行将项目式学习中的流程与活动开展形式引入研学旅行,让学生在体验中参与研学旅行活动,并围绕学习性项目主题完成项目成果,提升研学旅行活动的实效性,从而培育学生的核心素养。项目学习中每个项目都是独立的,它是让学生参与到真实的问题解决中接受挑战、主动探究,创造出某件作品并完成重要知识的学习。项目学习操作程序分为选定项目、制订计划、活动探究、作品制作、成果交流、活动评价等六个步骤。

(六)整合学习:让学习变得完整而有意义

整合学习开展的原因之一就是生活世界的整体性。整合学习包括学科内的整合、学科间的整合、学科与生活的整合,以及学习方式的整合。整合学习有不同的设计策略,包括多学科整合、跨学科整合和统整式课程。整合学习没有固定的模式,它是一个多样化的实践世界。研学课程实施是一种将"旅游"与"学科"相结合的教育活动。从整合的类型上,可以通过"研学＋营地""研学＋红色""研学＋工业""研学＋农业""研学＋科技"等方式开展。

(七)仪式学习:让内隐的教育要求外显

仪式具有整齐、庄重的特点,能集中表达特定的主题,更容易引起学生情感的共鸣。仪式学习需要做到"三个精心",即精心策划、精心组织、精心实施,注重每个细节,从会场布置到人员着装,从每个程序到内容都要体现庄重感。仪式学习是学生精神发展、思想发展的燃料,可以唤醒每个学生对生命、人生的体悟。它是一种象征性、引导性的教育行为,蕴含着丰富的教育思想,教育效果更加生动和深刻。例如可以开展爱国主义研学中的升旗仪式、红色研学中的纪念仪式、传统文化研学中的开笔礼等。

(八)创客学习:创造有意义的学习经历

创客学习是一种融探究、设计、创造、合作于一体的项目学习范式,有以下几个特征。
(1)创客学习是一种跨学科学习,需要运用科学、技术和工程知识去改造世界。
(2)创客学习是一种基于设计的学习。
(3)创客学习是一种注重学思结合的学习,倡导知、行、思、创的统一。
(4)创客学习是一种基于创造的学习。
支持产品创造的新兴科学技术,可以为学习者提供了便捷化、智能化、数字化和工具化的技术支撑。基于创造的学习通过建立创造性学习环境、营造创造性文化氛围、实施创造性教学等途径,激发学生的创造意识与动机、培养学生的创造性思维品质、塑造学生的创造性人格。因此,创客学习是一种通过体验式和过程性教学培养学生创客素养的新型教育模式。研学旅行可以以创客学习的方式开展创客研学,开展创意编程、结构探究、木工制作、3D打印等吸引学生的项目,激发学生的浓厚探究兴趣。

(九)沉浸学习:探索边界是根据好奇心定义的

沉浸学习是指为学习者提供一个真实的学习环境,学习者通过深度参与、高度互动而获得知识、提升技能。它通过虚拟现实技术、借助虚拟学习环境而实现。虚拟现实技术的特点在于,计算机产生一种人为虚拟的环境,把其他现实环境编制到计算机中产生逼真的"虚拟环境",从而使用户在视觉上产生一种沉浸于虚拟环境的感觉。在课程实施过程中,我们可以运用虚拟现实技术,使学习引人入胜。比如,某个男孩热爱自然,有了虚拟现实技术,他能够观察一个水分子,看着它被太阳蒸腾,变成水蒸气从地面升到空中,再变成雨水降落到地面,最终被地面吸收。在这样的体验中,男孩可能会对整个循环的某个过程产生好奇心,进而产生学习兴趣。沉浸学习以模拟情景演绎、角色扮演、学工、学农、军训等方式开展[①]。

---

① 《课程实施的18种方式》,http://www.chinateacher.com.cn/zgjsb/html/2017-12/27/content_492030.htm。

案例
链接

沉浸式研学

中国水利博物馆(浙江杭州市萧山区)此次推出的研学课程以治水故事为线索,引导学生开展自主探索学习,极大地激发了学生学习的积极性,培养了主动思考和解决问题的能力,使学生学习效果明显提升,真正实现了从"要我学"到"我要学"的转变。

这是一次以角色扮演为特色的研学体验活动,同学们组成"考古揭秘队""舟行江南队""晚清危局队""水利新生队"四支治水队伍,带上任务卡在四个展厅开启各自的"治水之旅"。每支队伍依据任务卡设置的故事情节,在展厅中寻找一个个关卡的答案。在故事中,同学们分别化身"考古学家""知府大人""红军"等角色,每个关卡的答案需经博物馆研学旅行导师评判为正确后方能通关。同学们兴致勃勃,现场气氛热烈,最终四支队伍都协力完成了任务,取得"治""水""传""奇"四枚通关奖章,获得了博物馆研学证书。

(资料来源:《妙趣横生的沉浸式研学课程(案例):角色扮演,线索,解谜,通关》,https://www.sohu.com/na/442043875_120343415。)

四、研学旅行课程实施的主要问题

(一)重旅行安全,轻学习规划

目标对活动开展起着引领作用,决定着课程实施的基本方向。在实际的研学旅行课程教学目标设计中,却存在模糊、过于宏大等问题,有的甚至会缺失目标[①]。具体实施过程存在"教育为本,注重学生体验"的课程理念被消解于"安全至上"原则之中。大量研究表明,旅行途中的安全问题是影响中小学校研学旅行课程开展的首要因素。囿于安全风险规避能力不足以及对学生人身安全的担忧,很多学校将确保学生出行安全作为主要研学目标。但安全只是研学旅行实施的保障条件,我们不能因噎废食,不能因为有可能出现安全问题就不开展研学旅行了,也不能以牺牲学生的探究学习及活动体验为代价。研学旅行的根本旨归是通过集体生活的方式让学生亲近自然、融入社会、认知自我,从中提升家国情怀,提高社会责任感,培养实践能力。这需要给予学生充分真实且包括自我安全保障的实践体验机会,而不是让学生只参加"零安全风险"的活动。

(二)重旅行活动,轻探究成长

在活动组织上,现有的研学产品大多是在一般旅游线路的基础上,增加了少量的研学、科技和教育元素。活动方案设计偏重旅游行程安排,缺乏精心规划的研究性学习环

---

① 李臣之,纪海吉.研学旅行的实施困境与出路选择[J].教育科学研究,2018(9).

节。尤其在实施方式上偏向于参观、游览，弱化了研学活动与一般旅游产品的差别，难以实现让学生在旅行中体验、探究与学习的初衷，导致研学旅行课程陷入了严重的形式化危机。有学者认为造成研学旅行课程"形式化"严重的原因在于缺乏系统的课程规划，未建立完善的课程管理制度。其中，目标游离导致学校将旅行活动作为课程组织的重心，而忽视了探究研习本质的主要原因。另外，课程容量和时间规划是影响研学旅行课程质量的重要因素。研学旅行的课程容量与学生接受能力不匹配，研学时间安排不合理均会导致研学旅行课程实施只见"旅游行程"，不见"研习学程"。

（三）重市场主导，轻家校参与

研学旅行作为教育与旅游的交叉产品，应该由教育机构来主导设计和执行，旅行社可与教育机构合作，承接部分旅行的职能。而目前研学旅行基本上是一种市场行为，主要运作模式是学校将其"外包"给研学机构或者旅行社，由这些校外机构提供研学产品甚至课程方案，并主导课程的实施。从课程的设计到课程实施和评价，所有核心工作都是由校外机构工作人员完成。市场与生俱来的"自愿求私利"的商业化和逐利性特征与研学旅行的教育性和公益性间存在的矛盾，会给研学旅行带来负面影响。市场主导会引起学校及家长角色缺失，造成研学旅行教育性不足。学校未设立专任教师，缺乏具备专业的教学能力和较强的组织管理能力的研学旅行导师，是阻碍研学旅行课程发展的重要因素。

（四）重形式展示，轻研学体验

课程评价是研学旅行健康发展的重要一环，目前很多学校还面临不知"评什么""怎么评""谁来评"的困局。主要原因在于政策文件规定的研学旅行内容及目标难以用量化方式检测，对评价工作的建议不够具体、细致，有针对性的评价机制建设还处于虚无或者起步阶段。研学旅行的创新性、动态性、开放性、研旅合一等特点是导致课程评价范式转换过程中存在诸多亟待解决的困难的主要原因。政府相关部门虽大力强调评价的重要性，但并未对此做具体、细致、可操作的规定。加上学校缺少评价方式变革的动力与环境，评价工作忽视对学生体验的深层观照，更多是选择、填空、连线等封闭式的二分法测验题。可见，研学旅行面临着"运作、评价与管理机制不健全，缺少有效的监督和评估机制"的困境[①]。

第五节　研学旅行课程评价

课程评价是指根据一定的标准和课程系统信息，以科学的方法检查课程的目标、编订和实施是否实现了教育目的，实现的程度如何，以判定课程设计的效果，并据此做出

---

① 吴紫娟，程雯，谢翌. 基于政策规约的研学旅行课程实施重建［J］. 河北师范大学学报（教育科学版），2019（6）.

改进课程的决策。研学旅行课程评价要有助于学生个性特长的培养与发展,突出评价的发展性功能和激励性功能,重视对学生学习潜能的评价,立足于促进学生的学习和充分发展,为"适合学生的教育"创造有利的支撑环境。

一、研学旅行课程评价的原则

(一)全面性原则

要从学生发现问题、探究问题和解决问题,自我规划、自我管理和自我发展,合作探究和交流,科学精神、态度和价值观,创新意识和能力,公民意识和社会责任感等方面全面进行评价,包括学生的个性化表现和学生团队的集体表现两个方面①。全面性原则除了对学生评价之外,还对整个课程的方案本身、实施情况、基地(营地),以及相关的教师和管理者进行评价。最终形成一个较为系统的整体性评价。

(二)参与性原则

研学旅行课程注重学生亲身参与和学生全员参与,强调课程计划规定的课时活动量的参与情况和参与态度的考核,同时重视学生自觉参与评价。让学生通过探究、服务、制作和体验等方式充分参与到课程活动之中,在参与过程中获得体验与发展。

(三)过程性原则

传统的教学评价以终结性评价为主,而研学旅行课程评价应该坚持过程性原则,强调过程性评价。要特别关注学生参与活动的过程和实践体验,重视在实践过程中对学生进行评价,并且把对学生的评价与对学生的指导紧密结合起来。过程性评价包括对研学过程中教师教学过程性评价和学生学习的过程性评价。特别是学生学习过程性评价,应该包括对学习的态度、活动参与度、技能方法的应用和认知能力与水平的提升进行动态的跟踪和评价。

(四)自主原则

研学旅行课程的实施要贯彻自主思想,要以学生自主发展为出发点,使学生的主体地位在教师的指导下得到实实在在的落实。从一定意义上说,学生既是研学活动的参加者,又是研学活动的设计者和创造者,学生对自己的研学活动具有第一发言权。因此,学生的自主评价是具有决定意义。让学生学会积极的、科学的自我评价方式,应当是研学旅行课程评价的重要方面。

(五)激励性原则

研学课程评价要从学生的原有基础出发,鼓励学生发挥自己的个性特长,施展自己的才能,激励学生积极进取,勤于实践、勇于创新,不断促进学习能力的发展,对学生的每一点进步都要及时给予肯定。宜采用研学任务卡、研学任务书、研究报告、游记、研学

---

① 周维国,段玉山,郭锋涛,袁书琪.研学旅行课程标准(四)——课程实施、课程评价[J].地理教学,2019(8).

作品等多种形式对学生进行激励性评价。激发学生学习的自信心和进取心,促进学生反思和持续发展。

二、研学旅行课程评价的内容

课程评价的对象包括课程的计划、实施、结果等多种课程要素,也就是说,课程评价对象的范围很广,它既包括课程计划本身,也包括参与课程实施的教师、学生、学校,还包括课程活动的结果,即学生和教师的发展。除此之外,研学旅行课程因其特殊性评价的内容还包括线路规划的评价。

研学旅行课程评价目的不只是为了说明课程的现状,更是为了课程的改进。研学旅行课程评价方式多样,建议使用 CIPP 评价模式,从背景、输入、过程、影响、成效、可持续性和可应用性评价等方面进行系统评价,提供有效信息。

(一)背景评价

评价研学旅行课程背景,主要从需求、问题、有利条件和机会、教学目标和考核等维度进行评价,即回答下列问题:学生、教师、社会、学科对研学旅行有何需求? 研学旅行活动的开展遇到哪些问题? 专门知识和专家服务、指导教师、物质资源、经费等条件是否有利? 研学旅行课程实施的时机是否能满足需求和解决相关问题? 研学旅行课程教学目标及其他配套服务目标是否明确? 学校对研学旅行课程的师生考核方式和评价标准是否合理?

(二)投入评估

在背景评价的基础上,进一步评价研学旅行课程及其服务的策略、课程实施所需预算、课程实施的可行性和效用性。要评价达成研学旅行目标所需条件、资源,各种课程的目标、内容、方法、学业评价设计是否科学合理,哪一课程最佳,投入的人力、物力、财力是否足够等。

(三)过程评估

对课程实施过程进行监督、记录、反馈,以不断调整和改进实施过程。评价学校是否完成研学旅行课程建议课时和学分,是否全体学生参与研学旅行,课程实施状况以及实施过程中的事件、问题、费用是否得到合理解决,教师指导是否适时、适度、适当,评价过程中的反馈信息如何,课程实施过程是否需要调整和改进等。

(四)影响评价

评价研学旅行课程对目标受众的影响程度、课程实际服务对象与计划受益者吻合的程度,包括评价课程对学生的影响以及学生对影响的感知、师生教学实践总结和成果的质量、课程对学校和教师的影响、课程服务非预期受益者的程度等。

(五)成效评价

评价研学旅行课程实施成果的效用性。与影响评价相比较,侧重评价对受益者长久利益的影响,即评价学生、教师或学校发展所发生的质变。主要测评学生发展核心素养和学科核心素的提升、师生对课程的优缺点的分析、课程影响的深度和广度、课程目标达成的程度、与其他课程相比的成效等。

(六)可持续性评价

评价研学旅行课程能否制度化循环使用,包括评价学生、教师和其他利益方对课程可持续实施的看法、制约课程可持续实施的问题、课程可持续实施的概率等。如果课程可持续实施,即可着手建设研学旅行的资源包或教材。

(七)可推广性评价

评价可持续实施的研学旅行课程在何种程度上可以推广。评价其他地域、领域、学校、研学旅行目的地对该课程的态度,其他地区学生对该课程的态度,以及该课程对学生发展核心素养、各学科核心素养、各学段学业水平要求等的适宜程度①。

三、研学旅行课程评价的方法

课程评价的方式是多样的。它既可以是定量的方法也可以是定性的方法。

由于研学旅行课程开发情景的不同,课程活动实施的内容和方式具有较大的差异性,这也就造成研学旅行课程评价的方法具有多元特征。所以研学旅行课程评定内容和方法上,可以多种多样、丰富多彩、灵活运用,可依据每次研学旅行活动课程的组织形式,选择合适的评价内容和评价方式与方法。

从评价形式上看,学生的学习结果可以是研究论文、调查报告、模型制作、展板展示、主题演讲、研究笔记、绘画展示、节目表演、演讲、辩论等多种展示形式。从评价的方式来看,包括过程性评价和终结性评价、定性评价和定量评价,还包括学生自评、同学互评、教师评价、家长评价、专家评价等②。评价的方法主要有以下几种。

(一)观察评价法

观察评价是指教师在研学过程中对学生的学习表现和学习行为进行自然观察,并对所观察到的现象做客观和详细的记录,然后根据这些观察和记录对研学效果做出评价。观察评价常采用行为检查单和轶事记录等方式进行。行为检查单是教师认为重要的行为目标,也是一种简便易行的评价方法。教师可以利用检查单及时记下所观察到的行为,便于指导和帮助学生。轶事记录法是把学生研学过程中所发生的一些与学习有关的重要事件的经过和结果详细地记录,然后根据这些记录对研学效果做出评价。

(二)调查法

教师根据通过问卷或者访谈的形式,对学生进行调查,了解学生在研学过程中的行为表现,进而对学生的表现做出评价的方法。调查法还包括对研学导师和研学活动组

① 周维国,段玉山,郭锋涛,袁书琪.研学旅行课程标准(四)——课程实施、课程评价[J].地理教学,2019(8).
② 王嵩涛.中小学生研学旅行课程指引[M].北京:首都师范大学出版社,2019.

织实施情况的调查。

（三）竞赛评比法

研学过程中或者研学结束后，教师组织学生开展正确的竞赛与评比活动，例如：演讲、成果展示、演出汇报等方式，以激发学生的上进心。竞赛评比的研学活动要精心设计，不能过多过滥，以学生乐在参与且能够促进学生积极性的活动为主。

（四）档案袋评价法

档案袋评价法是指教师和学生有意地将各种有关学生研学活动中的表现材料（调查表、访谈表、研学记录、各种数据）收集起来，并进行合理的分析与解释，以反映学生在学习与发展过程中的努力、进步状况或成就。

档案袋评价是对学生在研学过程的每一个阶段进行评价，包括选题创意、提出问题、收集信息、分析问题、制定策略、协作整合、创作实践、反思总结、表达说明和分享交流等，做到及时发现问题，及时反馈，及时纠正。该方法既可以给学生对自己的作品进行评估和反省的机会，也可以帮助教师更及时、准确地掌握每个学生真实客观的学习情况。

本章小结

　　通过对研学旅行课程开发概念的理解，掌握研学旅行课程的特点，以及研学旅行课程开发的基本原则。重点理解研学旅行课程目标的制定，根据研学旅行课程目标制定的原则和依据掌握如何制定研学旅行课程目标。理解并掌握研学旅行课程内容的选择与设置的方法。掌握研学旅行课程实施与评价的原则与方法。

课后训练

（1）研学旅行课程与普通学科课程之间有何差异？

（2）开发一门研学旅行课程需要重点关注哪些要素？

（3）结合具体景点谈谈如何选择和利用研学资源。

（4）对比并评价不同类型的研学课程方案的异同。

（5）思考不同类型的研学课程实施有何不同。

（6）如何有效评价一门研学旅行课程？

（7）以小组合作的形式，开展一次研学课程设计实践踩点，并设计一门研学课程。

（8）研讨并汇报小组研学课程方案。

第六章
研学旅行营地

<u>学习目标</u>
(1)了解研学旅行营地的内涵。
(2)熟悉研学旅行营地建设规范。
(3)掌握研学旅行营地的运营管理要点。

<u>思维导图</u>

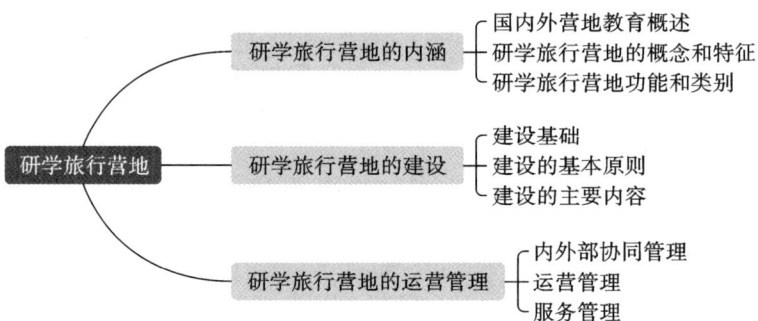

<u>学习重点</u>

(1)研学旅行营地的概念、特征、功能、分类。
(2)研学旅行营地建设的基础条件、基本原则和主要内容。
(3)研学旅行营地配套课程管理、运营管理和服务管理。

<u>案例导入</u>

2016年11月30日教育部、国家发展改革委、公安部、财政部、交通运输部、文化部、食品药品监管总局、国家旅游局、保监会、共青团中央、中国铁路总公司等11部门联合颁布《关于推进中小学生研学旅行的意见》,对"研学旅行"的重要意义、工作目

标、基本原则、主要任务、组织保障等重点领域提出了具体指导意见,特别提出将加强研学旅行基地建设作为五大主要任务之一。该意见提出各地教育、文化、旅游、共青团等部门、组织密切合作,根据研学旅行育人目标,结合域情、校情、生情,依托自然和文化遗产资源、红色教育资源和综合实践基地、大型公共设施、知名院校、工矿企业、科研机构等,遴选建设一批安全适宜的中小学生研学旅行基地营地,探索建立基地(营地)的准入标准、退出机制和评价体系;要以基地(营地)为重要依托,积极推动资源共享和区域合作,打造一批示范性研学旅行精品线路,逐步形成布局合理、互联互通的研学旅行网络。各基地要将研学旅行作为理想信念教育、爱国主义教育、革命传统教育、国情教育的重要载体,突出祖国大好风光、民族悠久历史、优良革命传统和现代化建设成就,根据小学、初中、高中不同学段的研学旅行目标,有针对性地开发自然类、历史类、地理类、科技类、人文类、体验类等多种类型的活动课程。

(资料来源:根据相关资料整理。)

分析思考:

(1)通过互联网搜索中国研学旅行营地案例,分析营地的功能、类别、内容,分享其课程开发、市场营销和管理特色。

(2)对比俄罗斯、美国和澳大利亚研学营地,谈谈你对各国研学旅行发展理念的共同性和差异性的看法。

第一节   研学旅行营地的内涵

本章深入分析了研学旅行营地的概念、特征、功能及分类,对世界上营地教育开展比较早、受众比较广泛、经验比较丰富的主要国家的研学旅行营地案例进行了对比,阐述了研学旅行营地的建设依据、基本原则和主要内容,论述了研学旅行营地配套课程开发、市场营销和服务管理的一般原理和方法,以期引导学生正确认识和理解研学旅行营地内涵、建设的规范和运营管理的方法。

一、国内外营地教育概述

(一)国外营地教育发展概述

国际上的营地教育起源于欧美发达国家,已经有 100 多年的历史,在第二次世界大战后获得了快速发展。对这些国家的人来说,参加夏令营是很多家庭的传统,相当多的政坛精英、商业奇才、企业领导者都在青少年时代有过长期参加营地教育活动的经历。在大多数国家,营地教育已被纳入了学校教育体系,成为国家人才培养战略的一部分。

美国是最早开展营地教育的国家,拥有 160 多年的营地历史。1861 年美国南北战争初期,首都华盛顿 Gunnery School 的校长费雷德里克突发奇想,带领学生徒步近 70

公里至长岛海峡,模拟军事营地训练 10 天后返回学校,这是有记录的最早的营地活动。就在同一年,康涅狄格州开始在夏天组织学生参加为期两周的登山钓鱼等户外班级集体活动,并持续举办了 12 年。第二次世界大战后,越来越多的营地开始出现,营地训练也逐渐由生活导向型转为教育导向型,增加了包括艺术、手工、音乐、舞蹈、自然科学等类别的内容。目前,全美拥有 1.4 万个营地,每年有 1000 万儿童参加营地活动,每年参加各类夏令营活动的青少年占比约为 19%。美国是世界营地教育的起源地,根据美国营地协会(ACA,American Camp Association)统计,截止到 2019 年,全美约有 12000 个营地,包括 7000 个住宿营地和 5000 个非住宿营地,每年约有 1000 万儿童和青少年、100 万成人参加营地教育。营地教育以体育运动、创作类、创意思维和户外技能类为主要课程内容,也会针对孩子生病疗养、生活习惯改善、各种运动特色、艺术特色等内容设置课程体系。营地教育的理念深深影响着美国一代又一代青少年。俄罗斯是全世界营地数量最多的国家,营地达 55000 个,每年为 600 万青少年提供服务,75% 的学生都会参加营地教育,其营地教育模式也在全世界最成熟。营地建设的背后离不开俄罗斯政府的强大支持,即使在苏联解体的困难时期,政府每年仍然会拨出巨资支持营地的运营。澳大利亚拥有 900 个营地,特色是与学校教育联系紧密,政府立法规定学校必须组织每位学生每年参加一周营地活动,营地教育已被纳入国家教育体系。英国营地教育以连锁机构为主,与小学和中学合作的出游活动是主要形式之一。英国连锁营地规模非常大,户外教育为学校教育的必修部分,每名适龄儿童每月都必须前往户外中心完成相应课时的学习。

亚洲的营地教育以日本、新加坡为代表。日本有 3500 多个营地,每年超过 3000 万名中小学生参与营地教育活动。营地教育则结合本国特点,促进青少年建立本国风土的自然观,在此基础上理解和传承日本文化、日本精神。青少年营地教育以"自然教育"为主题,提供各种户外自然教育、传统教育、人文社科教育、手工制作教育等。新加坡户外教育被写入学校教育大纲,家长、学校和第三方组织共同为孩子提供优质的户外教育。芬兰 550 多万人口的国家,拥有 100 多家营地,芬兰的教育系统本身就是一个大营地概念,营地教育观念深入人心。

(二)中国研学旅行营地的发展历程

我国的营地教育起步比较晚,最初是以青少年夏令营活动为特点。国家对营地教育发展的政策和资金支持主要集中在国家体育运动方面,特别是对青少年户外体育活动的支持。新中国成立至 20 世纪 80 年代是营地教育的萌芽阶段,营地教育以课外集体活动、冬夏令营的形式开展;改革开放以后特别是 20 世纪 90 年代营地教育进入了成长阶段,以游学、冬夏令营和春秋游的形式呈现繁荣状态。进入 21 世纪,中国的营地教育获得了较好的政策支持和较多的资金扶持,开始进入快速发展阶段。2008 年汶川大地震后,当地的教育系统遭到严重的破坏,许多幸存的青少年学生受到较大的生理和心理创伤。应俄罗斯要求,我国陆续安排了千名震区儿童到俄罗斯疗养,孩子们在俄罗斯的黑海小鹰营地活动了三个星期,身心得到了恢复。受此启发,国家教育部与财政部协商规划,在"十二五"期间,建造 150 个户外营地,目前这些营地正陆续建成投入使用。2017 年 7 月,《教育部办公厅关于开展 2017 年度中央专项彩票公益金支持中小学生研学实践教育项目推荐工作的通知》发布,通知予以资金支持,利用中央专项彩票公益金支持开展中小学生研学实践教育项目,将在各地遴选命名一批全国中小学生研学实践教育基地和营地,广泛开展中小学生研学实践教育活动。2017 年 12 月,教育部正式官方公布了第一批全国中小学生研学实践教育基地 204 个单位、营地 14 个单位名单。2018 年 11 月,教育部公布了全国中小学生研学实践教育基地 377 个单位、营地 26 个单位名单。全国中小学生研学实践教育基地合计 581 个单位,营地合计 40 个单位。我国营地教育机构数量与国际水平相比,仍有较大差距,目前国内拥有各类营地 1500 个左右,营地教育机构不足 1/10,每年参与营地教育的学生约 20 万,与国内青少年人口基数相比,参与度还非常低,也远低于国际平均水平,拥有巨大而广阔的发展空间。

二、研学旅行营地的概念和特征

(一)国外研学旅行营地的概念

1998 年,美国营地协会将营地教育定义为是一种在户外以团队生活为形式,并具有创造性、娱乐性和达到教育意义的持续体验。通过领导力培训以及自然环境的熏陶,帮助每位营员达到生理、心理、社交能力以及心灵方面的成长。无论何种营地形式,他们共同的特点是体验式学习,通过富有创造性的营会活动,让青少年目标明确,放飞自我,发挥潜能,深度探索自然,了解世界。

国际营地协会(ICF,International Camping Fellowship)将营地教育定义为"青少年以自然为师,以营地为伴,走出校门,进行旅行体验,在探险中提升领导能力,同时在旅行中学会一起生活,了解自身文化,理解他人,发掘自身潜能,从而获得自我发展和成长的教育活动"。该协会的理念是"营地连接孩子们,让他们知道自己是谁;营地连接孩子们,让他们知道自己能成为什么人;营地连接社会,营地连接自然,营地连接世界"。

(二)国内研学旅行基地营地的概念

2016 年开始,我国研学旅行进入了新的历史发展机遇期。为了推动研学旅行的发展,国家旅游局于 2016 年 12 月发布了《研学旅行服务规范》,其中提到了"研学营地"一词,并将其定义为"研学旅行过程中学生学习与生活的场所"。

2017 年 12 月和 2018 年 11 月,教育部正式官方公布了第一批和第二批全国中小学生研学实践教育基地共 581 家,营地 40 家,但其中并没有对研学实践教育基地营地的概念以及类型划分做详细说明。

2017 年 5 月 26 日,中国研学旅行联盟发布了《研学旅行基地设施规范》,提出了"研学旅行基地"的概念,并将其定义为"是指依托资源,经主管部门批准,有统一管理机构,接待研学旅行开展的区域"。

2018 年 6 月,中国教育部办公厅发布了《关于开展"全国中小学生研学实践教育基(营)地"推荐工作的通知》,继续遴选命名一批"全国中小学生实践教育基地"(简称"基地")和"全国中小学生实践教育营地"(简称"营地")。通知明确指出,基地主要是指各地各行业现有的,适合中小学生前往开展研究性学习和实践活动的优质资源单位。该单位须结合自身资源特点,已开发或正在开发不同学段(小学、初中、高中)、与学校教育内容衔接的研学实践课程。营地主要指具有承担一定规模中小学生研学实践教育的活动组织、课程和线路研发、集中接待、协调服务等功能,能够为广大中小学生开展研学实践活动提供集中食宿和交通等服务的单位。该通知中还特别指出,营地应是"教育系统所属的公益性青少年校外活动场所、综合实践基地等",营地应有"与学校教育内容衔接的研学实践课程和线路,能够实现中小学研学实践活动的育人目标","能够至少同时接待1000名学生集中食宿"。

2019年2月26日,中国旅行社协会与高校毕业生就业协会联合发布了《研学旅行基地(营地)设施与服务规范》,提出了"研学旅行基地(营地)"的完整概念,其英文表述为"Study Travel Base(Camp)",其定义为:自身或周边拥有良好的餐饮住宿条件、必备的配套设施,具有独特的研学旅行资源、专业的运营团队、科学的管理制度以及完善的安全保障措施,能够为研学旅行中的学生提供良好的学习、实践、生活等活动的场所。

通过国外营地教育的概念和国内研学旅行基地营地概念的对比分析可以看出,国外营地教育"以自然为师",重在培养学生完全走出学校教育的束缚,放飞自我,亲近自然,走进社会,探索生活的真谛,发现自我,了解他人,实现自身价值。而国内研学基地营地活动尚未完全摆脱学校订制教育的规则,甚至还规定了食宿的人数标准和课堂教学内容衔接,有"把学校课堂搬到校外课堂"的嫌疑,与国外同行的营地教育理念尚有不小的差距。

因此,本书将研学基地和营地统称为"研学旅行营地",并采用国际上先进的自然教育、环境教育、户外教育和营地教育理念。研学旅行营地是学校教育自然延伸的场所,是一种以团队生活为形式,能够达到创造性、娱乐性、教育性和持续体验的户外教育活动空间。通过领导力培训和自然环境熏陶,帮助青少年达到生理、心理、社交能力以及心灵方面的成长。研学旅行营地教育在提升青少年创新能力、社会责任感、科学普及、文艺体育培养、劳动技能锻炼、习惯养成等方面发挥着重要作用。

(三)研学旅行营地的特征

研学旅行营地的教育模式与学校内的教育有着本质的区别,是促进学生素质教育和全面发展的有效场所,有着自身的特性。

1.研学旅行营地是综合育人的场景

研学营地已经超越了普通旅游场地的一般功能,是具有鲜明的教育意义的文化育人场所。通过对社会历史文化类、自然科普类、素质拓展类、休闲娱乐类研学基地和课程的建设与开发,校外综合实践和育人活动以体验、互动和情境融入的模式展开,激发学生的好奇心、探索欲和求知欲,从而习得知识、形成技能,进而促进人格升华,提升综合素养。

2.研学旅行营地是研学旅行实施的依托

中小学研学旅行是一种利用社会资源开展的教育活动,研学旅行营地成为中小学研学课程实施的依托。综合实践教育基地和研学营地课程是对学校教育的延伸,通过校外综合实践摸索育人经验,是素质教育的重要手段和有效补充。

3.研学旅行营地是能力训练的平台

在研学旅行营地教育中,参与者开展体验式和互动式学习,通过体验、交流和探究,借助研学营地空间和资源进行创造性和自主性活动,培训和展示个人的分析能力、思考能力、判断能力和表达能力。参与者在营地进行集体生活,有机会开展更多未知的生活体验和社交体验,了解社会,学会生活,提高综合素养。

4. 研学旅行营地是开展合作探究的场域

学生进入研学旅行营地,身心即融入一定的历史文化、自然生态、社会场景中,走进真实完整的生活世界,开展集体体验和合作式探究活动。通过小组活动和伙伴关系深入探讨,与活态、真实的自然、历史景观和社会人文景观进行对话,在观察、探究和交流碰撞的过程中,感知历史发展进程,感受丰富多彩的生活世界,深化对书本知识的理解,探求自然规律和社会发展规律,建构自我知识并充分自由表达,全面提升参与者的综合素养和能力。

三、研学旅行营地功能和类别

(一)研学旅行营地功能定位

学生在研学旅行营地开展各项活动,是参与者以文化求知、社会实践和休闲娱乐为需求,离开常住地,前往具有暂时性与异域性的地方进行探究性、体验式、情景式和休闲启蒙为目的的专项教育活动。因此,理想的研学旅行营地不仅要满足外出旅行基本的食、住、行、游等基本条件,更要满足教育、体验、审美等高层次需求,具有教育、旅行、求知、审美等多种功能。

研学营地是一种生活教育空间。研学营地不是高墙内的学校,相反,营地生活、互动交流和学习探索是摆脱工厂化教学模式的束缚,摆脱刻板与压抑,从而释放身心自由的空间。人作为生活的主体,其价值和意义需要回归到生活世界、自然世界中去探寻,要在旅行中发掘人的潜力,找寻人存在的意义和价值。营地研学游为参与者提供了不同于日常的生活场景,有了体验不同地区、不同国家的文化的机会。

研学营地是一种休闲娱乐空间。研学旅行营地不是教室和课堂,不是被动式教学的场所,而是通过各种放松身心的课程与活动对参与者进行休闲方式、旅游行为及常识的教育和引导,让参与者得到放松,体验释压的美好,享受身心愉悦的自由状态。

研学营地是一种独特体验空间。它摆脱了传统教育的模式化与功利性,注重人的身心健康和全面发展,学习和求知不再是充满压力的功利主义结果,而是人发乎本性的求知欲、好奇心、审美情趣和体验自然和社会的自然释放,在一个自由和宽松的空间,以情境创设为方法,让参与者通过探究、实践或观光等方式获得体验和成长,同时在知识、情感、技能、态度及经验上得到拓展与收获,实现人的自我价值和生命质量的升华。

(二)研学旅行营地的类别

随着社会的不断发展进步,对于创新性研学旅行的需求愈发增加,为了满足市场的专业化需求,根据资源禀赋,开发具有区域性特色的研学旅游营地,对已有资源进行整合、规划和分类,扬长避短,并根据营地研学旅行的要求进行合理高效的利用,不断创新和优化营地的内容,以提高参与者良好体验感为依归。

1.历史文化遗迹类

历史是人类创造和积累的智慧遗产,是一种特殊资源,不会被其他资源所轻易取代。历史文化类研学往往依托物理形式体现,包括传统建筑、具有独特的地质风貌和人类活动的遗址、遗物等,如成都三国遗迹、南京六朝古都遗址、西安秦始皇陵兵马俑,以及北京长城、故宫等,这类基地也包括具有独特地域特色的无形文化资源,包括各种语言文字、图腾、艺术表演形式、地理特色、民风民俗、礼仪、古代科技和经济发展状况等。

2.自然生态类

自然生态类是指依托山岳、水体、动物、植物、气候等自然景观和自然现象类自然资源而形成的风景区、自然保护区、野生动物保护区等。

3.国情教育类

国情教育类是指以国家科技、国防、工业、农业、民生等发展为重点展示的基地,使参与者在进行研学旅行后,主动关注及了解国家战略发展,产生国家认同信念。如火箭基地、红色教育基地等。

4.休闲体验类

休闲体验类是指有休闲娱乐功能并具有独特体验价值和丰富的感染力,能激发参与者全身心投入的兴趣和驱动,使空间场景与人的愉悦感充分交融。如迪士尼乐园、方特乐园、拓展基地、动物园等。

案例链接

国外经典营地类型
美国冠军营地

1.概况

冠军营地创建于1967年,位于美国得克萨斯州首府奥斯汀市附近,占地100英亩。冠军营地的活动项目超过40项。冠军营地设有多栋单层大型木屋式宿舍,分为男生宿舍区及女生宿舍区,内设大型客厅及活动场所。宿舍按年龄和年级来划分,每个床位都有唯一的编码,床位抓阄分配。

2.可借鉴的经验

(1)独特的营地文化。

致力于给青少年提供休闲户外活动,并在独立生活和学习新技能时重新认识自己,成为自己的冠军。冠军营地也把营地传统4R理念融入各项活动中。responsibility责任感,respect尊重彼此、周围的环境以及自己,reasonable risk鼓励合理的冒险,reaching out鼓励孩子们彼此帮助及鼓励。

Note

(2)丰富精彩的活动。

冠军营地提供超过 40 种活动项目。每天 16 个小时的活动安排,丰富而精彩。活动分为四类:水上运动、体育活动、艺术手工、户外游戏。包括帆船、滑水、水滑梯、篮球、网球、瑜伽、赛车、射箭、音乐、跳舞等。

(3)优秀的营地导师团队。

这里拥有全美最优秀的营地导师团队,营地始终坚持通过三个方面保证团队质量:聘用美国知名大学中最优秀的人才;提供业内时间最长最全面的导师培训;对于营地导师坚持更高标准和更严要求。

(4)导师定时沟通,记录孩子点滴进步。

行前沟通并了解营员特点;平台更新每日的活动情况;定时推送营员的活动照片;记录营员学习进展和成果;营员专属精美活动纪念册;营员适应营地时,导师将提供及时的指导和帮助。

(5)七重保障,保证孩子安全。

①行前培训:营员安全知识、营地相关信息培训。

②精选营地:符合国际营地协会的安全规范要求。

③启行导师:全程以最专业的态度陪伴营员左右。

④专业指导:由富有青少年培训经验的导师指导。

⑤多重保险:国际旅行安全险,医疗交通全覆盖。

⑥出行安全:特别选择全球安全度高的航空公司。

⑦接机服务:营地专业、安全贴心的接送机服务。

俄罗斯阿泰克营地

俄罗斯阿泰克营地成立于 1925 年,占地 218 公顷,拥有 7 公里的海岸线,可同时容纳 2200—3500 人,是世界上最大的营地,并于 2000 年被评为"最佳营地"。该营地不同营区间各有特点、风格多样,因地制宜提供不一样的课程体验,营区分享共同设施与服务。营地从各方面贯穿军事化的管理模式、关爱自然的设计理念,对爱国理念及历史的重视,在无形中影响着学生。

营地拥有十个营区,每个营区的主题风格各具特色,且每个营区都拥有独立的住宿、餐厅及配套设施。在阿泰克营地,每个营区都拥有自己的一片海滩,由于处于地中海气候,温暖湿润,在一年 365 天里,117 天可以下海游泳。

阿泰克营地每年有 15 个主题营期,每个营期持续 21 天。阿泰克营地的课程除了一般的运动、团队活动之外,还系统性地将培养青少年的爱国主义情怀、尊重生命的意义、探索世界的奥秘等内容加入课程中去。另外,该营地的营员选拔非常严谨,要严格遵循素质要求和选拔程序,孩子们要提前通过网络提交申请,由营地系统严格筛选。因此,能够进入阿泰克营地的孩子,都是音乐、舞蹈、科技、学习等不同领域的佼佼者。营地 365 天全年运营,孩子们的费用由联邦政府财政部门统一拨款。

日本 Whole Earth 自然学校

1.概况

该学校成立于 1982 年,已有四十年发展历史,目前在日本 7 个地方设有分校或姊妹校,共有专职人员 40 余人,此外还有许多志愿者与兼职人员为学校工作。每年,约有 80000 名日本人付费参加这所自然学校的各类活动。作为日本最大并且是最早建立的自然学校,Whole Earth 自然学校以多样的体验自然活动、社会实践活动将人与人、人与自然、人与社会连接了起来。Whole Earth 自然学校本部在富士山山脚下,由 NPO Whole Earth 研究所与 Whole Earth 公司两部分组成,同时,Whole Earth 自然学校以其成功的发展模式也为众多自然教育从业者提供了学习借鉴的经验。

2. 主要活动

(1)体验自然项目。

为范围广泛的儿童提供体验自然型环境教育课程,单单富士山总校就有 100 多种项目。比如针对个人,他们会开展远足、生态旅游、亲子野营等活动。针对团体的课程则有食品制作、户外体验学习等。学生们可以在室内课程中学习如何制作奶酪、如何纺线和染布等。在室外课程中,学生们则可以参加观星、登山、洞窟探险等活动,还可以学习野外急救知识等。丰富多彩的自然体验活动让寂静的山村也活跃起来,变得生机勃勃。

(2)指导员培训。

开展自然学校生活、自然体验活动以及环境教育指导的培训讲座,包括专业培训(寄宿制,为期一年)和业余培训(单项课程)两种类型。

(3)地区振兴。

农村和山村的活性化、乡村建设、地区间交流据点建设、地区协调人的培养等,在全国各地都留下了丰硕的活动成果。

(4)生态旅游研究。

以“生态旅游学办公室”为中心,除了担任环境省的“生态旅游促进会议”委员之外,还帮助各生态旅游发展地区建立制度和框架。

(5)企业 CSR 支援。

在 21 世纪的企业战略中“环境经营”是不可或缺的,作为整体性的专业机构,自然学校为企业的 CSR 项目提供从企划到实践的全方位支援。

(6)国际协力。

“国际办公室”平均每年实施 20 项由日本国际协力组织 JICA 委托的事业,接受海外旅行者,同时还培养英语翻译。

(7)灾害救援。

自然学校的代表广濑敏通曾经在 20 世纪 70 年代末柬埔寨内战时开展了救援活动,在这些经验的基础上,设置了“危机管理办公室”,致力于对灾害以及战乱中弱者的救援。

(8)受托业务。

不但独自开展自然体验项目、指导员培训、生态旅游研究和国际协力等业务,还接受中央及地方政府和企业团体的委托开展项目。

3. 可借鉴的经验

(1)深耕“在地体验”和“感性教育”的理念。

“在地”,就是扎根所在地区的生态地理、人文生活环境,日本自然学校将当地各种环境的特点和要素结合起来，把这些要素设计转换成教育活动课程，形成了具有当地特点的活动。

日本的自然教育最大特点就是通过体验来实践，活动方式绝不是"传递知识和信息"，而是让参与者充分使用五官，与他人共同参与和体验。想方设法让参加者的"感性"受到触动，学会关注他人，学会与他人沟通，从而拓宽视野，提高参加者的"共感能力""思考判断能力"以及"动手行动的能力"。

（2）把社会课题作为设计活动课程的要点和素材。

自然学校对所在地区的各种社会问题非常敏感，并愿意下功夫，获得当地居民、企业、行政机构等的支持，大家一起参与设计课程，进行跨界合作。比如针对老龄化的社会课题，他们会设计"徒步健行"活动；对于没人管理的山林、竹林，他们会设计间伐和制作竹制品、木制品的课程；针对外国游客增加的问题，他们会与当地人一起摸索适合外国游客体验的活动内容。他们为"在意当地发展"的很多有心人提供了共同讨论、思考、实践的机会。

（3）课程内容、形式及课程对象多样化。

日本自然学校的教育内容往往不单单是自然教育，还有野外生存相关教育，环保，团队团建培训，针对残障人士（青少年）的心理、生活辅助等；课程形式多样化使得自然教育的课程产品体系丰富，更具有吸引力，作为一种教育而不止于或不局限于传统教育。

日本自然教育面向的对象不只是最常见的青少年，同时还包括教师、企业、一些其他组织以及青少年家长，全社会覆盖的展开自然教育，这也体现日本自然教育在全国范围的广度非常大，社会接受度高。

（4）学以致用，组织志愿者团队。

灾害救援是众多自然学校都会有的教学内容，但日本的自然学校会将自然学校的营员组织起来，组成灾害救援志愿者团队，当灾害发生时，组织这些志愿者们进行灾害救援，这种形式既能够将教育应用于实践，同时在灾害发生时使能够发动的社会力量变大，也减少了非专业志愿者在救援过程中发生意外的概率。

瑞士 LesElfes 营地

LesElfes 营地是位于瑞士阿尔卑斯山的高山雪原营地。在冬季，营地所在地区是全球著名的滑雪度假胜地，许多知名人士如英国的哈里王子、比利时和丹麦的皇室成员都曾到访过该营地。LesElfes 营地最大的特色就是"化"，营地运行几十年，每年有来自全球 70 个国家超过 5000 名孩子参加营地活动。每一期营会都有来自 30—40 个国家的孩子，是当之无愧的最有"范儿"的营地。

营地一年分三季运营，分别为春季、夏季和冬季，课程内容丰富多彩，会根据入营孩子的年龄段来安排不同的课程及活动。营地还有众多语言课程可供选择，每周有8 小时的课程，结课后学生们还可以获得相关证书。

LesElfes 营地的导师来自全球各地，所有导师都必须经过严格的培训，营地师生比例为 1∶2。LesElfes 营地拥有完善的安全管理体系，制定了一整套的安全操作流程以确保在营学生的安全。

第二节　研学旅行营地的建设

一、建设基础

(一)硬件基础

研学旅行营地的中长期科学规划是营地建设、运营和可持续发展的根本要求。

其一,在空间设计上,住宿、餐饮、室内研学场地、室外研学场地、配套空间在容纳量方面要进行仔细审量,包括预计占地面积、住宿床位、餐厅饭堂等。

其二,基地相关的设施设备在硬件数量及质量上必须做出合理筹划,基地内水、电、暖、通信、无线网络等基础设施设备条件要齐备,还要有相应的旅行接待设施、配套设施、安保设施,以保障营地的运营要求。不同区域、不同基地形态,所需合理的数量标准及计算方式要符合当地行政管理部门的行业标准,符合研学活动的实际需求。

(二)经费保障

充足的资金支持和科学的经费预算是研学地营地启动开办、维持日常运营、长期健康发展的根本保障,这充分体现在基地营地的软硬件建设和运营管理中。营地基础设施建设、室内外研学活动相关的设施设备、研学专业人员队伍建设、研学营地课程建设、品牌建设、对外宣传和市场营销都需要在经费上进行持续的资本投入。

(三)人力资源基础

研学营地要有完整的人力资源配套,才能保障各项活动顺利实施和开展。

人力资源基础包括:

(1)课程与行程专业设计者,他们了解参与者的需求,设计与研学旅行基地相匹配的课程主题、学习方法、活动模式;

(2)有生活导师,他们在活动过程中会营造活动气氛,协助参与者完成课程任务成果或口头表达分享;

(3)有专业导师或教练,随时观察参与者的行为和特点,关注参与者安全状况,面对受伤状况具备基本的处理能力,对于突发状况能有基本应变及反应能力,具备某项专业的素质;

(4)有后勤保障工作人员,他们了解课程,负责进行物资准备,对人员调度安排,各个流程项目的沟通协调,对紧急状况做应变处置,还擅长拟定备用方案。

(四)安保措施保障

严格的规章制度和科学的管理措施是研学营地良性发展的保障。

首先,管理制度健全,营地要设有一套涵盖旅游、行政、人员安全管理的制度措施,同时要配备专门的医务、消防等后勤人员;其次,对研学旅游实践教育各项活动有应急措施预案,实行应急处理专人负责制,保障内外部信息通畅;最后,在营地可能含有安全隐患的地方设立专员进行监督和看管,并设立醒目的安全指示标记牌,消防室、医务室、休息室等要设置在基地中心域,保证以最快速度响应全区安全事故救援行动。

二、建设的基本原则

教育部等 11 部门《关于推进中小学生研学旅行的意见》明确要求,研学旅行要坚持教育性原则、实践性原则、安全性原则和公益性原则。作为研学旅行的空间场所,营地必然要遵循研学旅行的基本原则,同时还因时间、空间和文化的差异而具有自身的地域性和独特性。

(一)教育性原则

研学旅行要围绕育人这个中心,结合学生的身心特点、接受能力和实际需要,注重系统性、知识性、科学性和趣味性,为学生全面发展提供良好的成长空间。

(二)实践性原则

研学旅行是摆脱惯常的学校环境,走进大自然,走进社会,在集体旅行的场景下实现个人成长,因此要提供与学生日常生活不同的环境,以实现研学活动开拓视野、丰富知识、了解社会、亲近自然、参与体验的目的。

(三)安全性原则

研学旅行主体的特殊性和活动空间的广泛性决定了研学旅行基地营地应坚持安全第一,建立安全保障机制,明确安全保障责任,落实安全保障措施,确保学生安全。

(四)公益性原则

鉴于研学旅行学生主体的特点和教育的公益性特征,根据研学旅行的相关规定,研学旅行"不得开展以营利为目的的经营性创收",因此研学旅行应把社会效益放在首位,还要对不同年龄段的学生特别是贫困家庭学生实行优惠和减免政策。

(五)独特性原则

研学营地应因地制宜,呈现地域特色,挖掘具有地域特色的研学旅行资源,设计新颖独特的研学课程,采用与课堂教学完全不同的教育方法和手段,着重体现研学旅行体验式、互动式和沉浸式的教育特点。

三、建设的主要内容

目前,营地的建设主要围绕选址、基础设施、研学课程、安全管理、专业人员、配套设

Note

施设备等要素展开。

(一)选址

(1)基础设施建设质量高,交通区位优越,外部交通可进入性良好,大巴车能直达,附近有二甲以上医院。

(2)营地周边拥有其他不同主题研学旅游资源,能连成研学旅游线路。场地空间,能同时接待一定数量的研学旅行者。

(3)营地资源状况好,应具备核心研学资源且该类资源具有一定教育价值,包括但不限于自然类、历史类、地理类、科技类、人文类、体验类等。以本土乡村自然、人文、产业等资源为载体开发运营的营地,能惠及农村地区研学旅行者并充分展示乡土乡情。

(4)安全性高,潜在自然灾害、各类污染、社会安全风险危害可能性低,具备高效、可靠的紧急救援条件。

(二)硬件建设

1.教育设施建设

自然遗产教育设施、文化遗产教育设施、景观教育设施和科普教育设施建设要符合团队数量和质量的要求,研学旅行的互动性、体验性和情境性实现要达标;设置有研学旅行教学、实验、实践及休整的专门区域,且对研学旅行者开放。有室内及室外场所,并有专门的研学旅行活动空间,包含但不限于室内活动室、会议室、运动空间、开阔草地或平地。各功能空间布局合理,游览动线设计上能与研学课程内容基本一致。

2.住宿场所建设

具备能同时接待批量研学旅行者的床位,卫生、安全、设施等条件符合国家相关标准,并配备专门的管理人员进行安保、清洁、巡查、管理工作。

3.餐饮场所建设

具备能同时接待批量研学旅行者集中用餐的就餐场所,且卫生、安全、设施等条件符合国家相关标准,菜品丰富且营养。

4.游览设施设备建设

讲解设施、展陈设施、体验设施和导览设施设备齐全,质量高。应设置全景图、引导图、标识牌、介绍牌、指引牌等引导标识,在危险地段、安全通道设置警示标识,且标识设施设计应契合研学旅游主题。内部配备停车场,布局适宜且容量合理,停车引导标识及停车服务规范。

5.配套设施设备建设

设计安置了数量适宜且节点合理的休憩场所、卫生间及垃圾桶。垃圾箱及卫生间布局合理且数量适宜,引导标识醒目美观,垃圾箱分类设置。应配置数量适宜的休息座椅及遮阴避雨的相应设施。

（三）软件建设

1.课程研发

拥有研学营地自主研发的研学课程,且拥有本营地的特色研学课程,其中本土文化研学课程在总研学课程总数中占有一定比例,突出课程的地方特色。

2.人员配置

配备一定数量的专职研学旅行导师,课程设计和规划人员、安员、后勤人员、医疗救护人员,并设置专门的研学项目运营管理部门,配备专职人员,各岗位人员与研学者的人员科学合理配比。每年定期组织人员进行业务培训,提高人员素质。

3.品牌推广

拥有专属的研学旅游品牌IP形象,相关的人物、主题、故事和场景能与品牌互动。

4.信息服务

设置微信公众号或网站等线上信息服务平台,提供基础资料、课程产品、服务内容、投诉建议等信息的展示与沟通途径。

5.生态环保

有相关部门批准通过的研学旅行中长期规划文件,研学旅游开发建设项目符合规划要求。有科学手段和有效措施预防研学旅行活动所产生的自然和人为破坏,研学旅行活动的集中人数不能超过承载的最大量。

第三节　研学旅行营地的运营管理

一、内外部协同管理

（一）内部运营架构

研学营地的运营管理要建立明确的运营架构,包括课程开发、人员培训、市场营销、风险管理、售后服务等完整的流程,并建立各个环节的管理制度;同时要根据管理制度形成完整的操作规范,加强各部门的协同合作能力。

（二）资源配置

对研学旅行营地所拥有的研学资源体系进行优化配置,是营地项目运营成功的关键。这一资源体系包括研学营地教育空间资源、课程内容和产品资源、人力资源、基础的设施设备资源,拥有不断提升和完善的发展空间,并可将周边的研学动线资源等纳入研学线路课程中,设计符合不同年龄阶段参与者需求的内容,最大限度地满足市场需求,做到资源与营地条件相匹配。

（三）外部协同机制

研学旅行营地要以健康和可持续发展为目标，与教育、文旅等相关行政管理部门建立良好政策沟通机制，做到信息通畅，政策透明，关系和谐；要与公办和私立学校、家委会、研学机构、民办教育机构等客源市场主体建立良好的互动关系，形成研学旅行营地稳固的市场来源；还要与旅行社、汽车租赁公司、保险公司、酒店等外部供应商建立共生的合作伙伴关系，保障研学旅行营地业务顺利开展。

二、运营管理

（一）业务管理

应设置研学旅行活动专业管理部门，配置专职人员，负责研学旅行活动业务的承接与执行。还要制定一套行之有效的研学旅行活动工作管理制度及业务考评制度。注重研学活动全流程管理，每场研学旅行活动需签订服务合同，明确服务内容、服务人员、服务价格及双方的责任划分。研学旅行营地要制定科学的财务管理制度和模式，保证经营收益良好，账户运营经费充足。

（二）安全管理

制定研学旅行活动全流程安全管理制度和应急措施预案，要求岗位分工及责任界定明确。建立内部救援体系，包括但不限于救援引导标牌、救援电话等。消防器材放置位置醒目，每个月定期检验、维修，保持完好有效，并留存检修档案。每个月定期组织人员安全教育培训及应对突发事件演练。配置专职的安保人员，开展24小时巡查工作。制度化购买基地（营地）责任险、研学旅行者意外险等必要险种，且保额不应过低。

（三）质量管理

制定研学旅行服务质量管理制度，在可控状态下提供安全、卫生、规范、诚信、有序、高效的服务。应设立投诉通道并对外公布，包括但不限于发放电子游客调查问卷、投诉专线电话等。设置专人负责质量信息的收集、处理、记录、汇总、反馈，并形成档案，完整保存。及时处理投诉事件，并将处理结果和方案对外公示，持续改进服务质量。

（四）品牌管理

研学旅行营地应设计和拥有专属的研学旅行品牌动漫拟人化IP形象，形象可爱，辨识度高，与自身研学旅游核心资源特色相契合。品牌VI视觉形象统一应用到研学旅行营地内的标识标牌和研学旅行教辅用品中，并设计开发衍生文创产品。以品牌IP形象作为对外推广宣传的核心形象，并积极和其他研学旅行营地进行合作联动。

(五)市场管理

研学旅行营地要注重对市场的关注度和敏感度,用高质量的课程内容、优质的服务,适应市场主体灵活机动的营销策略和多种公益活动,树立自身优秀的品牌形象,获得较好的知名度、美誉度和满意度。

研学旅行营地要做到课程内容丰富,质量高,产品及价格设置合理,社会评价满意度良好。销售渠道多元,促销模式丰富,售后服务周到,这样才能取得较好的口碑。结合不同地市的特点和需求,制定相关的市场宣传和推广策略。除了电视营销、网络营销、公共关系营销、纸媒营销等传统营销方式外,可通过 App 开发、邮件投递、搜索引擎竞价等多重构建,形成多渠道、多层面的全面营销体系,促进客群的快速增长。还可通过研学旅行进校园、研学旅行大会、交流会等多种多样的模式提高市场知名度和占有率。

秉持研学旅行活动公益性的目标,实行多种优惠和减免政策,传播美誉度和信任度。有特殊人群的门票减免政策,如贫困家庭中小学生、偏远地区学校团体等。还可设立"公众开放日",让更多的游客能了解、体验研学旅行营地活动和营地教育理念,开放日需匹配相应的优惠政策。

三、服务管理

(一)教学服务

研学旅行营地应拥有自主研发研学课程的能力,研学旅行课程要适用于不同年龄段及不同类型人群。研学旅行课程开发设计要遵循"宜学宜游"的原则,充分契合研学旅行营地的品牌内涵,以收获知识为活动目标、以游览体验为具体形式,真正做到知行合一,旅行与教育融合。研学旅行课程内容要本土化、融合化、层级化,要拥有体现营地自身资源特色的研学课程。研学旅行课程体系要模块化、序列化地整体规划,课程主题模块要多样化,使研学旅行者能由浅至深、循序渐进、系统全面地学习和深度体验。研学旅行课程授课形式应注重体验感、参与感和获得感,特别是要设置动手实践的部分,深度发掘个人潜力,拓展智力,实现自身价值。

研学旅行营地要配备专职的研学旅行导师,他们应掌握研学旅行及教育教学的相关专业知识,具有一定的工作经验,并取得相关执业资格证书。研学旅行课程须配备相应的导师手册、课程手册等研学教辅用品,能结合不同类型的研学旅行人群,具体应用于实际的研学旅行活动中。结合研学旅行课程情景、时空,设计相应的研学旅行场景、服饰、背景音乐等,让研学旅行者沉浸式研学,体现"全景课堂"的理念目标。

配置智能设备辅助研学旅行者查询了解相关研学知识信息,包括但不限于多媒体设备、智能化设施、自动化设备、实景演绎和 VR、AR 展览展示技术等。开放空间需配置研学课程讲解耳麦,使每一位研学旅行者可以准确接收研学旅行导师的讲解内容。

(二)住宿和餐饮服务

研学旅行营地能同时容纳一定数量的人员住宿,房间配置床铺、床上用品、储存柜、洗浴设施等,且配置了突发情况预警装置,能全面覆盖住宿区域人员。配置专职宿舍管理人员,24 小时轮值,并进行宿舍巡查工作,野(室)外露营、搭建帐篷等管理规定应当结合资源与环境保护、安全及研学旅行的合理需求,统筹考虑。

餐饮设施齐全且空间布局合理,能同时容纳一定数量人员就餐,保证有序取餐、舒适用餐,并及时回收餐具残渣等。传递生态环保理念,禁止使用不可降解的一次性餐具。餐饮食材需新鲜采购,食材处理需干净卫生。菜品荤素搭配、营养合理,并结合自身资源特色开发特色餐饮美食研学活动,提高营员的参与度,将研学旅行贯穿到全景全过程中,展现"全景课堂"无处不在的吸引力。餐厅应合理划分不同类型的餐饮服务区,包括但不限于团队用餐区、散客点餐区等,以满足研学旅游团队用餐便捷性。餐厅服务人员应持健康证上岗,且按餐饮服务规定,进行衣帽用品的穿着佩戴。

(三)内部交通服务

研学旅行营地内部道路动线设计应与研学课程内容线路相配合,以更好地服务研学旅游活动。内部道路按需求配备绿色环保型交通接驳工具,且线路站点科学合理。道路标识标牌应科学合理,在危险路段及区域要有醒目的警示告知。交通服务人员应持证上岗,且从业年限不低于 1 年。

(四)信息服务

研学旅行营地须提供视频监控系统,在出入口、聚集区、主要教学点位设置摄像头,做好安防监测,监控影像资料需至少保留 30 天。应提供微信公众号、网站、App 等线上信息服务平台,便于公众进行信息查询与反馈。应配备学习信息采集设备及线上服务平台,如智能闸机、研学互动设备、线上应用程序等,便于统计与反馈研学旅行活动信息。提供电视、电子屏等方式及时向研学旅行者提供雨雪、雷电、紫外线指数及灾害性天气预警等气象信息服务,研学旅行营地则需提供餐厅食品操作间画面同步展示信息。

(五)医疗救助服务

研学旅行营地应设立医务室,并配备常用的医疗设施设备、医疗救护药品器具。根据自身环境特点如山地型、水体型等,配置专用的医疗救援设备。配备专职医护人员或持有红十字会颁发急救证的专职人员。

> **本章小结**
>
> 通过对研学旅行营地的内涵、建设和运营管理的梳理和认识,了解研学旅行营地的概念、特征、功能和分类,熟悉研学旅行营地的建设规范和依据、基本原则和主要内容,掌握研学旅行营地配套课程开发、市场营销和服务管理知识,以期达到对研学旅行的正确认识和理解,同时对世界主要国家研学旅行营地教育案例进行对比分析,学习和借鉴其丰富的经验。

课后训练

1. 中国的研学旅行与欧美的营地教育有何异同点？
2. 研学旅行营地有哪些分类方法？
3. 红色研学旅行营地的建设内容有哪些？
4. 试论述农事体验研学旅行营地的安全管理。
5. 请设计美食研学旅行营地的品牌管理方案。

第七章
研学旅行工作人员

思维
导图

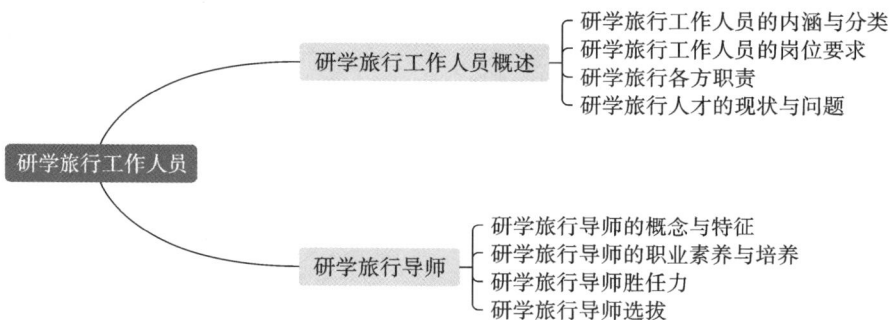

研学旅行工作人员概述
  研学旅行工作人员的内涵与分类
  研学旅行工作人员的岗位要求
  研学旅行各方职责
  研学旅行人才的现状与问题

研学旅行工作人员

研学旅行导师
  研学旅行导师的概念与特征
  研学旅行导师的职业素养与培养
  研学旅行导师胜任力
  研学旅行导师选拔

学习
重点

(1)研学旅行工作人员的内涵与分类。
(2)研学旅行工作人员的岗位要求。
(3)研学旅行导师的内涵与特征。
(4)研学旅行导师职业素养与培养。
(5)研学旅行导师选拔。

案例
导入

《关于推进中小学生研学旅行的意见》中指出:"中小学生研学旅行是由教育部门

和学校有计划地组织安排,通过集体旅行、集中食宿方式开展的研究性学习和旅行体验相结合的校外教育活动,是学校教育和校外教育衔接的创新形式,是教育教学的重要内容,是综合实践育人的有效途径。"

由此可见,研学旅行并不是一般意义上的旅游行为。作为教育部门和学校有计划有组织安排的教育活动,它不仅仅是一种综合实践活动课程,也是一种研究性与体验性相结合的学习,更是以学习共同体的方式开展的集体性学习活动。在旅行中研究,走向社会、走进自然,在社会和大自然等课堂里面学习;在行动中探索,在实践中获得真知的教育形式。

随着研学旅行兴起,学校、家长针对研学旅行将会提出更高的服务要求与服务标准。作为服务研学旅行的工作者,其职业素养与职业技能就显得极为重要。

分析思考:

研学旅行的工作人员都有哪些呢?在研学旅行团队中是什么样的角色?应该发挥什么样的作用?要具备哪些基本素养?市场对研学人才的需求如何?

第一节　研学旅行工作人员概述

一、研学旅行工作人员的内涵与分类

(一)研学旅行工作人员的内涵

研学旅行工作人员是伴随研学旅行发展产生的一个新兴概念。从广义的范围讲,研学旅行工作人员是为研学旅行提供服务的工作者;从狭义的范围讲,研学旅行工作人员是指引导学生学习的教师和保障学生安全的工作人员。

研学旅行作为新兴跨界旅游产品,不同于传统的旅游活动,是旅游体验结合教育的活动,并且服务对象、方式、内容都具有群体教育特性的差异。

研学旅行的服务对象以中小学生为主体,以集体旅行生活为载体,服务主题以体验式教育、研究性学习为主导,服务项目涵盖制定研学旅行教育方案、实施教育服务项目、交通服务、住宿服务、餐饮服务、导师讲解、安全管理、服务改进、投诉处理;讲解内容围绕研学课程目标对相关知识点和实操技能的教授,以及研学基地专项知识的讲解,引导学生探究式完成课程内容;要求执业资格,须考取研学旅行导师资格证,研学旅行导师与导游资格证不一样,还需要获得教师资格证。

研学旅行以提升学生素质为教学目的,依托研学营地等社会资源,进行体验式教育和研究性学习的一种教育旅游活动;研学旅行工作人员是为研学旅行活动提供服务的,是保障研学旅行顺利开展的关键。总而言之,研学旅行工作人员内涵较之于导游而言,更广更深,不仅要求具备导游服务技能,还应掌握教师教育教学的技能。

Note

(二)研学旅行工作人员的分类

1.按承担角色分

按照研学旅行工作的承担角色,可以将其工作人员分为主办方(学校)、承办方、供应方、保障方。

1)主办方

研学活动的主办方是指明确研学旅行主题和教育目的的研学旅行活动组织方。

2)承办方

承办方指与研学旅行活动主办方签订合同,提供教育旅游服务的旅行社或研学旅行专业机构。

3)供应方

供应方指与研学旅行活动承办方签订合同,提供旅游地接、交通、住宿、餐饮等服务的机构。

4)保障方

保障方指与研学旅行活动承办方签订合同或按照法定义务,提供风险保障的机构。如保险公司,以及活动所在地的医院、派出所、交警部门。

2.按工作服务内容分

按照研学旅行工作服务的内容,可以将其工作人员分为组织领导者、研学旅行导师、安全管理员、随团医生、志愿者等。

二、研学旅行工作人员的岗位要求

(一)研学旅行工作人员的行业标准

1.政府部门制定的地方标准

2018年9月,武汉市旅发委和武汉市教育局联合发布了《武汉市中小学生研学旅行标准》,其中第三部分:导师评定与服务规范,规定了研学旅行导师服务的术语和定义等,从研学旅行导师资质、职业规范、专业素养、研学服务内容及管理机构对研学旅行导师的评价与激励等方面进行规范。将研学旅行导师分为中小学研学旅行导师、服务机构研学旅行导师和基(营)地研学旅行导师三类,并在评定细则中根据得分值将研学旅行导师分为初、中、高三级。

2019年,文化和旅游部人才中心根据《关于分类推进人才评价机制改革的指导意见》,以研学旅行指导师职业为试点,要求有序做好文化和旅游行业职业能力等级评价基础性工作,并于同年9月发布研学旅行指导师职业能力等级评价标准,对研学旅行专门人才提出了"研学旅行指导师"(study travel tutor)这一新的称谓,研学旅行指导师是指策划、制定或实施研学旅行课程方案,在研学旅行过程中组织和指导中小学学生开展各类研究学习和体验活动的专业人员。

2.社会组织或科研院所制定的团体标准

2019年2月,中国旅行社协会颁布了团体标准《研学旅行指导师(中小学)专业标准》,从专业态度、专业知识、专业能力、持续发展等方面,对研学旅行指导师专业素养提出了基本要求。2019年1月,北京师范大学与中国教育发展战略学会联合颁布团体标准《研学导师能力评价》,2018年10月,北京师范大学教育服务标准与认证研究中心揭牌,研究中心宣布正式启动研学旅行标准制定,同时亲子猫国际教育联合10家单位发起的中国研学旅行标准化服务联盟正式成立。北京海淀职业教育学院研学旅行导师培训中心发布《研学旅行导师和服务规范标准》,对研学导师专业素质的基本要求,是研学导师在研学旅行过程中组织实施教育教学行为、服务行为的规范。

3.企业制定的企业标准

2018年5月,北京中研国慧信息技术研究院有限公司颁布企业标准《研学导师能力评价》,从职业道德与专业资格、研学旅行过程实施与管理能力、研学旅行教学能力、研学旅行质量管理能力、研学导师能力评价等方面进行了规范。

2018年12月,北京中凯国际旅游股份有限公司企业标准《研学导师专业标准(中小学)》,对研学导师工作内容、岗位职责、基本素养(政治素养、师德素养、专业素养)等方面进行了规范。

2020年2月,亲子猫(北京)国际教育科技有限公司制定的《研学旅行策划与管理职业技能等级标准》纳入第三批1+X证书职业教育培训评价组织及职业技能等级证书,规定了研学旅行策划与管理职业技能等级对应的工作领域、工作任务及职业技能要求,适用于研学旅行策划与管理职业技能培训、考核与评价,相关用人单位的人员聘用、培训与考核可参照使用。配合教育部2019年高职专科研学旅行管理与服务专业设置,进入到系统化的专业人才培养领域。

(二)研学旅行工作人员的岗位要求

研学旅行工作人员一般有四个维度的准入门槛:教师资格、导游资格、户外拓展资格、安全救护资格。

1.岗位要求

(1)认识开展研学旅行的意义,热爱研学旅行事业,具有职业理想和敬业精神。

(2)认同研学旅行工作的专业性和独特性,注重自身专业发展,具有终身学习的意识。

(3)重视学生身心健康,将保护学生生命安全放在首位,促进学生的全面发展。

(4)注重人格魅力、学识魅力教育和感染学生,做学生健康成长的指导者和引路人。

2.岗位准则

(1)在研学旅行活动中,不得出现违背党的路线方针政策的言行,不得发表错误观点和编造散布虚假信息、不良信息,不得出现损害国家利益、社会公共利益或违背社会公序良俗的行为。

(2)遵守教师和导游的职业行为规范,品行端正,为人师表,身心健康,无传染性疾病,仪容仪表仪态及举止得体。

(3)精心制定和实施研学旅行课程方案,完成研学目标,确保安全,让学生拥有快乐、有意义的研学旅行生活。

(4)维护学生合法权益,尊重个体差异,平等对待每一位学生。不讽刺、不嘲笑、不歧视学生。

三、研学旅行各方职责

(一)主办方

1. 学校主管领导的职责

(1)负责组织制定学校研学旅行工作规程,制订研学旅行教学计划。

(2)制订研学旅行课程招标方案并组织实施招标工作。

(3)指导学校责任部门组建学校研学教师团队并实施相关培训。

(4)课程实施过程中密切联系各线路带队教师,跟进指导与调度,随时处理各种问题,负责突发事件相关应急预案的启动与处置指挥。

2. 学校领队的职责

(1)指导带队教师履行职责,协助带队教师处理学生管理和教学事务。

(2)与承办方的项目组长一起召开研学旅行导师的每日例会,调度安排教学事务,处理偶发事件。

(3)与学校领导保持联系,汇报每日工作。

(4)对突发性事件采取措施,适时启动应急预案。

(5)监督承办方的课程实施,保障学生和教师的合法权益和合同权益。

3. 带队教师的职责

(1)全程带领学生参与研学旅行各项活动,配合承办方的研学旅行导师开展课程实施工作。

(2)协助承办方研学旅行导师对学生进行日常管理。

(3)负责指导学生完成课后作业,并进行批改。

(4)协助承办方研学旅行导师做好相关服务工作,及时处理偶发事件。

(5)监督承办方履行义务,特别是监督各项保障工作的落实。

(6)评估承办方的课程实施能力,为课程评价提供依据。

4. 安全管理人员的职责

安全员应熟悉安全知识,调查研学旅行中的不安全因素并提出改进意见,在行前、行中做好充分的安全教育宣传和提醒工作,发生重伤以上事故时,应组织抢救、保护现场并及时上报事故情况。

(二)供应方人员

1. 供应方的地接导游

在实施跨省研学旅行课程时需要有地接导游配合研学课程实施。地接导游负责提供导游服务,并配合相关工作人员提供研学旅行教育服务和生活保障服务。此时地接导游应当协助承办方研学旅行导师实施与教学活动有关的相关职责,同时,还需要做好与当地相关部门和供应单位的协调工作。

2. 场馆和景点讲解员

按照场馆和景点规定的工作职责履行讲解义务,并根据研学旅行手册中的课程要求,在讲解过程中协助研学旅行导师对教学内容予以落实。

3.营地教练员

在各类户外教育营地组织开展拓展训练、团队活动，以及各类户外教育运动项目的训练、体验与学习时，营地教练员承担课程教学工作。

（三）承办方人员

1.承办方主管领导

（1）负责组织制定承办方研学旅行工作规程。

（2）组织参加学校研学旅行课程投标工作。

（3）制定研学旅行课程方案和组织研制研学旅行手册。

（4）组建中标线路课程研学旅行导师团队并实施相关培训。

（5）组织实施研学旅行线路考察。

（6）课程实施过程中密切联系各线路研学旅行导师，跟进指导与调度，随时处理各种问题，负责突发事件相关应急预案的启动与处置指挥。

2.承办方研学项目组长

（1）对供应方的工作进行调度，确保各项保障工作的有序落实。

（2）与承办方分管领导保持密切联系，及时汇报工作情况。

（3）召开每日例会，总结、调度每日工作。

（4）指导研学旅行导师实施课程，保证研学旅行的秩序和安全，确保课程实施效果。

（5）保持与主办方研学管理团队的有效沟通，做好各项服务工作。

（6）对突发性事件及时处理，适时启动应急预案。

3.承办方研学旅行导师

（1）全程带领学生参与研学旅行的各项活动，具体负责课程实施工作，落实每日教学计划。

（2）全面负责学生的日常管理。与供应方工作人员一起做好各项保障工作，对供应方的工作进行监督和评估。

（3）做好对主办方带队教师和学生的相关服务工作，及时处理偶发事件。

（4）熟悉线路课程，对地接导游和讲解员的课程讲解进行适当补充，确保课程内容的落实。

（5）熟悉应急预案，如遇突发性事件，及时采取应对措施并向项目组长汇报。启动应急预案时，严格按照工作流程履行职责。

（四）配套服务人员

1.随团医生

随团医生要负责旅行团队成员常见疾病的预防及治疗，对突发疾病、意外伤害进行紧急处理，对需要启动应急预案的情况为项目组长提供专业建议，并采取应急性救助措施。在课程实施过程中随团医生要对学生进行生命健康教育。

2.志愿者

研学旅行可以吸收一定数量的家长作为志愿者，为活动的顺利开展保驾护航。例如，石家庄市某小学把吸收责任心强的热心家长担任志愿者作为研学旅行的必备工作，该校每30名同学配备两位教师带队,再加上5到7名家长志愿者,共同保护学生安全。

3.其他人员

保险公司按照保险合同规定履行风险保障责任。研学旅行活动所在地的医院、派出所、交警部门根据法定义务履行相关职责。

四、研学旅行人才的现状与问题

随着经济收入的不断提高,人们对素质教育的重视不断加强,研学旅行的市场关注度也在逐渐升温,中小学生成为研学旅行重要的目标市场,是推动教育和旅游行业发展不可忽视的群体。教育部已经将研学旅行纳入了中小学生的教育改革规划中,研学旅行市场发展前景广阔,意味着市场对研学旅行人才的需求巨大。我国研学旅行发展尚处于初级阶段,存在着研学专业人才短缺等问题,这严重制约着我国研学旅行的持续健康发展。

(一)研学旅行人才现状

1.研学旅行相关的职业技能属于发展初期

研学旅行服务与管理专业对应全国研学旅行指导师职业技能和1+X研学旅行策划与管理职业技能。现阶段主要是通过中国旅行社协会、高校毕业生就业协会、全国研学旅行指导师认定委员会三方联合批准的全国研学旅行指导师培训基地举行的定期或不定期培训获得证书。接受培训的对象一般为大学专科及以上的高校毕业生以及旅游企业相关的人员,培训时间一般在一周以上,报名培训环节包括资料审核、课堂教学、课外实训、考试等。课程内容包含研学旅行相关政策与法规、研学旅行课程理论与设计、教育学综合、教育心理学等。目前被授予全国研学旅行指导师培训基地的只有4家,其中2家培训基地从2019年起各相继举行1—2次全国研学旅行指导师职业技能培训。

1+X研学旅行策划与管理职业技能于2020年3月份开始在全国各省市开始申报。研学旅行策划与管理职业技能按照等级进行划分,分为初级、中级、高级三个等级。根据不同等级职业要求,各高校可制定相应的人才培养方案,并鼓励学生获取更高等级的职业技能证书。

从长远规划来看,研学旅行导师作为一个新兴的职业,应该尽快列入国家职业大典之中,由人社部来进行资格认证和等级确定,指定培训标准,才能从根本上解决人才短缺和资格认证混乱的局面。

2.研学旅行专业建设属于起步阶段

2019年《普通高等学校高等职业教育(专科)专业目录》增补9个专业,新增"研学旅行管理与服务专业"。全国各大高职院校也于2019年陆续申报新增专业招生,部分学校于2020年开始启动招生工作。

(二)研学旅行人才面临的问题

1.专业人才缺口大

当前研学旅行业已进入蓬勃发展新时期,研学旅行已成为旅游界和教育界聚焦关注的热点领域。根据教育部相关数据,目前全国公办、民办在校符合研学旅行年龄段

（小学四至六年级，初一、初二，高一、高二）学生数量超过1亿。按教育部门等要求落实研学旅行，一学期开展一次，每年开展研学旅行的总天数平均按照6天算，每年研学旅行人数就超过6亿人/天·次。如果每一位研学旅行指导教师每次活动带20名学生，每年工作时间200天，按此计算，完成6亿人次的研学活动需要13万名专业研学旅行指导师。这些数据还不包括劳动教育、综合实践等必修课所涉及小学一、二、三年级，初中三年级和高中三年级学生。将这些年级的人数估算一下，至少还需要20余万专职实践教师方可满足基本需求。这个数据尚未将高校学生和成人参与研学所需的研学旅行导师数量计算在内。

研学旅行行业急需研学管理、服务与运营的高素质技能技术人才，要逐步将研学人才培养正规化、专业化、职业化，以满足研学旅行细分市场对"旅游＋教育"的跨学科复合型人才的新需求。

2.考核评价体系不健全

研学旅行以研学为主旨，以旅行为载体。研学旅行虽然纳入了教学计划，但目前研学旅行的考核评价体系不完整不健全，考核评价实施不规范，再加之各学校专业师资匮乏等方面条件的制约，容易出现研学旅行课程目标不明确，主题选择不清晰，运行形式不规范，导致学生缺乏学习的主动性和积极性，研学过程和结束后对研学的考核不系统不科学甚至不重视，使这一活动流于形式，出现"游而不学""学而不研"的现象。

第二节　研学旅行导师

一、研学旅行导师的概念与特征

（一）研学旅行导师的概念

2020年10月30日，由中国教育国际交流协会制定的中小学生研学旅行标准正式推出，这是全国首个从教育视角制定的关于研学旅行的系列标准，该标准的推出，为研学旅行行业的健康快速发展奠定了良好的政策基础和参考依据。

系列标准中，对研学旅行导师有了具体的准入标准和能力要求，也首次从教育的视角定义了研学旅行导师。

国内研学旅行导师：在研学旅行活动开展过程中，制定或实施研学旅行活动方案，指导学生开展各类研究学习、实践活动和教育教学的专业人员。

境外研学旅行导师：在中小学生境外研学旅行过程中，由供应方委派负责教育教学、文化交流、指导学生开展各类体验活动的专业人员。

2022年6月14日人社部公示了含研学旅行指导师在内的18个新职业。其中对研学旅行指导师的定义是：策划、制订、实施研学旅行方案，组织、指导开展研学体验活动的人员。

Note

随着研学旅行的发展变化,对研学旅行导师产生了不同的称谓,包括"研学导师""研学旅行指导师""研学旅行指导教师"等,本书在行文时主要采用"研学旅行导师"的称谓。

(二)研学旅行导师的特征

研学旅行导师和导游是完全不同的,研学旅行导师比导游的知识储备更加专业、精深和广博,更会组织活动。他们从事的是教育事业,还应该掌握教育学、心理学等学科的相关知识与技能,研学旅行具备的是教育职能而不是服务功能。研学旅行导师具有专业性和独特性的特点。

1. 专业性——核心职业素养

研学旅行指导师在完成岗位工作中所需要具备的专业知识和专业技能,研学旅行指导师作为既具有导游服务能力又具有教师教育教学实践水平的新兴职业人员,应该具备较高的教育、旅游方面的文化素养和课程设计、教学实施、组织协调、应急处置等能力。

2. 独特性——职业核心素养

在人们工作和生活中,独特性是除专业岗位能力之外要取得成功所必需的基本素养,它可以让人自信和成功地展示自己。

研学旅行指导师还应具有良好的思想素养、行为素养、人际沟通与团队合作素养、生涯规划的发展素养等。

二、研学旅行导师的职业素养与培养

(一)研学旅行导师的职业素养

研学旅行导师作为研学旅行活动过程中的主要执行者,研学旅行导师作为研学旅行活动计划的制订者与实施者,是一个综合型、全能型的职业,应具备开展研学旅行活动的身体和心理素质;应参与不少于 24 学时的岗前培训,包括师德师风、专业知识、专业能力等方面。

1. 研学旅行导师的职业道德

(1)热爱教育事业,具有职业理想,自觉遵守国家相关教育法律法规,践行社会主义核心价值体系。

(2)具有良好的职业道德修养,为人师表;具有团队合作精神,能积极开展协作与交流。

(3)关爱学生,尊重学生,保护学生安全;尊重学生独立人格,平等对待每一位学生,不讽刺、挖苦、歧视学生,不体罚学生或变相体罚学生;尊重学生个体差异,注重因材施教,满足不同学生的指导需求;信任学生,积极创造条件,促进学生的自主发展;富有爱心、责任心、耐心。

(4)衣着整洁得体,语言规范,举止文明礼貌。

2.研学旅行导师的职业知识

1)研学旅行知识

(1)掌握研学旅行政策法规知识,掌握相关研学旅行目的地及基地、营地的情况。

(2)掌握研学旅行知识、服务知识、文明旅游知识和基本常识。

(3)掌握研学旅行安全风险管理知识,熟悉基本的安全防护救护知识与灾害应急常识。

(4)掌握研学旅行课程方案设计、课程及体验活动实施等知识。

2)教育教学知识

(1)了解中小学教育教学理论,熟悉学生的认知规律和教育心理学的基本原则及方法。

(2)了解新课程改革的方向和相关理论,掌握新课程中的教学观和学生观。

(3)了解中小学课程结构、课程类型、课程标准,熟悉中小学综合实践活动课程内容。

(4)熟悉课程资源开发、管理与利用的方法,掌握研学旅行课程教学知识。

3)通识性知识

(1)了解保护青少年健康成长方面的有关法律法规知识,熟悉中小学教育的基本情况。

(2)熟悉我国各类非物质遗产和各民族风俗,掌握相应的乡情、县情、省情和国情。

(3)掌握相应的自然、人文、社会科学知识,掌握与研学旅行课程方案直接相关的学科内容。

(4)熟悉现代化的信息技术知识,能熟练运用现代化科技辅助教学。

4)专业性知识

不少研学旅行导师需要划分专业,除了通识性知识外,还要考核导师的专业性,如地质地貌、动植物、天象天文、古建筑、考古文博、历史等方面的知识。

3.研学旅行导师的职业技能

1)研学旅行课程方案设计技能

(1)具有较强的语言文字表达能力,能正确设计或修订完善研学旅行课程方案,保证方案的教育目标正确,教育主题鲜明,教学内容丰富。

(2)能从学情和乡土乡情、县情市情、省情国情出发,结合学生核心素养的发展要求,根据学校和研学资源两方面考虑,合理设计出适合不同年龄段学生的研学旅行课程方案。

(3)能将知识、能力和情感(价值观)等目标设计在研学旅行课程方案中,并能融合在研学旅行的行前、行中和行后各个阶段。

(4)应遵循教育性、实践性、安全性、公益性四大原则设计研学旅行课程方案,积极鼓励和引导学生参与设计,指导和帮助学生完成研学计划。

(5)能合理利用各种资源,开发自然类、历史类、地理类、科技类、人文类、体验类等多种类型的活动课程。

(6)设计的研学旅行课程方案能体现出自主性、探究性、体验性、互动性、趣味性等特点。

2）研学实践保障技能

（1）掌握引导学生安全、有序乘坐交通工具的方法，能正确处理学生在往返途中发生的常见问题。

（2）掌握合理分配房间并引导学生入住的方法，能正确处理学生在住宿期间发生的常见问题。

（3）掌握引导学生安全、有序用餐的方法，能正确处理学生在用餐期间发生的常见问题。

（4）掌握研学实践教育中交通、住宿和用餐等相关服务的基本知识。

（5）能识别研学实践风险源，能评估研学实践风险，掌握研学实践风险防范的方法，能正确处理研学实践中发生的安全事件。

（二）研学旅行导师培养

任何教育活动都离不开师资的培养和建设。研学旅行是培养学生综合素质的校外教育活动，在研学中，研学旅行导师承担着重要的职责。因此培养出一批优质研学旅行导师的意义更为重要。

如何才能培养出一批规范化、专业化的优质研学旅行导师人才？

1.树立研学旅行导师综合素质典范

要让学生成为具有全面综合素质的人，研学旅行导师必须先于学生成为全面发展的人才。研学旅行导师要坚持提升个人的综合素质，要让学生在研学过程中，感受到研学旅行导师的榜样力量。在推进研学实践教育的同时，学校的每一位教师都应该是新时代要求下全面发展的具有综合素养的人。

2.培养研学旅行导师终身学习能力

在当今知识更新迭代迅速的情况下，研学旅行导师不能只停留在原有知识的认识上，还要不断去修炼内功，不断去学习新知识。在研学旅行的过程中，让学生始终有新鲜感、好奇心。研学旅行导师良好的人文素养可以不断引导学生开启新思路、新话题，培养和树立学生的求知欲，培养独立自主的学习意识行为。同时，研学旅行导师还需要依据不同的人文资源、自然资源和社会资源等，把学生的学科学习知识与资源环境内容有机融合，达到研学的教育目标，实现真正的研学旅游目的。

3.增进研学旅行导师综合协调能力

研学旅行导师不仅是教学的执行者，而且是活动的策划者和引导者。校外教育所处的课堂环境、教学情境都发生了变化。研学课程实操执行的环节复杂，对研学旅行导师的协调组织能力和教学能力需求较高。研学旅行导师不仅能完整地执行研学课程，组织好研学活动，同时也能管理好学生的纪律，协调好各资源单位。整体上对沟通能力、组织能力、解决问题能力、应急处理能力、心理辅导能力等要求比较高。研学旅行导师是既懂教学又懂户外教育技术的综合型、复合型的人才。

4.改善研学旅行导师教育教学观念

随着科技信息化迅猛发展，学生获取知识的方式和渠道发生了很多翻天覆地的变化。随之带来的也有教学方式和课堂的更新变化。在研学旅行的过程中，研学旅行导师需要给研学旅行带来新活力与新转变——转变传统的教学行为,以学生为中心,变主导为引导,变主角为参与者,变权威为朋友,在这样的学习环境和教学实践中,努力提高教育质量,让学生快乐学习;同时在研学旅行的教学过程中,有意识地培养学生的合作精神、批判性思考、责任担当意识和爱国教育情怀。

5.培育研学旅行导师积极乐观的心理素养

在教学执行的过程中,研学旅行导师要学会管理好自己的情绪,以健康的心态面对学生与工作——对待学生要豁达开朗、对待研学工作要积极乐观。学生会潜移默化被研学旅行导师的一言一行、一举一动影响。研学旅行导师不仅需要培养学生个人的仪态仪表美,还需要培养学生正确的审美观。尽量使学生在快乐中掌握知识,使求知成为快乐而非苦恼的事——引导学生多倾听、多发现、多沟通、多表达、多合作、多探索、多实践。

研学旅行导师是一份非常神圣的职业,最重要的职责就是育人。在教学的过程中,正确对学生进行思想品质教育,正确引导学生人生之路,也是研学旅行导师一个非常重要的责任。

研学旅行导师也需要紧跟社会的发展步伐而进步,以满足新时代对研学旅行实践教育的要求,研学旅行导师唯有不断提升自身全面的综合能力才能让学生有一个更好的成长和提升空间。

拓展阅读
▼

三、研学旅行导师胜任力

(一)研学旅行导师的职责

目前研究者对研学旅行导师的工作内容和职责尚未达成共识,部分研究者在没有了解研学旅行导师工作职责的情况下,把研学旅行导师当作活动方案设计、活动实施、活动领队、活动保障的唯一主体,要求研学旅行导师具有教师、导游、心理咨询师、医疗方面的专业知识,以及包含课程开发、课程教学、安全管控、项目管理在内等专业技能。

部分研学旅行服务公司对直接从事研学旅行活动人员的招聘岗位及岗位职责要求见表7-1。

表 7-1　研学旅行工作人员职责一览

职　　能	招聘岗位名称	岗　位　职　责
课程实施	修学导师/研学旅行导师	(1)研学讲师要熟悉路线和景点,明确工作任务内容;在研学旅行活动中,作为教育服务的具体实施者
		(2)出发前,组织学生做好预习工作,布置研学任务,熟悉研学旅行教材
		(3)研学旅行期间,全程陪同学生,及时对学生进行教育指导
执行管理与课程监督	研学旅行课程执行主管	(1)制订活动执行计划,统筹活动前期的筹备及现场执行
		(2)全程带队完成活动,提出个人意见,确保各项活动实施的可操作性
		(3)把握课程细节,合理安排时间;能够参与活动产品的设计及研发

Note

续表

职　能	招聘岗位名称	岗　位　职　责
课程开发	研学课程开发专员/课程设计师	熟悉国家颁布的关于研学旅行的标准和要求,负责研学旅行项目的课程研发、线路规划、课程编排等工作
辅助教学	研学旅行导师助理/助教	主要负责协助导师进行中小学生研学旅行课程的组织与实施;依据小组主讲研学旅行导师的安排负责小组合作学习的跟踪和引导
后勤保障(安全、生活)	研学辅导员	(1)从事中小学生研学旅行等团队活动中的带团和服务工作
		(2)旅行过程中照顾孩子们的生活起居,时刻关注学生安全
		(3)跟踪孩子活动过程并拍照记录,定时向家长群汇报

从表7-1可以看出:

第一,除了部分规模较小的机构不严格划分课程实施和课程开发职能,要求研学旅行导师同时承担课程开发和课程实施工作,负责研学旅行方案设计、实施以外,大多数研学服务机构倾向于把这两项职能加以划分,然后通过行前的培训、研学旅行导师间接参与课程开发或课程设计者主动与具体实施该主题的研学旅行导师沟通等方式让负责课程实施的研学旅行导师了解课程内容、教学方式和具体流程信息,确保研学旅行方案的顺利执行。

第二,在研学旅行中,研学旅行导师不承担照顾学生生活起居以及专门安全保障职责,一般都配备了专门人员对学生的安全、生活进行管理和保障,负责在研学旅行过程中时刻关注学生的安全以及照顾学生的生活起居。不同机构对于该岗位的名称或有不同,但以"研学辅导员"命名的居多。

第三,研学旅行属于户外教育,课堂管理难度大,部分研学活动如体验学习类涉及很多分组活动,需要的教师数量较多,因此在部分研学旅行中,会另外设置研学旅行导师助教,以协助主带研学旅行导师进行课程组织和实施,主要工作内容是分组活动时对各小组的合作学习开展跟踪和引导。师生配比(不包含辅导员)一般为1∶7至1∶20不等。

除此之外,国家旅游局曾发布的《研学旅行服务规范》中指出开展研学旅行要配备以下人员:主办方派带队老师,负责督导研学旅行开展;承办方派研学旅行导师,负责提供教育服务;安全员,负责安全教育与防控;导游员,负责导游基础服务和生活保障服务。另外,还需配备项目管理人,负责统筹协调旅行中的各项工作,如场馆联络、车辆联络等。

由此可见,对研学旅行导师工作内容和职责的理解过于笼统和随意,造成实际上混淆了负责课程开发的研学旅行课程设计专员、负责课程实施的研学旅行导师、负责导游基础服务的导游员、负责生活保障的研学辅导员、负责项目监督管理的项目主管、负责安全保障的安全员的工作内容。

研学旅行导师是在研学旅行过程中提供教育服务,负责设计或实施研学旅行活动方案的专业人员。

研学旅行导师的工作内容和职责主要包含两个：

其一，研学活动的实施人员，在研学旅行过程中为学生提供教育服务，包括研学旅行活动课程实施和研学过程中的学生指导；

其二，研学活动设计人员，即根据主办方要求为其设计研学活动课程。

（二）研学旅行导师定位

在对研学旅行导师进行界定的过程中，发现大多数研究者从"导游＋教师"的双重角色去理解研学旅行导师，认为研学旅行导师应当是具备教育教学能力和导游服务能力的复合型专业人才。研学旅行导师的整体定位是研学旅行中教育活动的实施者，具体定位是教育活动实施中的专业教师。

1. 研学旅行的教育服务提供者

在部分研学旅行中，研学旅行导师承担了"导游＋教师"的双角色，在研学旅行中同时兼顾导游和教师的双重职责。随着研学旅行开展越来越规范，国家研学旅行标准、研学旅行规范等文件相继出台，研学旅行导师的教师定位越来越明确。《研学旅行服务规范》明确规定研学旅行要配备除了研学旅行导师外的导游员，负责导游基础服务；甚至在一些研学旅行中，出现了由学校教师带队，前往各研学点，由研学旅行基地或营地的研学旅行导师提供专门化的教育服务。由此可见，研学旅行导师的导游角色是非必要的，导游和教师的双重定位正随着市场发展慢慢分化。

但研学旅行导师的教师角色是必须的，研学旅行导师是研学旅行中的教育服务提供者，负责具体研学活动的授课。因此，无论是跟队的研学旅行导师、研学旅行基地（营地），还是各类作为研学点的社会场馆中提供教育服务的人员，均属于研学旅行导师的范畴，核心在于提供教育服务。

2. 研学活动的专业教师

研学旅行是连接学校教育与校外教育的新形式，并被纳入中小学教学计划。目前，研学旅行的教育属性已得到普遍认可。既然研学旅行作为教育活动，其教学三要素之一——教育者则由研学旅行导师承担，因此可以明确，研学旅行导师是教育活动中的教育者，是专业教师角色。这一定位的明确对研学旅行导师培养有着重要意义。

在学校教育中，有不同的学科如语文、数学、英语；也有不同的学习方式，如一般学科、综合实践活动课程、劳动课程，均有专门的专职教师担任。同样的，研学旅行具有丰富的主题内容、多样化的研学形式，其研学旅行导师也应当具有一定的专门性、专业性。

（三）不同类型研学旅行导师胜任力要求

1. 自然游历类研学旅行导师

自然游历类的研学旅行导师需要具备基本的导游知识、对教材有一定的了解，有基本的自学能力、组织管理能力、语言表达能力、统筹能力、沟通能力，基本能够胜任自然游历类研学旅行活动工作。

2. 知识科普类研学旅行导师

知识科普类研学旅行导师的主要职责在于知识讲解和互动，因此除了具备开展研学旅行活动基本技能外,还需要具备一定的教育教学知识和活动主题相关知识,这些知识是知识科普类研学旅行活动的主要授课内容,具有一定的专业性。但这些知识容易通过自主学习或行前培训获得。因此准入门槛也相对较低。由于知识讲解与互动是本类研学旅行活动的重要任务,因此在一定的信息化技能、组织和管理技能、应变能力、沟通能力等技能的基础上,自主学习能力和语言表达能力成为知识科普类研学旅行活动的关键胜任力。

3.探究体验类研学旅行导师

探究体验类的活动方式是当今较为新型的学习方式,它与教师讲授、学生接受的教学方式不同,是一种以学生为主体的教学方式,在此类活动中,研学旅行导师要更多扮演活动组织者、学习引导者的角色,组织学生开展合作、探究、体验学习等活动,引导学生探究、体验、反思,从而获得发展。因此探究和体验类的研学旅行活动实际上需要研学旅行导师具有与时俱进的教育教学知识,具体包括探究学习、体验学习、合作学习等学习方式、学生发展性评价等方面的知识;能力方面注重观察能力、理解能力、启发和引导能力、发展性评价能力。实际上,以上知识和能力的胜任力要求内核是研学旅行导师的教育教学观,包括现代学生观、教学观、知识观。

4.运动拓展类研学旅行导师

运动拓展类研学旅行导师在基础胜任力上,需要具备的特殊胜任力有:运动拓展知识、体育专业知识以及基本急救知识等知识层面的胜任力;运动专项技能、基本急救技能等技能层面的胜任力,除此之外也需要一定的教育教学能力,启发学生从运动拓展类研学旅行活动中获得进一步的思考和体会。

5.服务学习类研学旅行导师

服务学习类研学旅行导师区别于其他研学旅行导师的特殊胜任力有:社会学方面、教育教学中服务学习的知识层面胜任力。在活动开展中的关键职责是资源联系、学生指导和活动组织,因此必须具备一定的沟通协调能力、指导能力、理解能力以及统筹组织能力。

四、研学旅导师选拔

(一)研学旅行导师画像

从学生的角度来说,他们更希望研学旅行带队老师和蔼可亲、博学、幽默;从家长的角度来说,他们更希望研学旅行带队老师专业、知识渊博、责任心强。两者有一个共同点,就是博学,这表明研学带队老师首先应当是个杂家,知识面要广、经验要丰富,而学生希望带队老师更加有趣、有爱,家长则希望带队老师更专业、更负责。

研学旅行导师是安全员、项目经理、导游、教师的结合体,应具备红十字救护员的应急救护能力;具备导游的能力,安排好吃住行、操作和目的地讲解;懂得学生身心发展特点及接受规律和课程标准的能力,能做好课程设计和实施;具备项目管理能力,能批量打造后备带队教师,建立标准化体系。

研学旅行导师执行能力很强,喜欢跟学生打交道,有爱心、有耐心,将学生安全放在第一位。他们的创新能力很强,能引导学生发现身边的美,能以小见大,时时刻刻都能帮助学生成长,带他们看不一样的风景,体验不一样的学习。他们需要运筹帷幄,统筹安排,成熟稳重细心,能将合适的人、财、物放到合适的地方,将研学旅行全流程做成可复制的样板,且能未雨绸缪凡事做最坏的打算,做最好的准备。

(二)研学旅行导师选拔

研学旅行导师选拔需遵循几个原则。

选拔研学旅行导师时,除了考查求职者的知识技能外,更要看他们的非智力因素,主要包括几个方面:

1)师德为先

师德中最重要的是对学生的爱。中国教育学会名誉会长顾明远先生认为"没有爱就没有教育,没有兴趣就没有学习"。所谓"亲其师,信其道",就是说学生喜欢哪位老师,就会用心去学好哪位老师所教的内容。因此,爱是推动学生向上、向善的强大力量。如果一个老师喜欢跟中小学生打交道,且比学校老师、学生家长还关心学生的安全和收获,相信学校、家长、学生都会信任你,会毫无保留地把心门打开,这也是沟通和教育的前提。

2)学生为本

其一,要将学生安全放在第一位。从学生、家长、学校的角度来看待学生的安全,就会看到每一个隐患点,做到安全无死角。

其二,"学生为本"的另一个含义体现在因材施教,面对研学旅行规定学段,针对小学、初中、高中学生,应提供不同的课程内容,采用不同的形式和教学方法,而不能一套方案行天下。

3)以身作则

学生会相信老师所说的,更相信老师所做的。老师的一言一行,都会在学生心中埋下一颗种子,影响他的行为,甚至会影响他的一生。

4)日日精进,持续学习

研学旅行要做到"一事一物皆教育,时时刻刻有课程",每个环节都要有教育价值,带领学生看不一样的风景,这都需要带队老师有丰富的知识储备。带队老师不一定是某个学科的专家,但应该是上知天文、下知地理的杂家或博物学家,这样才能从多个角度去看待同一个问题,引导学生从更多视角去分析问题、解决问题。

有的学生对一些内容研究很深入,如果老师不严格要求自己,不比学生成长得更快,则很难服务好学生,更谈不上帮助学生成长。因此,比学生更爱学习,更爱思考,不满足于现状,持续更新自己掌握的知识,这是对研学旅行人员最基本的要求。

本章小结　通过对研学旅行指导师的政治素养、道德素养的了解和认知,培养其研学旅行导师的职业规范意识,并塑造崇高的职业理想,使其为成为一名优秀的研学旅行指导师做好全面的思想准备。

课后训练

完成一份研学旅行指导师职业认同感调查

实训目的：结合研学旅行指导师的政治素养以及道德素养要求，掌握研学旅行指导师的职业规范，熟悉研学旅行指导师相关职业标准，塑造积极阳光的职业理想。

实训内容：根据本书附录提供的《研学旅行服务规范》《研学旅行指导师职业能力等级评价标准》《研学旅行策划与管理职业技能等级标准》等规范文件，结合研学旅行指导师需要具备的政治素养、道德素养、职业规范，调查区域内研学旅行导师的职业认同感。

实训步骤：

第一步：将学生分成每组5—8人的几个小组；

第二步：设计调查问卷；

第三步：开展线上调研；

第四步：分析调查结果；

第五步：分享汇报调查结论；

第六步：提出问题及改进意见。

实训成果：研学旅行指导师职业认同感调查报告。

第八章
研学旅行的安全管理

学习目标

(1)了解研学旅行安全管理的概念。
(2)了解研学旅行安全管理的原则。
(3)熟悉研学旅行安全管理的内容。
(4)掌握研学旅行安全问题和突发事件的处理原则和处理程序。

思维导图

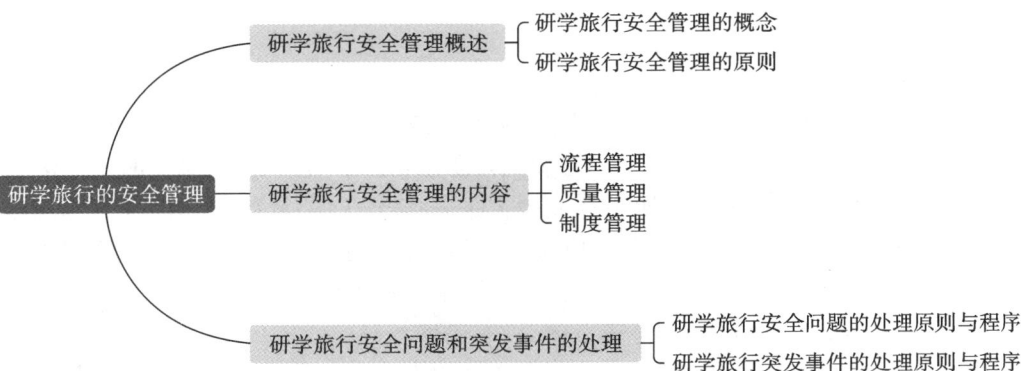

研学旅行的安全管理
- 研学旅行安全管理概述
  - 研学旅行安全管理的概念
  - 研学旅行安全管理的原则
- 研学旅行安全管理的内容
  - 流程管理
  - 质量管理
  - 制度管理
- 研学旅行安全问题和突发事件的处理
  - 研学旅行安全问题的处理原则与程序
  - 研学旅行突发事件的处理原则与程序

学习重点

(1)研学旅行安全管理的概念和原则。
(2)研学旅行安全管理的预防。
(3)研学旅行安全问题的处理原则与程序。
(4)研学旅行突发事件的处理原则与程序。

案例导入

2017 年 1 月 13 日上午,湖北来凤县实验小学组织老校区四年级、新校区五年级几个班的 310 名学生,赴武汉市参加研学旅行活动的途中,乘坐的车辆不慎与交通附属设施发生碰撞,造成 9 名学生受轻伤。

2018 年,安徽阜阳鸿远希望小学六年级的一名学生在参加学校组织的研学旅行过程中,被江苏宿迁项王故里景区一个石制灯具砸中,经医治无效身亡。

以上事故发生后,相关部门第一时间做出安排和部署,并派出分管领导、部门主要负责人等组成工作专班,指导开展救治工作。

分析思考:

(1)谈谈上述研学旅行途中发生的两个事故的根本原因。

(2)思考如何预防和避免研学旅行中发生安全问题。

第一节　研学旅行安全管理概述

一、研学旅行安全管理的概念

(一)安全

安全,是指不受威胁,没有危险、危害、损失,通常指人没有危险。人类的整体与生存环境资源和谐相处,互相不伤害,不存在危险隐患,免除了使人感觉难受的风险状态。《现代汉语词典》对"安"字的第四个释义是:"平安;安全(跟"危险"相对)"。英文中的 safety 和 security 两个单词的含义及用法虽有所不同,但都可在不同意义上与中文的"安全"相对应。其中,security 被研究国家安全的专家学者认为有两方面的含义:

一方面是指安全的状态,即免于危险,没有恐惧;

另一方面是指对安全的维护,指安全措施和安全机构。

我国的国家安全观包括政治安全、国土安全、军事安全、经济安全、文化安全、社会安全、科技安全、信息安全、生态安全、资源安全、核安全等 11 种。

安全与危险在同一事物的运动中是相互对立、相互依赖而存在的。因为有危险,才要进行安全管理,以防止危险。安全与危险并非等量并存、平静相处。随着事物的运动变化,安全与危险每时每刻都在变化着,进行着此消彼长的斗争。事物的状态将向斗争的胜方倾斜。在事物的运动过程中,都不会存在绝对的安全或危险,要保持生产的安全状态,必须采取多种措施,以预防为主,做到对客观存在于事物运动中的危险因素可知可控。

安全是教育的一个重要环节。安全要项主要包括生活安全教育、交通安全教育,以及避险知识与技能三个方面。

(1)生活安全教育:如衣、食、住、行、工作、运动、急救、护理、防病、防伤、防毒、防水、防火、防风、防电、防震等。

（2）交通安全教育：由于道路交通繁杂，特别加强项目推行，以防止行路、乘车等有意外事件发生。

（3）避难知识与技能。

安全教育的实施方式，以教学活动为主，行政措施为辅。行政措施主要提供安全的设备与环境；教学则以心理态度之涵泳、习惯行为之陶冶与知识技能之培养相辅并重，其预期教育效果，则寄望于个人安全、团体安全、社会安全和国家安全。

（二）安全管理

安全管理（safety management）是国家或企事业单位安全部门的基本职能。它运用行政、法律、经济、教育和科学技术等手段，协调社会经济发展与安全生产的关系，处理国民经济各部门、各社会集团和个人有关安全问题的相互关系，使社会经济发展在满足人们的物质和文化生活需要的同时，满足社会和个人的安全需求，保证社会经济活动、生产活动和科研活动顺利有效开展。

安全管理是企业生产管理的重要组成部分，是一门综合性的系统科学，是一种动态管理。安全管理的对象是生产中一切人、物、环境的状态。安全管理主要是组织实施企业安全管理规划、指导、检查和决策，同时，又是保证生产处于最佳安全状态。施工现场安全管理的内容，大体可归纳为安全组、场地与设施管理、行为控制和安全技术管理四个方面，分别对生产中的人、物、环境的行为与状态进行系统和具体的管理与控制。

安全管理包括从战略到战术、从宏观到微观、从全局到局部，做出周密的规划协调和控制，还包括安全管理的指导方针、规章制度、组织机构，对职工的安全要求、作业环境、教育和训练、年度安全工作目标、阶段工作重点、安全措施项目、危险分析、不安全行为、不安全状态、防护措施与用具、事故灾害的预防等。

安全管理的内容是对生产过程中的人、物、环境状态的管理，有效控制人的不安全行为和物的不安全状态，消除或避免事故，达到保护劳动者的安全与健康的目的。没有明确目的安全管理是一种盲目的行为，危险因素依然存在。在一定意义上，盲目的安全管理，只能纵容威胁人的安全与健康的状态，向更为严重的方向发展或转化。

（三）研学旅行安全管理

1.研学旅行安全管理的概念

研学旅行安全管理是指在研学旅行过程中为确保人、财、物的安全而采取的预防、处置、恢复和评价等一系列管理行为。

2.研学旅行安全管理的基本理念

1）预防为主的理念

制定一切安全管理制度和安全措施的根本目的都是防止安全事故的发生，研学旅行安全工作必须坚持预防为主的理念。《中华人民共和国安全生产法》规定："安全生产工作应当以人为本，坚持人民至上、生命至上，把保护人民生命安全摆在首位，树牢安全发展理念，坚持安全第一、预防为主、综合治理的方针，从源头上防范化解重大安全风险。安全生产工作实行管行业必须管安全、管业务必须管安全、管生产经营必须管安全，强化和落实生产经营单位主体责任与政府监管责任，建立生产经营单位负责、职工参与、政府监管、行业自律和社会监督的机制。"该规定从法律上确定了政府、生产单位、行业组织和从业人员的具体责任,是研学旅行安全管理和进行安全责任认定的法律依据。

《中华人民共和国突发事件应对法》(中华人民共和国主席令〔2007〕第69号)是为了预防和减少突发事件的发生,控制、减轻和消除突发事件引起的严重社会危害,规范突发事件活动,保护人民生命财产安全,维护国家安全、公共安全、环境安全和社会秩序而制定的一部重要的安全法律。该法对突发事件的预防应急的监测与预警、应急处置与救援、事后恢复与重建等应对活动做出了法律规范,是研学旅行风险管理与应急处置的法律依据。

国家旅游局发布的《研学旅行服务规范》针对研学旅行应急预案的要求指出:主办方、承办方及供应方应制定和完善包括地震、火灾、食品卫生、治安事件、设施设备突发故障等在内的各项突发事件应急预案,并定期组织演练。

研学旅行工作从一开始就要在各个环节制定预防安全事件发生的具体应对措施。在线路选择时要充分考虑沿线各种可能会导致不安全的因素,在实际考察和研学产品设计时要着重对各种不安全因素进行逐一排查,制定具体可行的应对各类潜在安全隐患的有效措施,以及安全注意事项,针对各类可能存在的安全问题制定有效的应急预案。

2)制度为先的理念

完善的安全管理制度是确保研学旅行安全的可靠保证。《研学旅行服务规范》针对研学旅行安全管理制度的要求指出:主办方、承办方及供应方应针对研学旅行活动,分别制定安全管理制度,构建完善有效的安全防控机制。研学旅行安全管理制度体系主要包括研学旅行安全管理工作方案、研学旅行应急预案和操作手册、研学旅行产品安全评估制度、研学旅行安全教育培训制度等。承办方和主办方应根据各项安全管理制度的要求,明确安全管理责任人员及其工作职责,在研学旅行活动过程中安排安全管理人员随团开展安全管理工作。《关于推进中小学生研学旅行的意见》和《研学旅行服务规范》都对建设研学旅行安全管理体系提出了明确的指导意见和建设标准。

教育主管部门、旅游主管部门以及其他与研学旅行相关的行业主管机构、学校、旅行社和研学实践教育基地等研学旅行从业单位,都必须按照《关于推进中小学生研学旅行的意见》和《研学旅行服务规范》的要求,制定覆盖全面、责任明确、措施具体、方法科学、程序规范的研学旅行安全管理制度体系。

(四)研学旅行安全问题分类

研学旅行安全问题大致可分为两大类:一类是学生主观行为导致的安全问题;另一类是非学生主观行为所导致的安全问题。

1.学生主观行为导致的安全问题

学生主观行为导致的安全问题产生的根源是学生,需要从学生自身的角度来解决。研学旅行的主要对象是小学、初中、高中等未成年人,该群体的年龄普遍较低,思想不够成熟,群体活动可控性较弱,安全意识与安全素质较欠缺。研学旅行实践证明,解决安全问题应该从学生自身入手,以团队建设、小组合作机制和研学旅行的课程设计来保障学生的安全问题。在解决研学旅行活动中由学生主观行为所导致的安全问题,应以团队精神来促使学生遵守相关规定和规则,保障小组合作机制正常运行,确保不出现人为主观因素所导致的安全问题。比如,可以通过设计"找寻走散的同伴""如何管理好自己的财物""团队建设设计"等小主题活动,避免发生因学生主观行为导致的安全问题。

2.非学生主观行为所导致的安全问题

非学生主观行为所导致的安全问题包括学校方面的组织、交通、食宿、流行疾病传染,以及不可抗拒因素等所导致的问题。产生的根源是相关部门没有尽职尽责或某些不可抗拒的因素,这类安全问题实质上属于突发事件,可以大致归纳为三种类型。

1)交通安全事故

交通安全事故是指车辆在道路上因过错或者意外造成人身伤亡或者财产损失的事件。研学旅行交通安全事故指运载研学旅行师生及相关人员的车辆,在道路上因过错或者意外造成人身伤亡或者财产损失的事件。交通事故不仅可能由非特定的人员违反道路交通安全法规造成的,也可以是由于地震、台风、山洪、雷击等不可抗拒的自然灾害造成。根据《关于推进中小学生研学旅行的意见》,小学阶段研学旅行以乡土乡情为主,初中阶段以县情市情为主,高中阶段以省情国情为主。无论哪个阶段的研学旅行,几乎都需要使用交通工具,因而具有潜在的交通安全风险,研学旅行实践中交通安全事故也时有发生。

2)食宿安全事故

食宿安全事故包括食品安全事故和住宿安全事故。

食品安全事故是指食源性疾病、食品污染等源于食品、对人体健康有危害或者可能有危害的事故。

住宿安全事故是指研学旅行的学生在目的地或营地住宿期间,因住宿设施、环境等问题引起的学生意外事故。

在研学旅行过程中,学生通常会在外就餐一次,部分学生还会自行购买零食,客观上诱发食宿安全事故的可能较大。例如,2019 年 7 月 22 日,四川省内江市第二中学参加暑期赴京研学旅行的师生 392 人中,39 名学生在返程列车上出现拉肚子、呕吐、发烧等症状。经卫生部门诊断为细菌性集体食物中毒,而食物是旅行社准备的方便食品,造成了严重的研学旅行食宿安全事故。

3)避免意外伤害事故

研学旅行安全事故指学生在研学目的地、研学营地、景区等场所体验性学习时发生的意外伤害事故。研学营地、景区是研学旅行的主要场所,但景区安全事故发生频率较高,尤其因设施问题导致的事故占比较大。据统计,2017 年以来,媒体披露的旅游景区因旅游设施引发的人身伤害事故有 19 起,占景区全部人身伤害事故总数的 20% 以上,居首位。

非学生主观行为所导致的安全问题基本是因为没有按照安全管控原则提前规避。应增强学生安全意识,提高安全能力,以防患于未然的姿态加强安全教育的力度与强度。引导学生加强自身安全知识的提升和培养,了解研学过程中的潜在风险,加强对风险的关注,提升风险应对能力。结合《关于推进中小学生研学旅行的意见》所提出的,各地要制定科学有效的中小学生研学旅行安全保障方案,探索建立行之有效的安全责任落实、事故处理、责任界定及纠纷处理机制,实施分级备案制度,做到层层落实,责任到人。针对不可抗拒因素所导致的安全问题,要把日常教育教学中的安全教育问题落到实处,增强学生的安全意识,提高学生的相关自救能力。

研学旅行活动必须以安全保障为基础,安全责任重于泰山,安全教育与安全措施的落实是研学旅行中最需关注的重要一环。安全保障是研学旅行活动得以顺利开展的基础条件,要做好研学风险控制,避免出现安全问题。

二、研学旅行安全管理的原则

(一)坚持预防为主的原则

研学旅行安全管理的方针是"安全第一、预防为主"。进行研学旅行安全管理的目的是预防事故,防止或消除事故伤害,保护劳动者的安全与健康。进行研学旅行安全管理不是处理事故,而是在研学旅行活动中,针对研学旅行的特点,对研学旅行潜在的不安全因素采取管理措施,有效控制不安全因素的发展与扩大,把可能发生的事故,消灭在萌芽状态,以保证研学旅行活动过程中人的安全与健康。贯彻预防为主,首先要端正对研学旅行过程中不安全因素的认识,端正消除不安全因素的态度,选准消除不安全因素的时机。在安排和布置研学旅行活动内容的时候,针对活动过程中可能出现的危险因素,采取措施予以消除是最佳选择。在实施研学旅行活动过程中,应当经常检查、及时发现不安全因素,采取措施,明确责任,尽快、坚决予以消除。

(二)坚持安全第一的原则

安全第一是从保护研学旅行活动高质量开展的角度和高度,表明在研学旅行活动范围内,安全与研学旅行的关系,肯定安全在研学旅行活动中的地位和重要性。安全寓于研学旅行之中,并对研学旅行发挥促进与保障作用。因此,按照安全管理的目标,安全管理与研学旅行表现出高度一致性和完全统一性。研学旅行安全管理是研学旅行管理的重要组成部分,在实施过程中存在着密切的联系。

安全问题是关系到学生身心健康、生命安全,关系到学生家庭幸福的根本问题。《关于推进中小学生研学旅行的意见》明确指出,研学旅行安全第一,没有安全就没有一切。把安全性原则作为开展研学旅行的四项基本条件之一,特别指出研学旅行要坚持安全第一,建立安全保障机制,明确安全保障责任,落实安全保障措施,确保学生安全。认为安全管理只是安全部门的事,是一种片面的、错误的认识,要将研学旅行与安全管理置于同等重要的位置。《关于推进中小学生研学旅行的意见》特别指出,学校自行开展或采取委托形式开展研学旅行,都需要安排相关人员负责学生活动管理和安全保障,与家长、参与企业等签订协议书,明确各自的权责,切实保障学生安全。

在研学旅行过程中注重安全管理,不仅对各级管理人员明确安全管理责任,也是向任何与研学旅行有关的机构或人员明确业务范围内的安全管理责任。

(三)坚持全员参与的原则

保障研学旅行安全不是少数人和安全机构的责任和义务,而是一切与研学旅行活动相关人员共同的责任和义务。没有全员参与,研学旅行安全管理难以实现良好的管理效果。研学旅行活动组织者在管理保障研学旅行安全过程中的作用固然重要,全员参与研学旅行安全管理保障也十分重要。

(四)坚持动态控制的原则

研学旅行安全管理涉及研学旅行活动从开始筹备到活动结束的全过程,以及一切变化着的研学旅行活动因素。因此,研学旅行活动过程必须坚持全员、全过程、全方位、全天候的动态安全管理原则。要避免只抓住一时一事、一点一滴、简单草率、"一阵风"式的走过场、形式主义的安全管理作风。因此,对研学旅行活动中人的不安全行为和物的不安全状态的控制是安全管理的重点。

事故的发生是由于人的不安全行为运动轨迹与物的不安全状态运动轨迹的交叉。根据事故发生的原理,应当将对生产因素状态的控制当作安全管理的重点,而不能把约束当作安全管理的重点,因为约束缺乏强制性的手段。更重要的是不间断地摸索新的规律,总结管理、控制办法与经验,指导新变化后的管理,使研学旅行安全管理不断上升到新的高度。

第二节　研学旅行安全管理的内容

《关于推进中小学生研学旅行的意见》明确提出以预防为重、确保安全为基本前提。研学旅行安全管理预防体系是由流程管理、质量管理和制度管理三个部分组成,如图8-1所示。

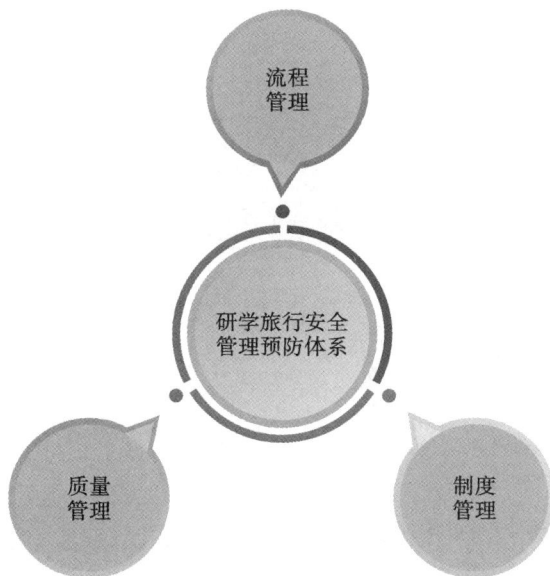

图 8-1　研学旅行安全管理的预防体系

一、流程管理

研学旅行活动实施过程复杂、涉及面广、协调力度大，受到时间、空间、交通以及个人因素等各种条件限制和未知因素的影响，研学旅行这种集体校外教育旅行方式的安全性存在未知。保障研学旅行活动顺利开展需要各部门分工明确，协调好任务和职责，建立完善的安全保障机制，在研学旅行过程中合理规避风险，防患于未然；出现紧急情况时能够随机应变，降低安全风险系数。明确任务，合理协调，全方位保障学生安全。因此，应当实施研学旅行安全的流程管理，包括构建安全应急预案、设计研学旅行手册、制定研学旅行日志、开展安全培训教育。

（一）构建安全应急预案

学校及教育部门作为研学旅行活动的组织者和管理者要切实做好组织保障。教育部门作为中小学研学旅行工作的领导者，要落实研学旅行工作，建立相关领导小组和机构，负责研学旅行工作的开展；加大对研学旅行工作的统筹规划和管理指导，实时传达最新研学旅行工作建议，统筹研学旅行开展情况，解决研学旅行推广中遇到的问题。通常研学旅行安全应急预案主要包括以下三个方面。

1. 组织领导

（1）领导小组。

（2）带队教师工作组。

（3）交通安全组。

（4）食品安全组。

（5）研学活动安保组。

（6）宣传报道组。

2. 安全工作具体分组

（1）班级分组。

（2）交通安全组。

（3）食品安全组。

（4）研学活动安保组。

（5）沟通协调组。

（6）应急救援组。

（7）宣传报道组。

3. 应急事故处理

（1）处理程序。

（2）具体处理方法。

（二）设计研学旅行手册

研学旅行手册是对研学旅行知识的巩固和补充，与行程相辅相成，是让孩子学会探究性学习的关键，也是检验研学课程实施成效、成果的关键。研学手册设计元素会因地域、年龄段的差别而略有不同。

研学旅行手册的设计要遵循针对性、趣味性、实用性和科学性四个原则,更应该突出研学旅行活动过程的安全性。研学旅行手册内容包含安全注意事项和应急措施、行前准备用的物品备忘检查表、导师团队人员电话信息、学生小组成员电话信息、驻地医院和派出所联系方式。其中附件部分为研学旅行课程的顺利实施提供保障的内容,主要包括:行前物品备忘检查表、安全注意事项及安全应急预案、重要信息如含有老师和家长联系电话的通讯录以及其他相关信息等。

(三)制定研学旅行日志

研学旅行活动涉及的各主体如学校、营地等,要做好研学旅行的行程计划,灵活安排研学旅行时间,尽量错开旅游高峰期。在行程安排前,做好研学旅行活动的行程时间计划,确定不同时间段要完成的内容。研学旅行期间,校方和营地人员要制定科学合理的规范以确保学生能够正常生活学习,并保障其人身安全。

首先,校方要指派学生工作管理人员与营地进行协商,在研学旅行开始之前把学生的饮食、住宿、交通、卫生等事宜安排妥当。

其次,研学营地也要指派讲解员、导游等在研学旅行中对营地的整体布局和特色地形地貌进行讲解,防止学生因路线、地点不熟悉而不能有效学习的情况。

最后,针对研学旅行中学生的安全应急处理,研学旅行营地要设置专门的医疗救助点和多个安全应急通道,确保安保人员能够对研学旅行过程中可能出现的紧急情况进行及时有效的处理。

(四)开展安全培训教育

根据国家旅游局发布的《研学旅行服务规范》对安全管理教育的相关规定,研学旅行安全管理教育对象主要包括研学旅行工作人员和研学旅行学生。开展安全培训教育主要包括以下几方面。

1.工作人员安全培训教育

应制定安全管理教育和安全管理培训专项工作计划,定期对参与研学旅行活动的工作人员进行培训。

培训内容包括安全管理工作制度、工作职责与要求、应急处置规范与流程、安全保护技能等,邀请专业人士进行户外活动安全培训,进行安全自救演练。

培训要求每个工作人员均要以高度的责任心对每个学生的安全负责,掌握突发性事件的具体处理程序和处理方法。要求每个人在遇到突发事件时,要保持冷静,保护好自身安全,服从指挥。

2.学生安全培训教育

(1)应对参加研学旅行活动的学生进行多种形式的安全管理教育。例如,开展安全教育相关知识的讲座等,加大安全管理教育的力度与强度,增强学生安全意识,以防患于未然。

(2)应提供安全防控教育知识读本。确保学生人手一本安全防控教育知识读本,并要求学生认真自主学习,及时掌握研学旅行安全防控管理办法和措施。

(3)应召开行前说明会,对学生进行行前安全教育。每次出发前学生需按时到指定地点集合,听从研学旅行导师安排排队上车,不争抢,不推搡。

(4)应在研学旅行过程中对学生进行安全知识教育,根据行程安排及具体情况及时进行安全提示与警示,强化学生安全防范意识。

①学生在研学旅行教育课程中应该一切听从研学指导老师和带队教师的指挥,不得擅自行动、不得私自脱离队伍。

②学生必须严格遵守研学旅行课程的有关时间规定,包括出发时间、研学旅行教育课程时间及用餐时间等。

③学生在乘车期间禁止将头或手等伸出窗外,在车上应做到不起哄,不讲粗话,服从研学旅行导师的管理。

④学生在行车途中服务区内如需如厕或下车休息,应谨记所乘车辆的车牌号码和研学旅行导师的手机号码,不得私自离开服务区和队伍。

⑤学生身上携带现金数量以够用为度,尽量不要携带贵重物品。

⑥学生在回程行车中无特殊情况,不得离队回家。在学生集体到达学校后,需有家长来接并签字确认,学生方可离校。

⑦如遇突发事件,学生应该及时通知带队老师或研学旅行导师。

(5)建议携带的物品。自用洗漱用品如牙具、毛巾、防晒品等,换洗衣物、雨伞、笔记本、笔等,有条件的同学可以带相机。

(6)常用药品的准备。必备治疗中暑、感冒、腹泻、外伤等的药品及退烧药,如藿香正气水、板蓝根、清凉油、创可贴等药。

3.安全教育

(1)各成员具体分组情况,各班级(分组)人员的具体职责安排。要求每个负责人均要以高度的责任心对每个学生的安全负责。

(2)对可能发生的突发性事件,掌握具体的处理程序和处理方法。要求遇到突发事件时,要保持冷静,保护好自身,服从指挥。

(五)实施安全过程监管

针对研学旅行活动,要求承办方建立健全研学旅行安全管理工作方案、应急预案、研学旅行安全教育培训管理制度等,构建完善有效的安全防控机制,与研学基地、供应方等签订规范的合同,按照合同约定履行义务。

相关监管部门或属地根据各自监管内容,对项目开展日常检查、不定期抽查(每年不少于4次)以及设施设备检验检测。必要时,可以聘请第三方安全中介机构和专业技术人员参与安全评估工作,确保研学旅行活动安全平稳有序地开展。上级机构负责研学旅行安全监督管理工作,指导协调、监督检查下级有关部门安全开展研学旅行活动。同时,教育部门等主管机构应建立完善的督查暗访机制,将相关成员单位组成联合督查暗访小组,对辖区内开展的研学旅行活动进行不定期的明察暗访和督查,确保各地研学旅行安全监管工作落到实处。

(六)采取安全管理评价

评价是按照明确目标测定对象的属性,并把它变成主观效用的行为,即明确价值的过程。研学旅行安全评价是确定研学旅行安全的评价对象,判断其安全的功能属性,也即明确研学旅行安全管理价值的过程。

1.研学旅行安全评价的含义

研学旅行安全评价主要包括两层含义:

一是研学旅行系统自身的客观状态,其自身结构是否合理,运行是否稳定;

二是研学旅行系统对于依附主体的主观感受,即研学系统能否满足研学旅行行为主体的主观安全需要。

前者是指客观属性的评价,简称客观评价;后者则是主观属性的评价,简称主观评价。

2.研学旅行安全评价的研究内容

研学旅行安全评价的研究内容包括研学旅行营地、研学旅行资源、研学旅行基础设施和研学旅行产品等安全的客观存在状态及其研学旅行主体的主观感受。研学旅行安全评价是研学旅行安全管理的基础和重要环节,研学旅行安全评价研究已成为研学旅行安全研究的重要方向。全面系统的研学旅行安全风险隐患排查和科学有效的研学旅行安全评价,是研学旅行发展过程中需要执行的首要任务。

研学旅行安全管理评价过程如图 8-2 所示。

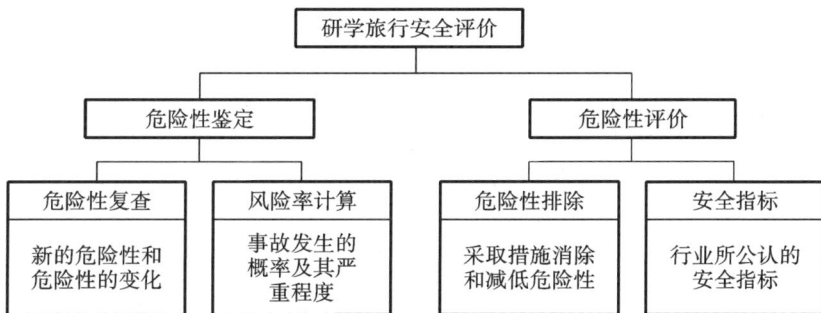

图 8-2　研学旅行安全管理评价过程

二、质量管理

研学旅行的主要对象是中小学生,这一群体的安全意识还不强,生活知识较缺乏,盲目性和随意性较大。很多学生心理素质较差,遇到困难或危险通常不能冷静处理,往往紧张而不知所措,处于叛逆期的学生甚至会故意表现出与安全要求相悖的行为。因此,为做好研学旅行过程中的质量管理,防患于未然,需要主办方、承办方和供应方三方共同努力。

(一)主办方:守住合作底线,掌握实施主导权

《关于推进中小学生研学旅行的意见》中指出:各地要制定科学有效的中小学生研学旅行安全保障方案,探索建立行之有效的安全责任落实、事故处理、责任界定及纠纷处理机制,实施分级备案制度,做到层层落实,责任到人。研学安全责任体系,需要各个部门相互合作、配合,共同保障学生们的安全。教育行政部门负责督促学校落

实安全责任,审核学校报送的活动方案(含保单信息)和应急预案。学校要做好行前安全教育工作,负责确认出行师生购买意外险,必须投保校方责任险,与家长签订安全责任书,与委托开展研学旅行的企业或机构签订安全责任书,明确各方安全责任。

旅游部门负责审核开展研学旅行的企业或机构的准入条件和服务标准。交通部门负责督促有关运输企业检查学生出行的车、船等交通工具。公安、食品药品监管等部门加强对研学旅行涉及的住宿、餐饮等公共经营场所的安全监督,依法查处运送学生车辆的交通违法行为。保险监督管理机构负责指导保险行业提供并优化校方责任险、旅行社责任险等相关产品。

研学旅行安全管理责任体系主要包括以下内容:

1.制定科学有效的研学旅行安全保障方案

主办方应该制定科学有效的研学旅行安全保障方案,探索建立行之有效的安全责任落实、事故处理、责任界定及纠纷处理机制,实施分级备案制度,做到层层落实,责任到人。

教育行政部门负责督促学校落实安全责任,审核学校报送的活动方案(含保单信息)和应急预案。学校应该根据学生实际和教育要求,在制定研学旅行课程方案中发挥主导作用,应提前制定活动方案和应急预案,一方面指导研学旅行活动的开展,另一方面报送教育行政主管部门备案。杜绝"只旅不学"的现象,要在坚持课程教育的同时降低安全风险。

2.成立安全管理的应急队伍

为保障研学旅行安全工作规范、有序进行,应该建立安全管理机构,成立相关安全保障队伍,建设一支人员齐、素质高、认真负责的安全管理队伍,形成安全网络体系,确保学校师生的生命财产安全。

(1)根据需要配备一定比例的研学旅行导师、教师、安全员等,也可以吸纳少数家长作为志愿者,负责学生活动管理和安全保障,形成科学合理的户外教育安全保障体系。

(2)提前调研和掌握研学地点周边的医疗以及救助资源状况。

(3)研学旅行过程中应该根据《研学旅行服务规范》要求设置安全管理员,专门负责学生安全。在每次活动前后安全管理员要及时点名,确保学生的线路安全,并负责携带医药箱,以及时为学生处理突发性受伤或疾病。

3.搭建跨区域沟通交流平台,共同保障学生的安全

积极构建跨区域研学旅行交流平台,在研学旅行活动中树立典范,鼓励学校部门间的互相交流。学校要做好研学旅行活动的安全保障工作,在研学活动开展前制定相关的活动方案并做好安全应急预案,交由教育管理部门审批。

学校在研学旅行开展前要做好安全教育工作,对参加研学旅行的老师和学生开展安全知识和户外技能培训,并为其购买安全意外保险,投保校方责任险,以"给家长一封信"的形式告知家长活动意义、时间安排、出行线路、费用、注意事项等信息,与家长签订安全责任书。开设专门的安全应急通道,有安全监控系统,并确保各类安全设施、设备运作良好。确保研学旅行交流平台得到良性运转,促进研学旅行各部门相互合作、配合,共同保障学生的安全。

(1)学校要做好行前安全教育工作,负责确认出行师生购买意外险,必须投保校方

责任险,与家长签订安全责任书,与委托开展研学旅行的企业或机构签订安全责任书,明确各方安全责任。

(2)旅游部门负责审核开展研学旅行的企业或机构的准入条件和服务标准。交通部门负责督促有关运输企业检查学生出行的车、船等交通工具。

(3)公安、食品药品监管、交通等部门加强对研学旅行涉及的住宿、餐饮等公共经营场所的安全监督,依法查处有交通违法行为的运送学生车辆。

(4)保险监督管理机构负责指导保险行业提供并优化校方责任险、旅行社责任险等相关产品。

4.理性选择研学旅行合作方

在选择研学旅行合作方时,要选择具有良好信誉和较强风险管理能力的合作单位,仔细审核评估合作单位的资质、经验和安全保障能力等,与资质全、信誉好的企业或机构签订协议书,明确合作方承担学生研学旅行安全责任,确保研学旅行活动中交通、住宿和饮食等的安全。

5.培养学生相关意识和能力

加强培养学生的安全防范意识、应急处理能力、防范能力,重视学生心理健康教育,提高心理承受能力。

6.借助研学工具建立学生应急档案,更好地保障学生安全

建立智慧研学系统,家长在行前填写学生档案,记录学生血型、身份信息、过敏事项、紧急联系电话等,以备出现安全问题时可根据卡片信息联系到相关人员,根据备注信息对学生进行及时治疗。学生报名表设置既往病史以及是否适合进行研学旅行活动两栏。如果身体条件不适合参加研学旅行,主办方会主动劝学生不参加。最后请家长确认学生健康状况,明确家长需严格要求子女遵守相关国家的法律法规,遵守研学旅行活动纪律,按照研学旅行的统一日程和管理参加各项活动。

7.总结问题,提出措施

研学旅行之后,应及时总结安全隐患和安全问题,提出消除隐患和解决问题的措施,避免和减少研学旅行活动过程中发生类似的问题。

(二)承办方:履行服务职责,做好安全保障工作

对于承办方(研学机构、旅行社)而言,研学旅行产品应该坚持安全优先的原则,防止过度降低成本、使用劣质的要素产品等不良现象发生,要做好研学旅行产品的安全风险评估,强化日常安全风险预防。

对食宿、交通及研学营地的资质和安全条件进行考察,从源头上避免开展研学旅行的安全风险。研学旅行路线可能会涉及水、电等方面的危险,在设计行程时要特别注意做好特殊预案。在研学旅行线路设计上,尽量不要选择没有开发的景点,以免因安全设施不到位而出现意外,也应适当避开人流量大的景区或人流量大的马路,以免因拥挤推搡而发生事故。例如,涉及跨省等长线旅程,要尽量减少学校与研学旅行目的地之间的换乘次数。若晚上需住宿,则提前与酒店方联系,做好留宿准备和晚上查寝工作。在研学旅行活动的实施过程中,可能会遇到出乎意料的安全问题,组织人员必须时刻观察,

Note

一旦发现问题,要及时解决。

同时,要按照《研学旅行服务规范》需求,配备随行项目组长、安全员、研学旅行导师、导游等,加强对相关人员的培训,提升其安全管理能力。应当提前明确参与者的职责,充分考虑可能会发生的各种情况,将每项工作责任具体落实落细到个人,家长可以通过拨打咨询电话了解学生每日行程及安全状况。

世界研学旅游组织编制的《研学旅游基地安全认证标准》,从风险因素、风险级别、安全因素三个方面对风险管理进行了深入分析,如图 8-3 所示。

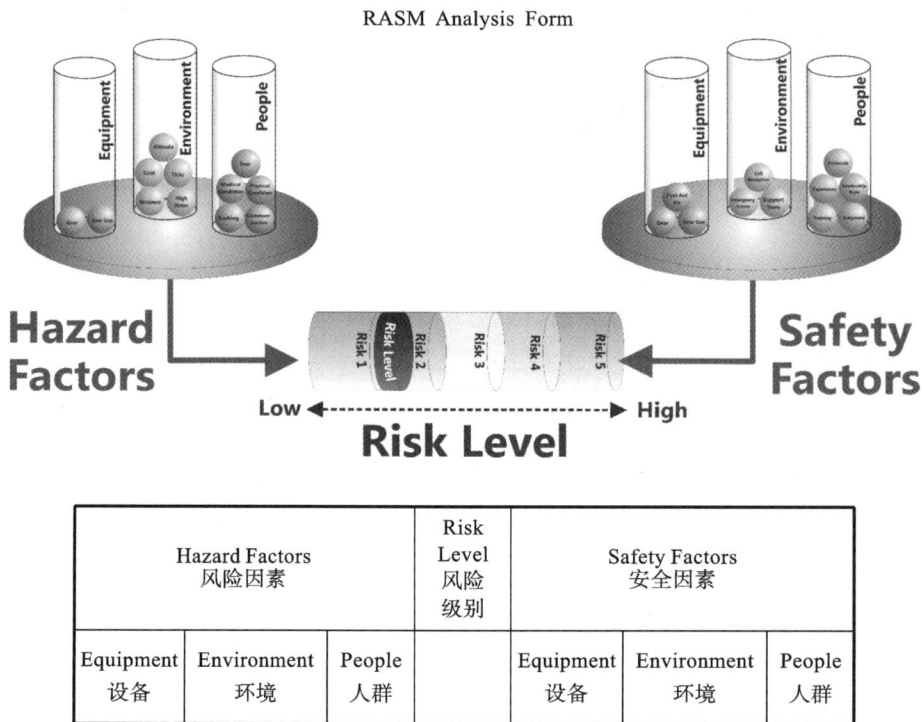

Hazard Factors 风险因素			Risk Level 风险级别	Safety Factors 安全因素		
Equipment 设备	Environment 环境	People 人群		Equipment 设备	Environment 环境	People 人群

图 8-3　风险管理分析[①]

(三)供应方:严格履行合同,提升活动安全等级

1.制订完善的接待计划

与一般旅游团队接待计划不同的是,研学旅行团队成员大部分是未成年的中小学生,外界新鲜事物带给他们强烈的新奇感,增加了管理的难度。因此,各供应方应提前做好接待计划,落实好人员和安全管理职责。

2.强调安全注意事项

在研学旅行出发之前,应该为学生们做安全宣导,强调安全注意事项,如上下车过程不要拥挤,行进过程中不要掉队不要打闹,有危险警示的地方不能去,有危险警示的物品不能触等。

---

① 参见《研学旅游基地安全认证标准》。

3.餐饮安全管理预防

(1)合作之前。

需要审核餐厅的相关资质,与餐厅达成合作意向后,要提前考察餐厅的环境、菜品、服务等,情况符合资质要求者,方可签署合作协议。

(2)合作期间。

要求合作餐厅的每日菜品留样,按期进行巡查、抽查,保证餐饮服务的质量。

(3)三餐之外的饮食安全。

安全员随时监督,提醒学生不购买非正规摊点饮食和"三无"(无生产日期、无质量合格证以及无生产厂家)食品,一旦发现购买者,及时劝导学生放弃食用可能存在安全隐患的食品。

4.住宿安全管理预防

(1)提前考察酒店,熟知住宿地周边环境,住宿地的卫生、消防资质要齐全,布置住宿地的时候要在楼梯、浴室、开关、插座等地方张贴警示语,提醒学生。

(2)每晚睡觉前安全员查房两次,提醒学生锁好门窗,住宿地要有安保执勤。

(3)晚查房后,不允许出门、串房间。

(4)外出时集体排队行动。

(5)提前做好安全讲解,提示学生安全通道的位置。

(6)加强安全培训和警示,严禁学生在宾馆或酒店使用明火,禁止随意移动和破坏宾馆内的消防设施。

三、制度管理

研学旅行面临的群体主要是学生,受年龄的影响,他们在研学旅行中的安全意识也存在着较大差异,所以要对学生的安全防控与安全服务要求更高。因此,要促进研学旅行安全服务标准化,构建研学旅行安全链。

(一)研学旅行安全管理工作

研学旅行安全管理工作机制主要包括以下内容:

(1)建立健全组织机构、明确责任部门和责任人。

(2)学校要有专门人员负责管理研学旅行工作。

(3)组织研学旅行活动前要填写大型集体外出活动申请表,经校长审阅签字同意后方可实施。

(4)每次活动应有具体的责任人,并注意选择年轻、身体健康、具备处理突发事件能力的专业人员带队。

(5)组织师生研学旅行活动必须制定周密的计划和活动方案。

(6)组织研学旅行活动前必须制定应急方案,在应急预案中要有详细的安全保障措施,要把可能的安全风险告知学生和家长,把安全内容纳入自愿报名协议中和研学旅行工作全过程,对所有参与人员进行活动前培训。

(7)研学旅行活动要坚持学生自愿原则,活动前主管部门要与家长签订自愿报名参加协议。

(8)研学旅行活动前要坚持安全第一的原则,针对活动内容专门对学生进行安全教育。

(9)组织研学旅行活动要选择安全系数高的旅行路线,并应针对活动的路线、地点,进行事前实地勘查,确保交通及用车安全。

(10)要强化安全意识,参加研学旅行的师生必须购买旅游意外保险。

(11)研学旅行活动前,学校要关注天气变化,遇有雷雨、大风、大雾等恶劣天气,一律不准组织外出。

(12)研学旅行活动中,凡参加研学旅行活动的学校领导和安全小组成员必须对活动过程进行全程监控,直至将参与活动人员全部安全带回到出发点。

(13)若遇突发意外事故,要迅速启动应急预案,并在第一时间报告教育主管部门。

(14)在活动中实行责任追究制,如遇安全事故,追究相关责任人的责任。

(15)研学旅行活动的安全预案及活动方案在活动前要上交公安机关备案。

(二)研学旅行产品安全评估

研学旅行产品安全评估包括评估主体、评估对象、评估内容三个方面。其中,评估主体主要是研学旅行相关单位,如学校、研学旅行企业、研学旅行营地等。评估对象主要包括研学旅行导师、研学相关管理人员、学生。研学旅行产品安全评估内容主要包括安全管理体系、安全管理目标、安全管理机构、安全管理职责、权限与沟通、安全管理资源配置和安全评审。

(三)研学旅行安全教育培训制度

研学旅行安全教育培训制度主要包括安全教育的内容、安全教育的方法和安全教育的形式三部分。

1.安全教育的内容

(1)安全法制教育。

(2)安全知识技能培训。

2.安全教育的方法

(1)组织研学旅行安全见习、演练、模拟活动。

(2)研学旅行安全相关培训。

(3)研学旅行安全宣传、介绍以及相关展览活动。

3.安全教育的形式

(1)常规的安全教育。

每年必须参加各级组织的研学旅行安全工作会议与培训,组织开展本单位的研学旅行安全工作培训教育活动,并将安全教育考核,纳入绩效考核。根据"管生产必须管安全,谁主管谁负责"的原则,进行研学旅行安全法规、研学旅行安全规章制度、本部门本岗位研学旅行安全职责、事故应急救援措施以及有关事故案例在内的安全教育。

(2)新员工上岗安全教育。

新进员工参加岗前培训时应当重视安全教育,主要包括研学旅行安全的政策、法律法规以及研学旅行的各项注意事项;劳动纪律;突发性事件应急救援措施、程序和方法,典型事故案例;各个岗位具体相关的安全操作技能和安全职责。

(四)研学旅行安全服务的标准化

参与研学旅行活动的群体主要是学生,受学龄段的影响,他们的研学旅行活动安全意识普遍缺乏,对他们的安全防控与安全服务要更加重视。因此,要促进研学旅行安全服务标准化,构建研学旅行安全链。

研学旅行安全服务标准化主要由研学旅行住宿管理、研学旅行餐饮管理、研学旅行活动管理、研学旅行交通管理等构成。研学旅行标准化建设能发挥好各个管理部门在研学旅行方面的管理职能,促进研学旅行各管理部门标准化。

(五)研学旅行安全防范的标准化

研学旅行安全防范主要包括人防与技防两方面,要坚持人防与技防相结合来构建严密的研学旅行"防火墙"。在人防上,配备安全辅导员、研学旅行导师、研学医生等,全面了解学生的喜好、性格、饮食禁忌、身体健康等具体情况,杜绝"带病"研学,从人、车和路况等方面严格把控。在技防上,发挥好车载电视、GPS、微信、监控设备等科技产品的作用,实行全程实时跟踪研学旅行情况。

第三节　研学旅行安全问题和突发事件的处理

一、研学旅行安全问题的处理原则与程序

(一)研学旅行安全问题的处理原则

研学旅行安全问题是指在研学旅行过程中,由自然或人为原因所造成研学旅行者人身或财产损失,并由此导致有关当事人要负相应法律责任的问题。

在研学旅行安全问题发生后的处置工作中,应恪守保护研学旅行者的基本权利和利益第一位的原则,在具体工作中,要遵循下述基本原则:

1.迅速处理原则

研学旅行安全问题一旦发生,就会立即成为公众舆论关注的焦点,极易出现人心散乱、谣言纷飞的局面。因此,研学旅行组织的当务之急是采取果断的应急措施,及时控制事态发展。报告单位应在第一时间派人赶赴事发现场,组织抢救工作,保护问题现场,并及时报告当地公安部门。要积极妥善处理善后事宜,尽量避免损失进一步扩大。安全问题出现的 12—24 小时内,会充斥各种谣言和猜测,媒体和公众都会密切关注有关部门发出的第一份声明,若不能及时发布信息,可能会使研学旅行相关负责部门付出更大的代价。

2.属地处理原则

研学旅行安全问题发生后,原则上由问题发生地区政府协调有关部门及问题责任

方和其主管部门负责,必要时可成立问题处理领导小组。采取一系列可行的手段和措施,尽最大的努力减少研学旅行人员伤亡和财务损失,把研学旅行安全问题造成的不利影响降到最低,保护研学旅行者的基本权益,维护行业声誉。

3. 公开真相原则

研学旅行安全问题发生时,不论是否具有主观上的过错,都应在安全问题涉及的范围内,第一时间向公众公开事件的真相,公布事件的原因、结果、处理的情况,不能藏头缩尾、含糊其词,更不能置公众意愿于不顾,封锁消息,导致在安全问题中陷入更大的被动。研学旅行活动过程中如果发生危及公众利益的环境污染、火灾、爆炸等事故或者其他安全问题后,不能消极地等待上级和媒体来调查和报道,更不能等上级有关部门出面干预后才被动地做出反应,而应在发生安全问题后,主动向上级部门和环保、消防、安全等有关部门及各媒体通报情况,沟通信息,寻求理解、支持和合作。

4. 公众利益至上原则

研学旅行安全问题发生后,会使研学旅行遭受很大损失,但研学旅行管理部和旅游业首先考虑的应是公众的利益,要以公众利益代言人的身份出现,把公众放在第一位,一切计划措施都必须首先保障公众利益。特别是在各类旅游危机的处理中,如果涉及人的安全和生命,必须将其置于最重要位置,人的生命永远是第一位的。只有保护公众利益不受到损害,得到公众的支持,才能有更多的理解和认同,从而实现研学旅行的良性发展。

5. 实事求是原则

实事求是是处理研学旅行安全问题的基本态度。在处理研学旅行安全问题时,应向公众如实反映和通报研学旅行安全问题发生的原因和可能造成的后果,以及正在和将要采取的补救措施。在情况尚未查明前,研学旅行组织可以采取高姿态,宣布如果调查下来责任在己方,一定负责赔偿。切忌感情用事,隐瞒事实,企图蒙混过关,造成与公众情绪更严重的对立,从而带来更大的损失。旅游企业因产品质量,环境污染等给公众造成人身伤害和经济损失,不仅要承担道义上的责任,而且要根据所造成的损失大小和组织经济承受能力,尽可能地为受害者提供经济补偿和物资赔偿,乃至精神补偿。

(二)研学旅行安全问题的处理程序

研学旅行安全问题的处理是研学旅行安全管理的关键阶段。在对安全进行分析的基础上,开展安全问题处置,针对安全问题做出准确、迅速的反应,尽量化解安全隐患和危机,将不利影响降低到最小,包括有效控制和遏制安全问题的态势,建立有效的沟通体系,确保信息透明、公正,重塑与宣传旅游形象,为研学旅行组织提供帮助和指导,以渡过危机期等。

1. 立即报告

研学旅行安全问题发生后,带对的研学工作人员应立即向所属研学旅行组织和学校、当地旅游行政管理部门等报告,说明问题的性质、状况。

2. 保护现场

一旦发生研学旅行安全问题,现场有关人员一定要配合有关部门,进行现场保护以及取证。

3. 协同有关部门进行抢救、侦查

当研学旅行安全问题发生后,研学旅行组织部门、研学旅行导师等应该协同有关部门,查清问题原因,进行紧急救援,并妥善处理善后事宜。

二、研学旅行突发事件的处理原则与程序

研学旅行突发事件总体上可以分为交通事故、重大自然灾害、人为事故、常见疾病与运动损伤以及冲突等五大类,这些突发事件的处理程序都有一个共性,就是以保障生命安全为第一的原则,实行及时上报、保留现场、应急处置的程序。

(一)研学旅行突发事件的处理原则

1.及时性原则

鉴于研学旅行过程中的突发事件具有不确定性、危害性、紧迫性等特点,及时性处理原则极为关键。研学旅行相关责任部门必须立即、及时在事发现场采取一系列紧急处置手段,及时控制突发事件的事态发展,而且越快越好。应对突发事件初始阶段的应急措施,如果能够做到及时、准确,则民众心理能够得以初步安定,社会秩序也得以初步维持,这就为争取整个研学旅行突发事件处理工作的顺利完成奠定了基础。相关责任部门应当争取适当的时机,争取在最短的时间内控制局势发展,否则就有可能造成更大的人员伤亡和财产损失。

2.高效性原则

高效性处理问题是研学旅行突发事件处理的宗旨。相关责任部门应对研学旅行突发事件时,应该集中各方力量,形成统一领导,发挥各个部门的最大能力,全力处置问题。

3.协同性原则

参与研学旅行突发事件处置的人员和力量来自各个领域,包括通信、消防、信息、搜救、食品、公共设施、公众救护、物资支持、医疗服务和政府其他部门的人员以及军队、武装警察、志愿人员。因此,发生研学旅行突发事件后,协同处置特别重要。鉴于研学旅行突发事件的不可回避性以及突发事件应急管理的紧迫性,要求相关责任部门在突发事件发生后,在政府不同职能管理部门间实现协同运作,明晰政府职能部门与机构的相关职能,优化整合各种社会资源,发挥整体功效,最大限度地减少损失。

4.安全性原则

在研学旅行突发事件的处理过程中,抢救生命与保障人们的基本生存条件,是处理突发事件和开展救援工作的首要任务。因此,必须以确保受害和受灾人员的安全为基本前提。同时,还应该最大限度地保护参与处置突发事件的应急人员的生命安全。

5.合法性原则

合法性原则是研学旅行突发事件处置的保障,只有在法律的范围内,进行处置、处理才是安全的、有效的解决问题的方法。特别是在一些涉外研学旅行突发性事件的处理中,由于各国法律不尽相同,而且很多突发性事件还联结着政治、经济、宗教和外交等各个方面的问题。为此,应了解研学旅行目的国的法律,就问题进行沟通、协调、处置,依法办事是基本原则。

6.科学性原则

研学旅行突发事件处理过程中要坚持科学原则,在科学的前提下,做到有理、有据地处理问题。特别是研学旅行过程中工业技术、自然灾害等造成的突发事件,如辐射事

故、资源事故、干旱、海啸、火灾、山崩、泥石流、洪灾、飓风等,处理过程中一定要注意科学性、技术性。

7. 程序性原则

研学旅行突发性事件安全管理行为的实施,必须依据一定的评估标准和优先次序,确定现场控制及处理的工作程序。如果在法律上有明确的规定,则首先要遵照法律的规定实施。对于社会性危机,迅速有力地恢复正常秩序是首要的目标。因此,最先到达事故现场的人员,必须在快速评估的基础上,做出抢救措施。除了保证人员的生命安全、保证人们最基本的生存条件外,其余的工作应该根据救援人员的实际救助能力来确定先抢救什么,后抢救什么,要紧张而有序、忙而不乱。

8. 适度性原则

突发性事件的处理难免会在不同程度上影响社会的稳定和人民的生命财产安全。因此,必须谨慎、适度地行使突发事件危机管理权,以期将这种破坏和利益损失降到最低程度。具体做法是根据当时突发事件的根源、发展以及危害情况进行判断。

(二)研学旅行突发事件的处理程序

1. 研学旅行前建立突发事件应急领导小组

在研学旅行前应建立突发事件应急领导小组,小组成员包括组长、副组长、现场负责人、队医负责人等,其程序主要包括以下内容。

(1)组建研学旅行突发事件应急小组,明确各部门、成员的权利与责任。

(2)学习相关突发事件处置原则、方法以及具体实施步骤。

(3)组织见习、演练以及具体实战。

2. 研学旅行突发事件发生后的措施

研学旅行突发事件发生后,首要任务是能够迅速、果断地进行处理,最大限度地减少研学旅行地范围内的损伤,防止事态扩大以及次生、衍生事件发生。

(1)指挥有关工作人员立即到达规定岗位,进行现场研判。

(2)安排工作人员开展具体相关的突发事件处置工作。

3. 研学旅行突发事件处理后进行总结和反思

研学旅行突发事件处理完毕后,应进行突发事件的总结以及反思。

(1)事件处理完成后,进行事件登记以及建档。

(2)对突发事件进行总结、反思。

(3)安排相关人员进行后期回访。

拓展阅读 ▼

本章小结

通过对研学旅行安全管理的内涵、问题分类等的梳理和认识,了解研学旅行安全管理的概念和原则,熟悉研学旅行的安全管理的组织保障、防范措施、管理机制、责任体系等要点,掌握研学旅行安全问题和研学旅行突发事件的处理原则和程序,以期达到对研学旅行安全管理的正确认识和理解。

Note

课后训练

(1)研学旅行安全管理的概念和原则是什么?

(2)研学旅行安全管理的问题分类有哪些?

(3)简述研学旅行安全问题的处理原则与程序。

(4)简述研学旅行突发事件的处理原则与程序。

第九章
研学旅行活动课程评价

学习目标

(1)研学旅行活动课程评价构建原则。

(2)研学旅行活动课程评价方法。

(3)研学旅行活动课程评价管理。

思维导图

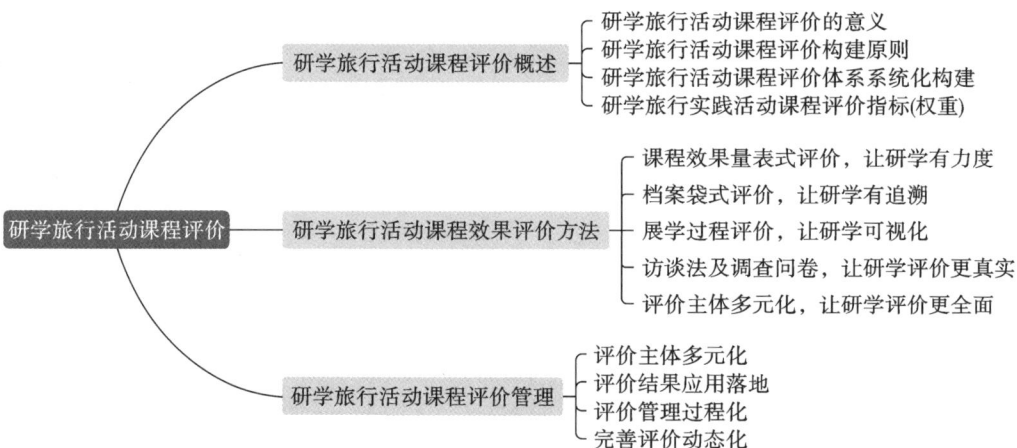

研学旅行活动课程评价

- 研学旅行活动课程评价概述
  - 研学旅行活动课程评价的意义
  - 研学旅行活动课程评价构建原则
  - 研学旅行活动课程评价体系系统化构建
  - 研学旅行实践活动课程评价指标(权重)
- 研学旅行活动课程效果评价方法
  - 课程效果量表式评价，让研学有力度
  - 档案袋式评价，让研学有追溯
  - 展学过程评价，让研学可视化
  - 访谈法及调查问卷，让研学评价更真实
  - 评价主体多元化，让研学评价更全面
- 研学旅行活动课程评价管理
  - 评价主体多元化
  - 评价结果应用落地
  - 评价管理过程化
  - 完善评价动态化

学习重点

(1)研学旅行活动课程评价内容。

(2)研学旅行活动课程评价维度及评价方法。

(3)研学旅行活动课程的评价管理。

第一节 研学旅行活动课程评价概述

一、研学旅行活动课程评价的意义

研学旅行活动课程教育效果的考核评价,既是推行素质教育的应有环节,也是决定研学旅行能否可持续发展的重要因素,研学旅行在一定程度上是学校教育的延伸,所以它应该服务于学校育人目标,就必须有能与之配合的教学活动评价体系,所开展的研学旅行活动是否"研有所获",就尤其重要。如课程设计、研学旅行导师教学、研学成效等系列评价,就需要科学地把握。但是目前很多学校所开展的研学旅行活动大多是为了完成教育部门制定的校外实践任务,出现了"营地选择随便、课程选择随意"的现象,这不仅与研学旅行活动的本意相悖,更容易引发公众对研学教育的误解。最重要的是,研学旅行活动课程是否真正对中小学生的成长有所帮助,也是目前学校、家长和社会共同关注的问题。科学制定评价体系,将定性与定量结合,用形式上的合理性与内涵上的科学性来把握由谁来评价,采用怎样的评价方式,怎样设计评价问卷。这也是研学旅行发展亟待思考和解决的问题。那么,把握评价原则及方法就尤为重要。

二、研学旅行活动课程评价构建原则

(一)基于政策规范性

我国研学旅行是在国家陆续出台的政策文件鼓励下大范围开展起来的。对政策文本分析可以获得关于研学旅行课程的规定性理解,政策文本明确提出评价内容要强调以"充分尊重个性差异、鼓励多元发展"为前提,针对评价结果则规定"逐步纳入学生学分管理体系和学生综合素质评价体系",此外,还涉及"建立教育服务评价机制,对教育服务效果进行评价,持续改进教育服务"。所以,研学旅行活动课程评价维度构建,要在政策规范性的原则基础上展开。

(二)目标性原则

研学旅行的目的是让学生接触社会和自然,在旅游体验中学习和锻炼,从而培养生活技能、集体观念、创新精神和实践能力,养成自理自立、文明礼貌、互勉互助、吃苦耐劳、艰苦朴素等精神,增进对自然和社会的理解与认识,提高其社会责任感的实践能力。在研学课程评价构建原则方面,要充分研究研学旅行课程的目标设立是否与研学旅行的目标原则相吻合。

(三)实践性原则

研学是"读万卷书、行万里路"的实践途径,要结合当地区域研学资源特点,充分挖掘在地研学资源潜力和价值,因地制宜地开发在地品牌特色的研学课程,呈现本土特

色,引导研学者亲近自然、感知社会、拓宽视野、参与实践。

(四)全面性原则

研学旅行实践活动课程实际操作,涉及多方面内容及主体,如对研学旅行导师的评价,对研学课程的评价,对研学线路的评价,对组织与实施的评价,对学生主体反馈的评价等。这就需要动态综合地去看待评价,综合客观地去反馈。

(五)重实效原则

注重研学旅行实效性,不能简单地依据研学课程的完成情况,不能简单地定量评价,还要采取观察、体验、访谈等方式,定性评价通过研学旅行学生素质提升的程度,从而使学生的综合素养得以提升。

(六)多方法原则

研学旅行应对学生的学习情况、指导教师的指导水平、第三方服务机构以及资源供应机构的服务质量等进行综合评价,包含量化评价、质性评价等多种评价方法,使其能对研学旅行的教育效果进行诊断、反馈和引导。

(七)安全性原则

研学课程开发要坚持安全第一,在研学旅行课程开发设计中要提前了解研学活动资源场地的天气、地质地形、活动场所、设施设备等,从而进行安全风险评估,建立安全保障机制,明确安全保障责任,落实安全保障措施,加强安全风险管理,制定安全应急预案,确保研学旅行活动安全开展。

(八)鼓励性原则

研学旅行的教育意义在于引导和促进研学者的发展与完善,不论是过程性评价还是结果性评价,终结性评价还是发展性评价,目的都在于促进研学者的成长和发展。研学旅行倡导"立足过程、促进发展",突出对研学者发展价值的评价,充分肯定活动方式和问题解决策略的多样性,构建科学、多元的评价体系,促进人的全面发展,激励性原则是研学旅行活动评价的内在要求。

基于以上原则,我们从人的全面发展出发,从综合素养来评价,要围绕思想道德素质、科学文化素质、身心素质、审美艺术素质、社会劳动实践素质提升发展五个方面构建研学实践活动基于研学主体的评价体系,以适应目前日益发展的研学实践教育的现实需要。

基于研学主体的研学旅行活动课程评价体系建构表如表 9-1 所示。

表 9-1 基于研学主体的研学旅行活动课程评价体系建构表

目标与方向	一级指标	评价要点指标
思想道德	道德健康	有助于道德修养的提升,及人生观、价值观的培养
		有助于培养诚实守信、自信勇敢、尊敬守法的品质
		有助于培养互助合作的精神培养

续表

目标与方向	一级指标	评价要点指标
科学文化	基础知识	基础知识的掌握
	学习态度	态度积极、行为得体
	新知记录	感悟分享、认知笔记
	知识联系	知识迁移、学科融合
身体心理	环境适应	环境适应能力、自我照顾、独立性
	健康意识	愉悦、幸福感等
	自我认知	自我专注度、自我意识、心理暗示等
	自我管理	意志力、自制性、坚持性等
审美艺术	美育教育	美育生活化、审美感受力、审美表现力、审美创造力培养
劳动技能	实践能力	顺利完成某项劳动所需的能力,也包含标准、质量、效率、规范,劳动技能也是一种实践能力
	劳动精神组织能力	积极参与、共同协作,体现思想性,强调崇尚劳动

三、研学旅行活动课程评价体系系统化构建

评价体系的构建要注意以下几个方面:

首先,要把"立德树人,五育并举"构建体系原则充分融入,其构建内涵系统由思想道德素质、科学文化素质、身体心理素质、审美艺术素质、劳动技能素质构成,对应德育、智育、体育、美育、劳动教育"五育",体现基于对人的全面发展培养评判。

其次,评价体系具体内容应根据学生的年龄特点和成长规律来考虑,其评价内容应该遵循从简单到复杂、从感性到理性、从具体到抽象的编排设计。而不是数字量表定量判断,应该融合定性的观察判断。

最后,评价体系设计要考量研学主体对象的系统性与完整性,根据不同发展阶段,有所权重,根据家庭生命周期理论,如小学这个阶段的学生求知欲、好奇心和各方面的能力都开始增强,活动课程的评价设计要综合考虑学生的心理特点和知识层面;而初中阶段,初中学生处于形象思维向抽象思维过渡的阶段,就要考虑知识广度与深度,以及劳动技能素质的培养;高中阶段,不仅是人生观、价值观、世界观形成的重要时期,应以思想道德素质和科学文化素质培养并重,同时还要让学生了解社会、关心国计民生的大事,提高其动手动脑能力,强化劳动意识。

知识活页

家庭生命周期理论

生命周期最早是生物学领域的一个基础概念,用以描述生物体从出生到成长再到最后死亡的生命演变过程。随后,人们把生命周期衍生到家庭。家庭生命周期

理论即指一个家庭从建立、发展到解体和消亡的过程。各个家庭因年龄、婚姻和子女状况的不同可以划分为不同的生命周期；从家庭生命周期理论视角而言，生命周期不同阶段研学群体对研学旅游产品选择，可以有针对性地去匹配，对研学旅游新领域的供给发展有现实的价值意义。

四、研学旅行实践活动课程评价指标(权重)

目前研学旅行整体评价构成按比例参照：目标评价 40%、过程管理 30%、成果评价 20%、社会评价 10%，还有按多元评价中各个主体的评价权重，采用自评占比 30%、教师间互评占比 30%、专家评价占比 30%、其他主体占比 10% 的评价方法，但是以上均缺乏科学的依据评价。

根据教学评价系统中，权重设计的方法很多，有经验判断法、数理统计法、层次分析法、CIPP 评价模式等，根据构建评价全面性的原则及鼓励性的原则，以及能够有效提升方案评价的可操作性，笔者认为层次分析法、CIPP 比较适合研学评价权重分析，但该两种方法仍处于探索阶段，还需要大量的实践应用。

(一)层次分析法的基本原理

层次分析法(AHP)是 20 世纪 70 年代提出的一种多准则决策方法，层次分析法适合于具有复杂层次结构的多目标决策问题，能够统一处理决策中的定性与定量的问题，具有实用性、系统性、简洁性等特点，大致分四个步骤实施：

(1)在于建立层次结构模型，分析评价系统中各要素之间的关系。

(2)建立各阶层的判断矩阵，并进行一致性的检验。

(3)计算被比较要素间的相对权重。

(4)计算各要素对系统总目标的合成的权重。

(二)CIPP 基本原理

CIPP 是由背景评价(context evaluation)、输入评价(input evaluation)、过程评价(process evaluation)、成果评价(product evaluation)的首字母缩写组成。CIPP 模式更注重过程而非教育目标的达到程度，它不仅涵盖了评价的终结性和诊断性功能，还重视和强调评价的形成性功能，贯穿了整个教学过程。

CIPP 模式认为"评价的目的不在于证明而在于发展改进"符合教学评价的最终目的，因此适用于构建学生学习质量评价模式。

1.背景评价

背景评价主要评价研学旅行活动课程背景，主要从需求、问题、有利条件和机会、教学目标和考核等维度进行评价。

2.投入评价

投入评价是在背景评价基础上，进一步评价研学旅行活动课程及其服务的策略、课程实施所需预算、课程实施的可行性和效用性。

3.过程评价

过程评价对研学活动课程实施过程进行监督、记录、反馈,以不断调整和改进实施过程。

4.成果评价

成果评价主要评价研学旅行活动课程实施成果的效用性,主要测评学生发展核心素养和学科核心素养相应的提升、师生对课程的优缺点的分析、课程影响的深广度、课程目标达成的程度、与其他课程相比的成效等。

第二节　研学旅行活动课程效果评价方法

评价是研学旅行活动课程实施的重要组成部分,是实现课程目标的有效手段和方法,对课程的实施起着重要的导向和质量监控的作用,因此,它也应贯穿于研学旅行的全过程。

目前,评价的主要方法包括量化评价和质性评价。量化评价主要是以量表分数的形式来呈现结果,质性的评价主要以访谈、等级、评语、可视的感知成果来体现。

一、课程效果量表式评价,让研学有力度

研学项目强调实操性,就要把将学生在研学旅行中的各种表现和活动成果作为分析考察课程实施状况与学生发展状况的重要依据,对学生的研学过程和结果进行综合评价。

1.合理设置评价项目及内容

评价要素结合具体的研学课程,从活动态度方面是否积极,是否主动组织或参与活动,是否勇于克服困难,研究问题方法的积极性、多样性,独立设计活动、开展活动能力等方面进行评价。

2.注重评价主体的多元化

在研学过程中将学生自评、小组互评、家长参评和教师综合评价进行有机结合。

自评中让学生对自己在活动中的表现、反思与评价,以简单等级选择或语言描述评价为主。

同学互评则由组员或组长做研学表现的评价。

家长评价主要依据所了解的子女参与研学活动的情况,写出突出学生个性特色的综合性评语。

教师的评价必须以前三者的评价为主体依据,注意评价要具有正面性、鼓励性、指导性,客观地对学生进行综合评价。

二、档案袋式评价,让研学有追溯

研学档案袋用于展示有关学生研学实践的一系列表现、作品、评价结果以及其他相关记录和资料等。学生将研学活动成果作为档案袋的主要物化材料之一,方便老师和

家长从有形的成果材料中观察、记录、分析学生的成长轨迹,为更好地促进学生成长提供依据。

1.注重资料的完整性

为了完整地了解学生的研学活动过程,引导学生将反映自己研学活动的重要资料,如方案、采访记录表、调查问卷、研学日记(或心得)、活动照片、研学报告以及自己最满意的作品等都应放进档案袋里。

2.注重评价的过程性

研学档案袋是学生的研学成长印记,因此,这种评价方式更强调过程性评价,而非结果性评价。在活动的不同阶段,针对不同的研学项目,设计适合的评价标准,让学生发现自己的成长与进步,发现不足,明确努力的方向。

三、展学过程评价,让研学可视化

研学实践类别多样,那么研学成果的展示即是研学活动效果评价重要的方式。如自然研学中的植物识别标签、课程设计比赛、自然笔记,如科技类研学中模型展示、小组竞赛,无一不是在展示真实的参与,调动学生间的协作交流与经验分享。最终也通过学生实际行动给家长与学校以直观的依据,让研学旅行这样一种新型素质教育方式"活起来"。

四、访谈法及调查问卷,让研学评价更真实

考虑到调研对象身份、年龄以及认知水平的不同,设置出符合调研研学对象的访谈提纲,采用深度访谈、座谈的方法进行调研,初步提炼出便于对研学实践效果评价的主要指标,完成对研学实践课程效果的评价体系构建,便于问卷操作。

五、评价主体多元化,让研学评价更全面

从人的发展角度来看,对研学旅行课程效果评价的方法也必须是多元化的、多视角的,形成评价主体多元化。既有学生的自我评价,记录个人感受与体验。同时也有学生间互评,或者小组间互评,让学生处理好小组与个人的关系,进一步树立相互协作的精神;教师的评价,作为主体多元化评价相对权威的评价之一,主要侧重于引导与鼓励;有些家长一起参与的研学体验活动,也可以让家长对孩子做出真实的评价;另外,还有来自研学营地的真实反馈。学生既是研学体验的主体,又是自我评价的主体,从而评价带动学生的积极性,让教与学在评价中和谐统一。

案例
链接

乐山大佛研学量表式评价

学生自评:请大家根据整个研学过程中的收获,分别根据学科知识评价表、情感态度价值观评价表、综合能力评价表和专业知识评价表综合进行自评。根据参考分值,算出自己的分数。

学科知识评价表

学校_____ 年级_____ 班级_____ 学生姓名_____

序号	评价内容	评价标准	参考分值	得分
1	语文	阅读:大佛守护者课程环节中,学生通过参观、阅读回廊展板图文内容,在阅读中了解回廊展板的表达顺序,初步领悟图文展示的基本表达方法。 在整个研学过程的交流和讨论中,敢于提出看法,做出自己的判断	2分	
2		习作:初识大佛课程讲解环节中,留心观察大佛及周围事物,有意识地丰富自己的见闻,珍视个人的独特感受,积累习作素材。 能根据大佛的相关内容,写简单的记实作文和想象作文,内容具体,感情真实	2分	
3		口语交际: (1)整个研学过程中,学会与人交流能尊重和理解对方; (2)乐于参与讨论,敢于发表自己的意见; (3)听人说话认真、耐心,能抓住要点,并能简要转述; (4)表达有条理,语气、语调适当; (5)能根据对象和场合,稍做准备,做简单的发言	2分	
4		综合性学习:整个研学过程中,对所策划的主题进行讨论和分析,学写活动计划和活动总结。 初步了解查找资料、运用资料的基本方法	2分	
5	历史与社会	通过"初识大佛"课程环节的知识内容讲解,掌握乐山大佛的历史背景、建造经过。 了解社会生活的丰富内涵以及参与社会生活的多种方式和途径,理解个体发展与社会进步的关系	2分	
6		通过"大佛守护者"课程环节讲解的知识内容,了解乐山大佛修缮与保护的相关知识。 了解人类面临的环境问题,理解人口、资源、环境与经济社会发展的关系	2分	
7		整个研学过程中运用多种方法和现代信息技术,收集、处理历史材料、地理和社会信息	2分	
8	思想品德	整个研学过程中逐步掌握交往与沟通的技能,学习参与社会公共生活的方法	2	
9		学习收集、处理、运用信息的方法,完成研学手册课后作业,收获课程知识,以提高媒介素养,能够积极适应信息化社会	2分	
10		在整个研学过程中学会面对复杂的社会生活和多样的价值观念,以正确的价值观为标准,做出正确的道德判断和选择。 自觉、志愿爱护乐山大佛及其他世界文化遗产,尊重修缮与保护大佛的守护者	2分	

Note

续表

序号	评价内容	评价标准	参考分值	得分
11	美术欣赏	"造型·表现"学习领域:"大佛是怎样建成的"课程环节中雕凿制作大佛	2分	
12		"大佛守护者"课程环节中,通过调色配比,制作大佛修缮原材料	2分	
13		"设计·应用"学习领域:通过观察大佛雕凿样品及大佛修缮材料的配比,养成乐于观察、敏于发现、严于计划、善于借鉴、精于制作的行为习惯和耐心细致、团结合作的工作态度	2分	
14		"欣赏·评述"学习领域:通过雕凿制作立体大佛和学会从多角度欣赏与认识美术作品,逐步提高视觉感受、理解与评述能力,初步掌握美术欣赏的基本方法,能够在乐山大佛石窟文明的情境中认识美术	2分	
15		"综合·探索"学习领域:认识美术与乐山大佛文化之间的关系,进行探究性、综合性的美术活动,以各种形式发表学习成果。 开阔视野,拓展想象的空间,激发探索未知领域的欲望,体验探究的愉悦与成就感	2分	
		得分总计	30分	

情感态度价值观评价表

学校_____　年级_____　班级_____　学生姓名_____

序号	评价内容	评价标准	参考分值	得分
1	参与态度	积极主动参与讨论、游戏、参观、制作等各个课程环节	2分	
2		按要求完成研学手册、任务卡等课程资料	2分	
3		能整理和保管好课程资料、各种物料等研学相关物品,不随意丢弃或遗忘	2分	
4	参与纪律	集合整队的时候及时按要求站好,不做其他无关事宜	2分	
5		在参观、雕凿大佛及大佛修缮材料配比等体验环节遵守规则与秩序,不破坏公物	2分	
6		尊重他人,不做辱骂、侮辱他人的事宜	2分	
7		遵守团队纪律,不做私自行动、无故掉队等事宜	2分	
8	情感价值观	乐于主动向他人介绍乐山大佛相关知识	2分	
9		乐于主动与他人交流课程的感想和收获	2分	
10		理解乐山大佛的建成不易,了解大佛的修缮与保护,自愿成为大佛守护者	2分	
		得分总计	20分	

综合能力评价表

学校_____　年级_____　班级_____　学生姓名_____

序号	评价内容	评价标准	参考分值	得分
1	交流能力	高效倾听——整个研学过程中高效倾听以解读有意义的东西，比如知识要点、目的、规则等	2分	
2		交流礼仪——整个研学过程中知道什么时候倾听，什么时候发言，行为举止大方得体	2分	
3		观点表达——整个研学过程中，在各种场合和环境中，都善于运用口头、书面和非语言交流技能有效地表达思想观点	2分	
4		交流目的——在整个研学过程中，将交流技巧用于实现各种目的，如教导、激励、说服等；学会表达自己的想法，学会尊重别人的想法，学会采纳别人好的意见	2分	
5	协作能力	高效配合——整个研学过程中配合研学旅行导师的提问互动，积极参与行中体验课中的各项活动	2分	
6		团队帮助——整个行中体验课程环节中具有灵活性和助人意愿，为实现某个共同目标乐于做出必要的让步	2分	
7	领导能力	垂范——率先完成大佛的雕凿制作和"锤灰制作"模拟修缮大佛，通过率先垂范和无私奉献，激励别人不遗余力去实现目标	2分	
8	信息处理能力	收集——能通过倾听、提问、拍照、标牌阅读等各种渠道或形式搜集自己需要的知识内容或信息数据	2分	
9		整理——能从"初识大佛"课程环节及大佛保护史回廊参观中获取的海量信息及数据中提取有用的信息数据，并进行整理、归类	2分	
10		运用——通过整个研学过程的学习，准确而有创造性地利用信息和数据解决难题，能根据掌握的知识，形成各种观点，推导出最佳解决方案	2分	
11	创新思维能力	新颖想法——雕凿大佛过程中，融入自己独特的想法完成创作	2分	
12		实践验证——将新颖想法付诸实践雕凿大佛过程中，通过动手操作得以验证	2分	
13		反映呈现——完成大佛的雕凿工作，最终的作品展现出独具特色的创新色彩	2分	
得分总计			26分	

专业知识评价表

学校_____ 年级_____ 班级_____ 学生姓名_____

序号	评价内容	评价标准	参考分值	得分
1	大佛总体认知	能介绍乐山大佛,包括开凿时间以及完工的时间	2分	
2		能回答乐山大佛为什么是弥勒佛	2分	
3		知晓乐山大佛的雕凿原料	2分	
4	大佛建成的认知	能说出乐山大佛建造的历史背景	2分	
5		能简单描述乐山大佛的建造经过及相关人物介绍	2分	
6		能描述出乐山大佛的相关科技保护设计(至少说出三点)	2分	
7		能解释为什么选择凌云山栖鸾峰作为大佛建造之地	2分	
8	大佛修缮与保护的认知	能列举乐山大佛正在遭受的危害(至少说出四种)	2分	
9		知晓乐山大佛从古到今经历了几次修缮	2分	
10		能简单描述大佛的修缮流程	2分	
11		能回答乐山大佛的具体修缮部位	2分	
12		能说出乐山大佛具体有哪些外部与内部的排水系统	2分	
得分总计			24分	

案例链接

小脚丫展学过程评价案例

1. 学生综合评价行前评价

项 目	评价指标	评价内容	自评	组评	师评
导学	通识性培训	安全知识·认真学习安全知识守则,具备基本的安全常识			
		文明礼仪、遵守秩序、注意行为举止			
		准备携带必备物品			
	专业性培训	活动流程·了解活动流程			
		资料收集·提前阅读研学手册,收集相关资料,做好行前知识铺垫			

Note

2. 学生综合评价研学过程评价

研学过程	纪律情况	遵循行程规定与安排			
		公共场合懂文明讲礼貌			
	活动参与程度	对每项主题课程热情、积极地参与			
		认真听讲解、仔细观察、及时做笔记			
		积极参与小组活动,负责任地完成自己的部分			
	团队协作	与人和睦相处,服从安排,互帮互助,积极配合小组活动			
		积极参与讨论,主动提出自己的想法			
		分工与合作,发挥自己的优势,共同完成小组项目			
	创新与实践	善于思考,主动提问,积极发言			
		小组遇到问题时可以给出合理解决方案			
		通过学习,联想到与生活应用的联系			

3. 学生综合评价研学展学及课程反馈评价

展学环节	展示内容	内容充实完整			
	分析归纳	分类归纳整理清晰、有逻辑、有条理			
	语言表达	语言表达流畅、清晰			
	交流表达	主动与他人分享成果、交流想法			
我学到的安全知识与技能					
我还想了解与获得的知识					
我对导师与课程的建议					

2021年洛阳古都研学中秋亲子营家长满意度调查问卷

（选自洛阳古都研学公司亲子营调查问卷）

第1题　营员姓名：_____　参加营期_____［填空题］

第2题　本次中秋研学营会，工作人员与您沟通交流感受如何？［多选题］

选　项	小　计	比　例
非常好	12	92.31%
比较好	1	7.69%
一般	0	0
不太好	0	0
非常不好	0	0
本题有效填写人次	13	

第3题　以上选择的原因是［填空题］

1.工作人员热情、专业。

2.活动前预先电话联系，活动期间能够按预定计划提前通知营员，并随时随地热心解答问题。

3.服务热情。

4.服务态度好，项目丰富，体验感强。

5.考虑周到。

6.工作人员具有较高的亲和力。

7.节日氛围浓。

8.态度热情，沟通顺畅。

第4题　您对营地环境及设施感到满意吗？［多选题］

选　项	小　计	比　例
非常满意	11	84.62%
比较满意	2	15.38%
一般	0	0
不太满意	0	0
非常不满意	0	0
本题有效填写人次	13	

第5题　以上选择的原因是［填空题］

1.项目可以再丰富一点。

2. 设施一流,卫生干净。

3. 设施完善。

4. 环境优美,设施完善。

5. 环境优美。

6. 设施完善,场地丰富。

7. 环境舒适,活动沉浸。

第6题 在此次活动中,孩子最喜欢哪位老师?[多选题]

选 项	小 计	比 例	
小鲤鱼老师	10		76.92%
帅帅老师	7		53.85%
琳琳老师	4		30.77%
欣欣老师	4		30.77%
菲菲老师	4		30.77%
月亮老师	4		30.77%
小雅老师	3		23.08%
大冠老师	2		15.38%
锅锅老师	2		15.38%
本题有效填写人次	13		

第7题 以上选择的原因是[填空题]

1. 老师团结协作,分工明确,一样可爱,不分伯仲。

2. 交流多。

3. 亲和力强。

4. 老师感染力、表现力较好。

第8题 您最喜欢本次营会的哪些活动或内容?[多选题]

选 项	小 计	比 例	
开营仪式及破冰活动	2		15.38%
兔子灯制作及糖饼制作	10		76.92%
晚宴及古筝竹笛演奏	9		69.23%
提灯夜游(猜灯谜、投壶、皮影戏、望远镜赏月、品茶)	12		92.31%
围炉夜话	2		15.38%
晨醒	0		0
射箭	4		30.77%
爱的礼物	4		30.77%
闭营仪式	0		0
本题有效填写人次	13		

Note

第9题 以上选择的原因是[填空题]

1.新颖,温暖。

2.活动项目策划能够紧密围绕中秋传统节日特点,并契合亲子主题。

3.新鲜感。

4.参与感强。

5.引人入胜。

6.互动效果好。

第10题 您和孩子下次期待参与什么方面的研学营会/活动?[多选题]

选 项	小 计	比 例
历史	8	61.54%
科学	11	84.62%
科幻	7	53.85%
自然博物	9	69.23%
非遗	6	46.15%
艺术	11	84.62%
其他	0	0
本题有效填写人次	13	

第11题 您对本次活动总体满意度评价?(10分为满意度最高)[填空题]

选 项	小 计
10分	5
9分	5
6分	1
本题有效填写人次	11

第12题 您是否愿意将我们的营会推荐给亲友?(10分为意愿最强)[填空题]

选 项	小 计
10分	9
9.5分	1
9分	1
本题有效填写人次	11

第13题 未来您是否愿意让孩子再次参加我们的其他营会?(10分为意愿最强)[填空题]

选 项	小 计
10分	10
9分	1
本题有效填写人次	11

第14题　研学营会过后,您希望我们在哪些方面进行改善?[填空题]

1.内部项目设置可以再丰富一点。

2.内容更丰富,衔接稍微紧凑一点,组织更得力,孩子的体验感会更好。

3.有两条建议:

一是建议调整晚宴餐食内容,目前的餐食甜品及主食用量较大,且制作完成后无法回收,容易造成浪费,建议随后可以采用独立密封包装的小块甜点及盒装饮料,并按照参与人员数量安排主菜,避免浪费且造成成本增加;

二是建议更多采用多媒体方式,在具体的活动项目举行前有一个视频播放,简要对活动或游戏的背景做介绍,可以更加直观地培养儿童对中华优秀传统文化的兴趣。

4.活动能够更丰富、更多样化。

5.孩子互动和总结。

6.家长和孩子都参与互动的环节。

7.每一项活动都可以再细化。

8.活动还可以做得更精细一些,仪式感再强一点。

第三节　研学旅行活动课程评价管理

研学旅行活动课程评价,本质还是以促进学生全面发展为目的,而不是为评价而评价,如何发挥评价真正的作用,就需要对有效的评价实施有效的保障。

一、评价主体多元化

首先,要将研学旅行纳入学生综合素质评价,让家长与学生遵照执行;意味着要把研学旅行活动课程管理评价纳入以教育行政部门为主督导的考核中,让研学旅行活动课程评价成为效果评价基本措施,体现制度建设的现实意义。

科学评价学生参加研学实践课程成效,实现研学实践的课程目标,推进研学实践教育可持续发展。在相当长的一段时间,需要教育行政部门作为主体规范。

除了教育行政部门规范,研学营地方也在积极开展研学旅行活动课程评价,主要原因有:

一是为了更好地改进课程效果。

二是营地纳入研学课程管理的评价主体,可以防止单一教育部门的评价出现,保障多元主体评价客观性。

研学组织方:研学旅行结束后,及时组织对家长进行电话或短信回访,填写反馈意见,收集家长对研学旅行课程、服务等各方面的意见和建议。

教师的评价,要引导对学生参与活动后所感所悟,检查评价研学物化成果,引导学

Note

生开展自我认识和评价。

学生的自我评价：以学生作为评价主体，对自我内在动力进行分析，是学生自我认识、自我分析、自我提高的过程。

二、评价结果应用落地

将评价结果作为规范资源供应及机构组织的重要依据，改进落实是评价结果运用的关键环节，具体做法包括：

首先，要对收集来的意见反馈进行分类，针对不同问题提出相应的改进要求，并整理成研学旅行总结报告。

其次，制定整改的具体措施及时间计划。

最后，按规定期限进行改进的对比，二次评价，不断打磨研学旅行活动课程成效，如大型的研学机构，可成立相应质量小组，进行协调督促，提升研学旅行真正的效果。

三、评价管理过程化

研学旅行课程实施从教育目标的制定，经历行前课程计划、行中课程实施、行后课程评价及反馈等环节，而且研学旅行本质是以教育为核心，是以构建国民终身教育体系为导向，是一个循环往复和不断重复变化的过程，因此，从研学的全面性和科学性评价来讲，需要记录学生过程性的评价，在这个过程评价中，记录多向、开放的评价，并通过现代信息技术，记录学生阶段性的研学实践成果，这样也使研学实践课程更有具可行性、时效性、科学性和指导意义。

四、完善评价动态化

研学旅行的主体是人，所以要站在实践育人基础上，从人的发展教育的角度去动态看待评价，而不是为评价而评价。要对学生进行动态的综合评价，研学不能仅仅是一两次研学，而是一个持续性动态过程，要充分鼓励学生尝试多样性解决策略，挖掘和突出学生的自身价值。教师也应该灵活地使用评价和引导学习，也对学生更深刻的理解。引导学生努力学习，优化师生互动与反馈，毕竟基础教育扎实，才能与研学旅行互补，形成人的全面素质培养。

本章小结　　研学旅行作为教育评价改革大背景下创新性的教育方式，其实践性、创新性、多样化，决定了研学旅行教育需要社会多方的共同努力，同时本身研学旅行活动的效果评价维度还处于探索发展中，在"双减政策"背景下，研学实践以育人为核心，其规范化、便捷化、可视化、客观化评价将使研学课程的用户群体全面受益。

　　本章也基于研学评价目前发展探索现状,通过阐述研学旅行活动课程活动评价体系构建原则,了解其活动课程的基本评价方法,掌握其方法与步骤,参考其实际操作方法,从理论到落地,重在评价结果应用化,旨在真正提升研学实践的效果,从而更好地促进研学旅行活动课程评价体系的科学建设与发展。

课后训练

(1)简述研学旅行活动课程能否制度化循环利用。

(2)从研学旅行活动课程效果评价应用化角度,试举案例说明。

(3)请你设计一个研学从业者使用的研学课程活动评价表,并陈述设计思路。

第十章
当代研学旅行组织及标准制定的探索

学习目标

（1）了解当代研学旅行组织的多种形式。

（2）理解研学旅游组织的设立初衷、理念、宗旨、运行模式。

（3）掌握当代研学旅行的标准制定，了解国际研学组织标准和中国研学旅行标准制定和推广的过程。

思维导图

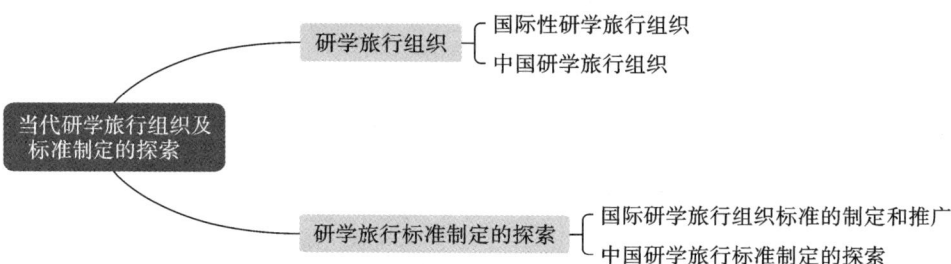

学习重点

（1）分析世界研学旅游组织的海南研学旅游案例，明确研学组织标准制定的重点。

（2）掌握当代几个重要研学旅行组织范例，了解其建立的内涵和标准的制定。

（3）根据具体组织阐述中国研学旅行组织标准的制定现状，理解标准相应的落地措施。

案例导入

暑假期间，作为"亲子游 青春季 2021 年海南夏天'童'Young 嗨"联合推广活动亲子、研学和青春三大主题板块的组成活动之一，2021 年 7 月 15 日，第二届世界研学旅游大会在海口举办。从 2021 年 5 月开始,海南各市县及景区(点)就陆续推出亲子和研学旅游产品,如文昌启动"2021 文昌航天亲子研学旅游推广季",推出精品亲子研学旅游产品,三亚·亚特兰蒂斯推出沉浸式亲子海洋夏令营。从热带雨林国家公园、红色娘子军纪念园到文昌航天发射场、中国(海南)南海博物馆……海南研学旅游资源汇集海陆空各类要素,覆盖海洋文化、热带景观、现代科技、历史古迹、红色文化、华侨文化等门类。世界研学旅游组织(WRTO)认为,海南研学旅游资源丰富独特,这也是该组织将 2021 年的世界研学旅游大会放在海南举办的重要原因。

由海南省旅游和文化广电体育厅和世界研学组织共同主办,于 2021 年 7 月 15 日举办的 2021 年世界研学旅游大会,齐聚专家学者共同探讨世界研学旅游发展方向,并为海南研学旅游把脉。

在本次大会上发布了由世界研学旅游组织和"海南日报"智库共同编撰的《海南研学旅游发展白皮书》,还推出了海南精品研学线路,以便更好地整合推广海南研学资源,打造海南研学旅游 IP。同时来自世界研学旅游组织的专家在对海南研学市场调研后发现,尽管海南研学市场发展迅猛,优势明显,但也存在不少短板,比如研学营地地域布局不够合理,集中在东部、北部和南部,中部和西部缺乏;研学资源有待深挖和整合;精品线路不多等。世界研学旅游组织(WRTO)中国区相关负责人表示,海南正在建设中国自由贸易港,区位优势明显。所以,立足海南,面向国内,辐射东南亚,可以通过资源整合打造研学 IP,以更好地吸引国内国外学生到海南研学,引导消费回流。

(资料来源:高懿、刘付诗晨《从中国走向世界研学旅游标准和导则全球首发——专访世界研学旅游组织执行主席杨振之》,《川观新闻》,2020 年 10 月 20 日访问。)

分析思考:

(1)分析案例中 WRTO 在海南研学发展中的意义。

(2)搜索 WRTO 关于研学旅游的相关案例,对比分析并分享感想。

第一节　研学旅行组织

一、国际性研学旅行组织

(一)世界研学旅游组织简介

世界研学旅游组织(WRTO),是由全球研学旅游专家和文化旅游学者在加拿大创立的非营利性机构,2014 年在加拿大成立世界地学旅游组织,2019 年 5 月更名为世界研学旅游组织。2019 年 8 月落户中国,中国代表处设立在四川乐山市。

WRTO 汇集了全球五大洲的联合主席团领导、全球研学旅游研究专家学者、官员和经营管理者,为研学旅游业的发展提供全球智库。该组织以"读万卷书,行万里路"为发展理念,从事研学旅游相关理论和实践研究,旨在推进全球研学和旅游业融合,促进研学旅游的学术繁荣、社会进步①。

WRTO对研学旅行的定义是,"研学旅游强调的不仅仅是地点的移动,更强调一种生命体验与学习的模式,是参与者以文化求知、自然探索、自我认知等为需求,前往具有暂时性与异域性的营地,进行以探究性为目的,以行动、深度体验为核心的专项活动"。WRTO认为研学旅行的意义重大、影响深远,尤其是在全球一体化背景下,研学旅行显得尤为重要。

1. WRTO的内涵

WRTO紧跟时代步伐,在文旅融合变革时期,经受时代考验并不断创新完善,组织内涵丰富,包括组织设立初衷、理念、宗旨以及入会标准。

2. WRTO的初衷

WRTO希望通过研学旅游,深度扩大开放和全球沟通;深度扩大跨文化交流;深化人类知识的共享。该组织致力于世界各国之间旅游的知识、文化、市场的交流与共享,制定相关导则,促进各国间研学旅游的交流和发展。

3. WRTO的理念

WRTO的理念是"读万卷书,行万里路"。主要体现在以下四个方面:

1)面向理论前沿

在组织内部,全球研学旅游的专家们贡献他们的智慧,汇聚他们的热情,让研学旅游发展更科学化,并向全球分享研学旅游的经验和知识。

2)关注孩子成长

组织立志于帮助越来越多的孩子在研学旅游中拓展视野、丰富知识,加深与自然和文化的亲近感,增加对集体生活方式和社会公共道德的体验,从而成为"真实的自己",体会"爱、快乐和成长"。

3)专注实践推广

研学是一场面向自然社会的实践行动,注重知行合一,最根本的是要引导孩子走出课堂、走出学校,回归大自然,与自然产生联结。WRTO更看重行动,强调学生的自我参与,在行动中去理解知识、领悟道理,倡导自然文化的深度探索,从青少年开始,组织开展各国间的研学活动,将极大地促进跨文化之间交流合作,促进人类的相互理解和信任。

4)致力素质提升

组织不仅仅关心孩子,也关心每个成年人的素质提升,让每个人通过旅游发现自己的潜能,不断地在环境中通过特定的系统、有效的体验,帮助提升个人潜能、历练心智、锻炼能力的活动。同时增长自身见识的过程,通过对文化的差异、地理的变化、人与人的沟通、各个方面的见闻,提升自己的素质,让旅游成为每个人的终生修行。

4. WRTO的宗旨

推动研学旅游的交流与协作,让人类在大自然中了解地球、环境、气候、天体、生物

---

① 黄京,杨胜利.世界研学旅游组织(WRTO)落户乐山[J].新课程导学,2019(27).

多样性等科学知识,探寻历史遗址遗迹、体验人类生活的物质文化与非物质文化;推动融知识性、创造性、健康性为一体的体验性教育和户外教育的发展,提升人们的领导能力、社交能力、认知能力、心理素质和意志力。

搭建一个全球营地、素质教育机构、教育组织与学术机构、政府组织及市场的交流平台,指导研发高品质的研学课程,培训高素质的研学旅行导师,引导建设有水准的研学营地,在理论结合实际基础上不断创新,推动研学旅游的交流与协作,并促进人与自然的联系,推动地学旅游、旅游地学、地质公园和文化的可持续发展,同时促进研学旅游所包含的各类学术繁荣和实践的推广。遵守各宪法、法律、法规和政策,遵守社会道德规范①。

5.WRTO 的入会标准

1)发起单位

一是在研学旅游领域,应在各发起国有巨大的影响力、组织力和宣传力;

二是能在各类资源、资金、政策等方面为组织的发展起到重要作用。

2)团体会员

从事研学旅游事业的组织或机构,企业建立并运营不少于三年(以营业执照或官方登记为准);有从事国内研学旅游课程设计、研学旅游学术研究、研学旅游活动安排、研学旅游营地运营的丰富经验。

3)个人会员

从事研学旅游事业在业界有一定影响力的自然人;有从事国内外研学旅游学术研究、研学旅游活动安排、研学旅游营地运营的丰富经验。

(二)WRTO 制定认证标准和导则

1.标准内容

(1)《WRTO 研学旅游基地认证标准》。

(2)《WRTO 研学旅游导师认证标准》。

(3)《WRTO 研学旅游生态环境导则》。

(4)《WRTO 研学旅游地质地貌导则》。

2.标准特点

1)普遍性

标准和导则的推出,是智库团队完成的研学旅游规范。标准和导则的制定,不仅吸收了学者、行业人士两方面专家的广泛参与,还是全球专家的合作。比如生态环境导则,就是由瑞典环境科学研究院领衔制定的。

2)独特性

WRTO 认为研学旅游涵盖了全龄段的旅行者,而不仅仅局限于中小学生。因此,相关的规范,自然与以往研学旅行的一些要求有很大不同。

---

① 高懿,刘付诗晨.从中国走向世界研学旅游标准和导则全球首发——专访世界研学旅游组织执行主席杨振之[N].川观新闻,2020-10-20.

3)标准体系和导则体系相互结合

标准体系解决研学旅游的底线问题,导则更多解决专业性、技术性的指导问题。二者相结合,为全球提供科学规范。

3.制定背景

随着文旅融合发展的加速,旅游业正面临着重要的时代变革,传统的观光型旅游已经不能满足日益多样化、多层次的消费需求。

研学旅游以"旅游+教育"的方式正逐步拓展着旅游和教育发展的空间,也必将推动教育的改革与创新,升级旅游的体验方式。

通过深挖自然与文化的内涵,为文旅产业发展提供内容支撑,促进文旅产业高质量发展。

世界研学旅游组织的创立,主要是为了探寻研学旅游的本源和规律,推进全球教育和旅游业的融合,吸取发达国家100多年来开展研学旅游的经验,科学规范地促进研学旅游健康发展。鉴于此,世界研学旅游组织围绕研学旅游的现状、挑战和未来,着眼研学旅游可持续发展新格局,筹建全球研学旅游智库,共享全球研学旅游发展经验,编撰了五项认证标准和导则。

伴随全面小康目标的实现,中国成为全球举足轻重的旅游客源地和目的地,有理由、有责任率先在全球实践研学旅游的科学规范。将先进理念与中国实践相结合,创造出发达国家和发展中国家共同认可的世界研学旅游标准、导则,从中国发声,让世界认同,这是首届世界研学旅游大会在中国举行,并且首次在全球推出认证标准、导则的原因。

4.制定目的

1)规范和指导研学旅游营地的建设

研学旅游营地应该以教育为目的,同时关注硬件与软件的建设。现有的研学营地主要以景区、博物馆、农家园区、运动场等为主,基地建设突出接待设施,却缺乏教育功能和设施的系统结合。研学教材编写粗糙,没有深挖内涵,没有进行适当的年龄段细分,缺乏对教育的理解。WRTO将从课程标准、安全标准、设备设施建设标准三个方面来规范基地建设,从而带动整个市场转型升级。

2)规范和指导研学旅游从业人员的职业技能素养

目前,以研学旅游为核心的认证体系尚未建立,相关从业者既缺乏专业性,也缺乏技能细分。WRTO与全球相关领域的专家合作,成立了认证委员会,建立了2020年研学旅游导师认证体系,为整个市场提供高素养人才同时,还催生"研学旅行导师"这一新职业,拓展从业人员的发展空间。

3)规范和指导研学旅游机构的运营

机构运营是整个产业的核心力量,而目前研学旅游运营机构业务水平参差不齐。WRTO将在课程与服务管理规范、设施设备及安全管理规范等方面,提供可参照、可执行、可检验的认证标准,为研学旅游行业规范化运营做出贡献①。

---

① 高懿,刘付诗晨.从中国走向世界研学旅游标准和导则全球首发——专访世界研学旅游组织执行主席杨振之[N].川观新闻,2020-10-20.

5.制定过程

首先,搭建总体框架体系,产学研结合建立智库。

WRTO 成立了认证委员会、专家委员会等专业机构,从全球甄选邀请相关各方面的专家,形成高度专业性和权威性的智囊团队,从宏观上对研学旅游的规范进行梳理,确立方向和进度。同时,专家团队的组建也体现产学研结合。如《研学旅游营地认证标准》的制定,不同实践部分由不同的专家编写,WRTO 的标准和导则的制定坚持理论与实践结合的方法。

其次,充分吸收参考国内外相关规范。

比如,营地教育、环境教育、体验教育等与研学旅游相关的活动,在国外开展较早,已经形成一些比较成熟的规范体系。WRTO 的原则是既吸取发达国家的经验,又符合发展中国家的实际情况,易于学习,便于操作。WRTO 推出的研学旅游标准和导则,充分吸收了发达国家相关标准和导则的精华。

最后,理念结合中国实践。

2016 年 11 月,教育部联合 11 部委印发《关于推进中小学生研学旅行的意见》,正式将研学旅行纳入中小学教育教学计划,助推了研学旅行市场需求释放。研学旅行井喷的鲜活实践,提供了不少生动的案例和经验教训。WRTO 运用先进理念进行剖析总结,为标准和导则的制定提供有益参考。

案例链接

世界研学旅游组织合作认证基地

2021 世界研学旅游大会为大小洞天风景区、敦煌研究院文化弘扬部莫高学堂、港珠澳大桥、陈家沟太极拳文化旅游区、中国(南海)南海博物馆、昭化古城等 6 个国内基地授牌。本次被授牌的合作认证基地是世界研学旅游组织专家委员会根据研学主题特色性、行业创新示范性、导师专业度、活动开展频次、市场宣传持续性、国内影响力等六大维度综合考量选择的[①]。

(三)童子军(The Scouts)

1.童子军运动的由来

童子军运动起源于英国,其创始人是贝登堡将军。1910 年 2 月 8 日,美国人伯尔斯先生把英国的童子军经验带回国,与商界、教育界、政治界一些领导人建立了美国童子军。于是,这一天就成为全美童子军的诞生日。童子军从英国传到美国时,正是美国进步教育运动和欧洲教育运动兴起之时。欧美进步教育和新教育运动关于培养兴趣、发展能力、尊重孩子个性、培养民主、合作、社会责任感和进取心等主张,对童子军运动

---

① 赵优.全国 6 基地获世界研学旅游组织认证授牌[N].海南日报,2021-07-15.

有着非常重大的影响,使童子军教育运动更富有现代教育的意义。[①]

2.童子军的理念

1)童子军誓言

童子军誓言如下:

以我的名誉,我将尽我最大的努力履行我信仰国家的责任,遵守童子军的法律;随时帮助别人;保持身体强壮,精神清醒,道德正直。

2)童子军规律

童子军是值得信赖的、忠诚的、乐于助人的、友好的、有礼貌的、善良的、顺从的、开朗的、节俭的、勇敢的、干净的和虔诚的。

3)女童军承诺

以我的名誉,我将努力侍奉我的信仰和我的国家,时刻帮助人们,并遵守童子军的法律。

4)女童军规律

我会尽我最大的努力做到诚实公正,友好乐于助人,勇敢坚强,对自己的言行负责。尊重自己和他人,尊重权威,明智地利用资源,让世界变得更美好,做每个女童子军的姐妹。

3.童子军组织的历史

虽然童军的创始人都是英国人贝登堡,但在美国男童军、女童军的发起时间和发起人都不同,组织活动也有所差别,针对男孩与女孩的生理心理发展的差异,童子军采用不同的方式进行教育。以下是童子军组织的历史:

(1)1907年:英国童子军的成立,综合童子军的认可开始日期。

(2)1910年:英国女童子军的成立。

(3)1910年:美国童子军的成立。

(4)1912年:美国女童子军的成立。

(5)1922年:世界童军运动组织的成立。

(6)1928年:世界女童军总会的成立。

4.童子军的组织架构

时至今日,从参与孩子和会员国家的数量以及活动规模来看,童子军无疑是有较大影响力的少年孩子组织。全球范围内,这一少儿组织的组织运作主要依靠世界童军运动组织及下设机构;在不同国家、地区层面,各级童军理事会和委员会管理、协调着不同层级的童子军日常事务。

1)世界童军运动组织

世界童军运动组织(WOSM)是一个独立的、世界性的、非营利的、非政治的组织,其工作目标在于增进童军运动的团结,同时增进他者对于童军运动之目的和原则的认识。

---

① 李洋.美国童子军建设的实践经验及其启示——基于少先队与童子军建设比较分析的视域[D].曲阜:曲阜师范大学,2017.

WOSM 属于联合国经济与社会理事会委任的具有咨询地位的组织,其经费主要来源于世界童军基金会的捐助和各成员国缴纳的童军会员登记费用,并不受特定国家或官方的控制。WOSM 的秘书机关是世界童军总部(World Scout Bureau),主要包含世界总部和区域办事处两大部门。

1920 年,世界童军总部位于英国伦敦,到了 1959 年又迁至加拿大渥太华,1968 年定于现址瑞士日内瓦。

目前,世界童军总部下设欧洲区、欧亚区、亚太区、非洲区、泛美区、阿拉伯区这六大区域办事处。这些部门致力于宣传、保障、推广世界童军运动,并维持 WOSM 与各国童军总会以及其他负责青少年活动的组织之间的联系。

与一般非政府组织不同,活力与革新被认为是童军运动重要的特色,其运作主要基于青年参与(youth involvement)、男孩女孩与成年男女(girls and boys,women and men)、童军运动中的志愿者(volunteers in scouting)等策略。

在全球性的童军运动中,WOSM 希望吸引更多年轻人特别是青少年参与其中,使得他们的潜力获得完全的发展。青少年被视作童军运动的基础,如贝登堡百余年前所坚持的,青少年是一个国家之所以稳固的基础,任何童军运动的落脚点都在青少年,让他们在童军活动中成长,最终成为社会的中坚角色。同时,童军运动也希望吸引不同文化背景的成年人参与其中,或为青少年活动志愿服务,或训练他们成为具有充沛活力、多样经验与潜能的童子军服务员。

2)世界童军会议

世界童军会议是童军运动的管理机构,同时扮演着会员大会的角色。世界童军会议由各国童军总会组成,主要从全球层级审视 WOSM 的政策与目标,并采取行动协助童军运动的推广。

任何国家的童军总会,都必须经过世界童军会议的认可,才能成为 WOSM 的正式会员。一个国家只能有一个童军总会,如果一个国家当中有多个童军组织,那么这些组织需要组成联盟,以便于合作及处理代表权问题,一个国家最多可以拥有 6 张代表票。世界童军会议每隔三年举行一次,主要选出世界童军委员会成员,认可新会员国,票选世界童军重大活动,如世界童军大露营、世界童军青年论坛等的主办地点。

3)世界童军委员会

世界童军会议的议决及所指派的工作,将由 WOSM 的行政机构世界童军委员会来完成。现任世界童军委员会主席曾指出,世界童军运动的结构呈现出一个倒三角形;全世界的孩子是为数最多同时也最为重要的服务对象,继而是童军成员,接着为各国童军总会,接下来是各区域童军办事处的领导者,再就是世界童军总部及世界童军委员会的运作,最后才是世界童军委员会。

反过来看,这实际上说明了世界童军运动的决策及运作过程。在童军运动之中,依靠适量的资源、简单的架构、民主的决策程序,各层级的组织、沟通、管理均以高效率作为其行政方向。先由世界童军委员会做出相应决策,世界童军总部进而传达到区域童军办事处,最后遍及各国童军总会及其成员乃至其他孩子。这种"由下而上"的结构也说明,尽管越往底层,职责权限越为重大,但童军运动的基石和主角都在于所有的童军乃至全球的孩子们。

4)各级理事会、委员会

不同国家或地区办理和管理童子军事业,建立各级理事会、委员会是卓有成效的方式。以美国为例,其组织机构层次由高至低依次是:全国理事会—地方理事会—区童子军委员会—童子军团委员会—童子军团—童子军小队。在各级组织机构中,除了少数专职带薪的工作人员,大部分都是成年的志愿者。美国童军理事会主要负责制定童子军方针政策、颁发国家级奖励、组织全国童子军大会、制定调整童子军活动项目等。地方理事会负责发展本地的童子军活动,如筹集资金、培训成人辅导员、为本地童子军团提供服务等,各理事会都拥有自己的营地及设施供童子军露营使用。

目前美国的童子军地方理事会已达300多个。按照地理区域,地方童军理事会划分出区童子军委员会来负责本地区的童子军事宜,如领导会议、筹备露营等。设立由国家到地方的各级童子军理事会和委员会,有利于政策的上传下达和训练活动的统一规范。并且,童子军组织在全球范围内的普及也使得它具有极大的号召力,既能动员广大志愿者们义务服务,也能集合地方、国家乃至的相关资源保障童子军活动的顺利开展[1]。

(四)研学营地教育

1.关于营地教育

现代意义上的营地教育起源于美国,目前美国营地协会(ACA)是全美非常有影响力的营地教育组织之一,拥有完整成熟的营地管理体系。ACA前身为美国营地主管协会(CDAA),1910年由艾伦·威廉姆斯发起成立,该协会提供了一个标准化的、有组织的营地体验的模型。1948年,ACA的营地项目标准获得了美国法律的认可,并被认证为营地从业者必须遵守的行业标准。

现如今,美国营地的设计与管理已经形成了相对成熟的产业,大部分是针对各种营地细分市场的。比如,有专门对女生开放的营地,有针对重病孩子的营地,也有对自闭症患者的营地,这些营地共同构建了美国的营地体系,让美国的营地都成为非常专业化的营地。[2]

2.美国营地管理体系

1)美国营地项目管理体系

美国各州针对营地活动的法律法规差异很大,通常仅用于保障卫生和食品安全。另外,美国的营地运营需要获得许可证,许可证的重点是执行最低限度的法规,取得许可的要求和费用同样因州而异。

以加州为例,其营地相关法律法规以加州官方法规法典中(2018)公共卫生主题下属分章——有组织的营地所列内容为主导,将营地归于加州卫生部管辖,并对营地许可证的获得,营地员工最低工资,营地食品服务等内容进行了详细的规定。

①　吴小玮.童子军运动探析及启示[J].外国教育研究,2015(6).
②　武孝毓,何疏悦,李方坷,等.美国日间营地的课程规划设计及管理体系研究[J].体育世界(学术版),2019(12).

2）以 ACA 为主的美国营地项目标准体系

ACA 的标准是 ACA 根据美国公共法律及对青年发展和营地的研究进行修订的，被美国的法院和政府监管机构认可为营地的行业标准。

ACA 的标准有五个核心理念、六个特定领域，共 300 多条详细标准，认证计划对营地所需的方针/程序和实践具有指导意义。

ACA 与各州有不同的合作方式及深度。在加利福尼亚州、科罗拉多州、印第安纳州等地，ACA 及其成员在制定影响营地的州法规方面担任专家顾问。在佛罗里达州的布劳沃德县，ACA 已被要求参与制定日间营地条例的委员会。密歇根州则将获得 ACA 的认证作为其营地许可要求的一部分。美国还有国家营地组织（National Camp Association）、童子军组织（The Boy Scouts of America）等多家营地协会。这些协会虽然没有被美国政府认证，但因其拥有悠久的历史、丰富的经验，也形成了标准化的认证和管理监督系统，靠公信力为各方提供监督和帮助。[①]

3.国外夏令营运作模式

1）体验式教育的活动理念

夏令营的体验式教育有别于学校教育的讲授程式。放下书本，走出课堂，走进大自然，外部世界的所有元素都能成为孩子们易于接受、乐于接受的鲜活教材。自然界的一草一木、营地迥异的风土人情、职业场所的不同规则；旅途见闻、野外长走、洗衣做饭、集体住宿……新鲜感让孩子们调动全部身心去体验参与。世界营地协会秘书长约翰说："我听，我会忘；我看，我就能记住；但只有我做的时候，我才能够理解。"头、心、手的全方位锻炼带来"全人发展"[②]。学校中的"我不行"变成了一次次体验中的"我能行"，极大地提升了青少年的自信心。

2）分层分类的教育模式

青少年参加夏令营活动的动机、兴趣和目标不尽一致。纵观国外夏令营的成功做法，其中重要的一条经验，就是坚持分层分类教育的原则，力争让每一个青少年都能找到适合自己的项目，并在每个活动环节中贯穿以青少年为主体的指导思想。美国凯威汀夏令营将营员按年龄从 8—15 岁分为不同层次的营，每个营每天都有七八种活动可供选择，每个营员可以自由选择参加。

在分层分级体系下，广阔的选择空间和时间让孩子感受到心灵和身体的自由，在潜移默化中增强自我管理的能力、发现自己内在的潜能并将其转化为实际的操作技能。选择的自由和快乐后面是营地工作人员的精心策划和设计。秉承分层分类教育的理念，每一个营地项目无论是内容程序设计、教师指导，还是安全保障，都是组织用心之作，且经过实践的检验。这种"计划指导下的自由"和"有目的的玩耍"饱含了几代营地工作人员创造性的劳动。

3）开放性的活动内容与形式

ACA（American Camp Association，美国营地协会）的工作人员表示，除传统的烹

---

①　武孝毓，何疏悦，李方坷，等.美国日间营地的课程规划设计及管理体系研究［J］.体育世界（学术版），2019（12）.

②　《助力成长，成就未来：青少年营地中国起步》。

任、运动和野外生存主题的夏令营外，具体项目根据父母和青少年的需要不断调整，整体而言将更趋多元，更加兼容不同文化特点。例如，许多公司乐于赞助的志愿服务夏令营，参加的青少年可以到各种救援组织、环境组织、博物馆、救济所做志愿服务，还可以到外国的小镇进行清理河道、农场建设等志愿服务活动。参加者不仅能从独特的视角去观察当地的文化，还能增加自己的社区服务时间，为申请大学加分。

利用夏令营进行职业教育是国外夏令营的一个重要内容。在日本，初中三年级学生的综合学习主题是"探索自我之旅"，学校会组织学生参观众议院并与议员交流，思考自己将来想要从事的职业和今后的努力方向。

4）不同功能的营地建设

夏令营的实体营地主要有专设营地和主题活动营地两种。

上文提到的美国凯威汀营即夏令营专设营地，坐落在湖中主题活动营地是指组织者围绕特定主题确定的相应活动阵地，"非常维也纳夏令营"即是典型做法之一。维也纳市政府每年统一协调夏令营的活动主题和阵地，从博物馆、画廊、作坊到实验室、养殖场、工厂车间，涉及各行各业。这些活动阵地共同遵循学生感兴趣、能够亲身体验参与、具有教育意义、交通方便、场地安全等标准的一个小岛上，以荒野探险和营地活动为重心。

5）相关主题的专题调研

营地教育的健康发展离不开前期详尽的调研分析，国外的夏令营协会普遍注重调研工作。

"哪些因素会影响营地项目的成效？""哪些青少年能从营地经历中受益？""营地经历带来的积极影响能够持续多久？"营地教育应该是适合青少年身心健康发展、培养青少年健康人格的专业运作，如澳大利亚营地联会与20多家教育研究机构合作，对营地活动进行跟踪研究，为设计更符合青少年需求的营地项目提供支持。美国营地协会定期资助一些研究机构对夏令营中的各种现象进行研究，邀请大学学者参加学术会议，讨论夏令营与青少年发展问题。

6）政府的高度重视

童子军创始人罗伯特·贝登堡指出，"学校教育环节上存在漏洞，缺乏'生活的准备教育'，这种漏洞，除非在学校围墙外加以补充，否则一辈子是不能满足的"[1]。正是这种围墙外的补充教育被很多国家的政府和公众视为与学校教育同等重要，而营地教育则是这种教育的重要形式。因此，在许多国家，营地教育成为教育体制的一部分。国家政府对营地教育给予高度重视，通过法律保障、政府部门统筹管理，扶持民间公益机构来组织、监督和管理等有力措施保障营地教育的健康发展。例如，俄罗斯政府把营地教育看成培养未来接班人的重要手段。再如，澳大利亚政府规定学校必须组织每位学生每年参加一周的营地活动，各营地与政府教育部门合作密切，营地专业人员与教师合作设计活动项目，力求营地教育与学校教育相辅相成。[2]

① 刘玉兰."生活的准备教育"——世界童军运动教育理念对当前青少年教育的启示[J].山东省团校学报（青少年学刊）,2013(2).
② 张旭东.国外青少年夏令营运作模式及启示[J].北京青年工作研究,2014(9).

(五)汽车房车露营联盟

1.背景简介

汽车房车露营联盟于1933年成立于英国,总部设在比利时布鲁塞尔,是联合国下属的非政府组织和全世界汽车露营的权威机构。目前,已覆盖了39个国家和地区的74个俱乐部和协会,会员总数超过了120万个家庭,350万露营者。汽车房车露营联盟倡导自由、环保的出行理念,每年一届的汽车房车露营联盟大会致力于世界房车露营行业的发展和壮大,为各国房车露营行业发展提供了范本。

2.等级划分

房车营地等级根据各国实际情况进行划分。美国分为一至五级;法国分为一至四星级;我国台湾地区分为初级、中级、高级。英国从2000年开始采用全英统一的营地星级体系,为汽车露营地提供统一质量等级评定标准。新标准将房车营地划分为五星级、四星级、三星级、二星级、一星级。

3.服务质量评价

营地的星级评定标准可以称为营地的技术支持,包括营地的所有人、营地的工作人员、经营者,甚至是营地内建筑物的建筑师、工程师、营地内各种设施的生产厂家以及对露营产业感兴趣的投资商等都需要了解有关营地的技术支持,也就是营地的星级评定标准。

在评价房车露营地的服务质量时,通常会从三个方面进行打分,即建筑物、场地、设施,虽然这是一种显得很客观的形式,但评价并不是对这些方面的简单计算。丹麦的质量评估体系会显得更主观一些。比如丹表露营局的代表会参观许多营地,从建筑物、场地、设施三方面评价营地的水平,然后他们需要对每个营地的各个方面进行评比打分,包括建筑物外观保护、设施保养、场地清洁,甚至各种设施所使用的材料等方面。

每一个营地都会同与它处在同一个星级的营地做比较,然后用扇形表示建筑物、场地、设施三个方面所占的比例,如果整个圆形有空白部分,则表示这个营地还有些不足。

案例
链接

华龙八达岭龙湾汽车露营地

第80届世界汽车房车露营大会的举办地——华龙八达岭龙湾国际汽车露营地,坐落于北京市延庆金牛湖畔,是依照标准建设的五星级露营地。营区内林木参天,溪水盘桓,妫水河系穿流而过,是一处天然避暑之地。营地总占地面积约180万平方米,包括主入口广场区、主会场区、房车营位区、可移动房车区、孩子游乐区、湿地公园区、移动木屋区、帐篷区、篷房区以及服务中心等13个功能区。整个区域宛如一座山水如意,镶嵌在首都西北部的桃源美景之中。

按照第80届世界汽车房车露营大会举办功能规划,主会场区将用于举办大会开幕式、闭幕式以及音乐节、红酒节等文娱演出活动;休闲娱乐区将配备家庭及孩子休闲娱乐游艺设施,组织旅游达人分享会等丰富多彩的营地活动;特色餐饮区提供各地风情美食和本土特色美食、露营烧烤等服务。营地提供了充足的房车、自驾车泊位以及高品质的木屋、篷房等住宿设施,并引进30辆欧美原装进口自行式及拖挂式房车,可提供租售及房车体验。营区内设有多处公共配套设施,提供淋浴、洗衣、垃圾分类、医疗急救等服务。①

二、中国研学旅行组织

(一)中国研学旅行联盟

1.简介

中国研学旅行联盟是为了落实教育部等11部门印发的《关于推进中小学生研学旅行的意见》,加强红旗渠研学旅行资源宣传,促进中国研学旅游健康快速发展而成立的联盟组织。中国研学旅行联盟成立大会暨红旗渠研学旅行论坛于2017年5月26日在红旗渠胜利召开。

2.成立目的

2017年5月26日,中国研学旅行联盟成立大会暨红旗渠研学旅行论坛在红旗渠胜利召开。此举旨在落实《关于推进中小学生研学旅行的意见》,加强红旗渠研学旅行资源宣传,促进中国研学旅游健康快速发展。

3.活动内容

联盟大会提出,将红旗渠定为联盟的常设会址、副理事长单位,并围绕红旗渠制定了中国研学旅行联盟团体系列标准和《中国研学旅行联盟红旗渠宣言》。

大会达成"中国研学旅行从红旗渠走来"的共识,并决定将每年的5月26日确定为"中国研学旅行日"。

红旗渠研学旅行论坛也渗透了行业领域的新高地。国内专家分别围绕研学旅行与优秀文化的传承教育等进行主题演讲,并提出将红旗渠研学旅游营地打造成全国知名品牌。

(二)中国研学旅游推广联盟

1.中国研学旅游推广联盟简介

中国研学旅游推广联盟,以下简称联盟,英文缩写为CETPA。

联盟联合国内外旅游界、教育界等,在自愿、平等、诚信、共赢原则的基础上组成的综合性旅游推广创新团体。联盟自觉遵守国家法律、法规,主动接受业务主管部门监督管理。

联盟秉承"市场共拓、品牌共创、价值共享、协作发展"的理念,不断加强中国历史文化传承与彰显,推进研学旅游资源的有效保护、合理利用与可持续发展,推动研学旅游

---

① 崇尚自然、环保、健康、绿色和谐、乐活自由　第80届世界汽车房车露营大会举行[J].旅游,2014(7).

产品创新、营销联合、管理互动,推动中国研学旅游领域加大科学研究、增进交流。充分发挥联盟的桥梁和纽带作用,与相关政府部门、社会团体等进行协作,为促进研学旅游市场的繁荣稳定和持续健康发展做出积极贡献。

文化和旅游部为中国研学旅游推广联盟的指导单位,负责指导、统筹联盟总体工作。联盟由北京、天津、上海、江苏、浙江、福建、山东、河南、广东、陕西等 10 个省市旅游委(局)发起成立。

联盟大会每年举行一次,因特殊情况需提前或者延期召开的,由承办大会的成员单位报请秘书处,经理事会讨论决定。上届大会决定并发布下届大会的召开时间和地点。由秘书处负责组织协调工作。联盟大会由举办地理事会会员承办。联盟大会主席由承办大会的成员单位领导担任,负责主持会议的程序性事项。理事由联盟大会选举产生,每届任期四年,可连选连任。理事会会议由理事长主持,特殊情况下理事长可指定代理主持。理事长由理事会协商推选产生,每届任期四年,可连选连任一次。

为保持联盟活动的正常开展,设立联盟秘书处。联盟秘书处为"中国研学旅游推广联盟"常设办公机构,接受联盟大会和理事会的领导,负责联盟的日常工作。

2.联盟性质

联盟为非营利性社会组织,联合国内外旅游界、教育界等,在自愿、平等、诚信、共赢原则的基础上组成的综合性旅游推广创新团体。联盟自觉遵守国家法律、法规,主动接受业务主管部门监督管理。

3.联盟宗旨

联盟秉承"市场共拓、品牌共创、价值共享、协作发展"的理念,不断加强中国历史文化传承与彰显,推进研学旅游资源的有效保护、合理利用与可持续发展,推动研学旅游产品创新、营销联合、管理互动,推动中国研学旅游领域加大科学研究、增进交流。充分发挥联盟的桥梁和纽带作用,与相关政府部门、社会团体等进行协作,为促进研学旅游市场的繁荣稳定和持续健康发展做出积极贡献。

4.联盟职能与任务

(1)开展国内外研学旅游产品开发,丰富研学旅游产品供给。

整合研学旅游业相关资源,增强研学与旅游业的融合度,丰富研学旅游业态,促进研学旅游业的健康和可持续发展。

(2)负责研学旅游产品境内外宣传推广,提高我国研学旅游产品在海内外的知名度、美誉度和认可度。

向文化和旅游部提出申请,将中国研学旅游推广活动纳入文化和旅游部境外年度宣传推广计划,并由文化和旅游部组织成员单位到境外进行宣传推广。推动成员单位在境外主流媒体和网络联合开展中国研学旅游品牌整体形象宣传和营销。

(3)推进成员单位联合开发适合境外游客的中国研学旅游产品线路;邀请海外旅行商和媒体前来进行研学旅游线路考察踩线。

(4)参与制定研学旅游推广公共服务体系,推广研学旅游公共服务设施、专业设施和接待服务等行业标准,提升研学旅游的接待能力和服务水平。

(5)建立联盟品牌体系,统一制定"中国研学旅游推广联盟"的标识、宣传语,联盟所有成员统一链接、统一宣传,使用互联网等科技手段,建立研学旅游推广信息技术平台,进行有关国内外市场信息、先进管理方式、应用技术以及统计数据的采集、分析和交流工作。

(6)依法从事促进中国研学旅游推广发展或有利于广大会员利益的包括研学旅游产品与市场策划竞赛、人才培养与培训等其他工作。

5. 申请条件

(1)自愿加入本联盟并接受本联盟章程。

(2)承担相应责任,履行相关义务。

(3)向联盟秘书处提交申请,经联盟理事会审查通过后提交联盟大会表决。

6. 会员义务

(1)遵守联盟章程,执行联盟决议。

(2)维护联盟合法权益和声誉,不组织、不参与有损联盟及联盟会员的一切活动。

(3)按照理事会或秘书处的要求,及时出席联盟会员大会和联盟的其他会议。

(4)向联盟提供真实可靠的会员资料与信息。

(5)认真负责地完成联盟理事会或秘书处交办的工作任务。

(6)完成会员应承担的其他任务。

(三)科普研学联盟

1. 科普研学联盟简介

科普研学联盟是由中国科技新闻学会、中国航天科技交流中心、中国地质大学(武汉)、中国颗粒学会、中科院合肥物质研究院等 24 家科技类企事业单位、社会团体共同发起成立,旨在推动科普研学资源的共建共享、科普研学课程的深度开发、科普研学人才的培养的非营利、非法人共同体。

2. 联盟使命

推动科技创新资源向科普研学资源的转化,加强科普资源的有效利用,实现科普研学资源的共建共享;吸引更多社会力量参与科学普及工作,探索科学普及的新途径、新模式,促进全民科学素养的提升。

3. 联盟发展理念

共商、共建、共享、共进。

4. 联盟发展目标

服务科技创新型国家建设,服务青少年科学素养提升。

5. 联盟工作内容

通过有效的联盟机制,汇聚高端科普研学资源,整合精品科普研学课程,培育专业科普研学旅行导师,搭建科普研学共建共享服务平台。

(四)中华儿童文化艺术促进会研学旅行委员会

1. 中华儿童文化艺术促进会研学旅行委员会简介

中华儿童文化艺术促进会研学旅行委员会于 2018 年 12 月批准成立,是文化和旅游部主管的中华儿童文化艺术促进会（简称"儿促会"）专业委员会。

中华儿童文化艺术促进会于 1993 年 10 月 26 日在北京钓鱼台国宾馆正式宣告成立。该促进会是为贯彻落实中华人民共和国文化部、教育部、广电部、农业部、新闻出版总署、共青团中央、全国妇联、全国少年孩子文化艺术委员会联合推出的《九十年代中国儿童文化艺术事业发展纲要》，即"蒲公英计划"，经文化部审核批准，民政部注册登记的国家一级社团。

研学旅行委员会传承 1993 年儿促会成立以来提出的"一切为了孩子，为了孩子一切，为了一切孩子"的宗旨，围绕服务青少年健康成长的原则，践行立德树人教育理念，从新时代青少年实践能力培养需要出发，着力构建研学旅行行业服务平台。

儿促会研学旅行委员会是全国性研学旅行行业组织，旨在通过协助政府制定和实施行业发展规划、产业政策、行政法规和有关法律；制定并执行研学旅行行规行约和各类标准，协调行业企业之间的经营行为；组织行业调研、发布行业数据；组织各类行业峰会和交流活动等，推动研学旅行行业健康、快速、持续发展。

2. 入会标准

（1）入会申请者承诺对入会申请等填写内容及提供的附加资料真实性、合法性等负责，不存在任何弄虚作假、违反法规的行为。有违反之，一经发现，儿促会研学旅行委员会有权即刻终止会员的所有权利，终身不得再次申请入会，并将追究会员给本委员会造成的一切损失。

（2）拟入会申请者填写入会申请，将入会申请表打印并加盖本单位公章（"协会代表"指申请入会单位推荐的出任代表，应为高层管理人员担任）。

（3）将企业营业执照复印件并加盖本单位公章。

（4）将企业情况介绍（800—1000 字）打印后并加盖本单位公章或提供企业宣传册。

（5）将企业荣誉证书等复印件加盖本单位公章。

（6）经材料核实或现场考察后，委员会领导讨论，批准同意的，将入会通知书制发给入会申请单位。

（7）入会申请单位收到"准予入会"通知的，委员会将制作颁发会员证及会员单位的铜牌。

3. 入会义务与权利

1）会员享有以下权利

享有参加本会活动和取得协会服务的优先权；在参加协会组织的培训、会议等活动时可享受会员特殊优惠；可优先享受协会领导、专家及智库支持；可优先享受在协会官方网站、公众号等媒体进行宣传的权利；可优先享受协会对相关基地（营地）、导师、课程、研学实践活动进行认证的权利；享有自由退出协会的权利。

2）会员须履行以下义务

（1）遵守国家法律、法规，遵守委员会管理办法和规定，执行协会的决议；

（2）维护协会合法权益，积极响应协会的工作安排，积极参加协会组织的各项活动；

（3）积极完成协会安排的任务，及时向协会反馈情况，收集资料等；

（4）按规定交纳会费或咨询费。

第二节　研学旅行标准制定的探索

一、国际研学旅行组织标准的制定和推广

(一)世界研学旅游组织(WRTO)标准的制定和推广

1.WRTO标准的制定

在国家发布的LB/T 054—2016行业标准中,研学旅行被定义为以中小学生为主体对象,以集体旅行生活为载体,以提升学生素质为教学目的,依托旅行吸引物等社会资源,进行体验式教育和研究性学习的一种教育旅行活动。

研学旅行标准化是指通过标准化文件对研学活动的服务提供者、服务所需要的环境、软硬件设施以及过程和结果等进行规范的一种活动,以提高工作的有效性。

WRTO组织筹建了全球研学旅游智库,加紧了研学旅游认证标准和导则的研究制定工作,研究制定工作是分别对研学旅游营地、导师的认证两个方面进行标准制定;还从生态环境、地质地貌、研学安全管理三个方面进行导则制定。

概括地来说,WRTO的标准是一份共同的、重复的规范性文件,经协商后拟定,并经公认机构批准,以取得最佳秩序。

2.WRTO标准的推广

案例导入中的海南研学旅游针对中小学生举办的亲子研学旅游,在暑假期间,以亲子家庭的集体生活为载体,凭借海南得天独厚的自然资源和丰富多样的旅游产品,进行体验式教育和研究性学习,为海南亲子研学旅游IP打造赋能,推进海南文旅产业高质量发展。

2021年7月14日,由海南省旅文厅和世界研学旅游组织共同主办的2021世界研学旅行大会在海口举行。会上,三亚大小洞天风景区、敦煌莫高窟莫高学堂、大湾区港珠澳大桥等全国6个营地获得世界研学旅行组织合作认证营地授牌,本次被授牌的合作认证营地是世界研学旅行组织专家委员会根据研学主题特色性、行业创新示范性、导师专业度、活动开展频次、市场宣传持续性、国内国际影响力六大维度综合考量选择的。

此外,2019年以来,作为首批国家5A级旅游景区,大小洞天开始把研学旅行作为景区重要产业方向,依托自然博物馆、玄妙阁、鳌山国学、洞天胜景、小月湾等多样研学资源,结合中小学课本知识,开发出海岸线、博物馆、鳌山国学、洞天人文四个主题系列9个研学旅行课程,为中小学生着力打造认识自然、了解人文、保护环境的综合素质教育基地,打造研学旅行的知名品牌。

目前,景区每年接待中小学研学旅行者超过8000人次,荣获三亚市"第一批全域旅游研学实践教育基地""全国青少年户外体育活动营地"和海南省"第二批省级研学旅行实践教育基地"等称号。

从以上具体案例可见，WRTO的标准和导则不是一成不变的，而是始终随着研学旅游的发展而不断更新完善的；标准和导则也不是只有一个级别，而是多级多层的。持续对研学机构、人员、课程的认证标准，以及研学旅游相关的自然、人文各细分领域导则进行研究制定，以实现组织标准的最优化发展推广。

（二）海外游学十大标准

美国教育发展协会是总部设在纽约的国际性教育组织，致力于发展和促进世界各国与美国教育机构的交流与合作，目前已经在中国设立直属分支机构——美瑞德教育，并陆续在北京、天津、长沙、武汉、烟台、常州等地设立办公室，主要项目包括高中、游学、交换生、教师派遣培训、友好学校搭建、留学（微博）咨询、考试培训等。为了推动行业自律和市场规范，美国教育发展协会在2013年4月11日举办的教育发展论坛上发布了游学十大标准[①]：

（1）选择具有正规资质的游学服务机构。

（2）选择具有背景、在海外有直接办公室和工作团队的游学服务机构。

（3）选择与海外院校深度学术合作，并且院校知名、教育资源丰厚的游学服务机构。

（4）选择可以直接在海外名校课堂里进行学习的游学项目。

（5）选择在海外知名院校课堂学习时间至少保证连续一周的游学项目。

（6）选择"游"与"学"比例搭配科学合理的游学项目，学习一定要占据50％的比例，而游玩的设计也需要和学习内容相关联。

（7）选择内容丰富、设计合理，能够真实体验海外学习生活的游学项目。

（8）选择教师配备细致丰富、师资力量雄厚的游学项目，课堂学习的教师与学生的配置比例至少为1∶15。授课老师应有专业的教师从业资格证书。

（9）选择在海外有高度安全保障的游学服务机构。

（10）选择可颁发游学成绩认证或游学经历证书的服务机构。

案例链接

二、中国研学旅行标准制定的探索

（一）研学旅行标准化

1.标准化概述

标准化的目的是在特定框架内达到基本秩序，维护共同利益，开展共同或双重用途的活动，并编写、分发和应用于实际或潜在问题相关的文件中。

标准化有助于提高产品、工序或服务的适用性，促进预期目标的实现和技术、贸易合作。标准化体系是具有目的性、层次性、协调性特征的一个系统，不是一个个标准的简单叠加，而是标准间的有机组合形成合力，为组织的良性发展提供有力支撑[②]。

---

① 教育发展协会.教育发展协会发布游学十大标准[N].新京报，2020-03-19.

② 王季云，姜雨璐.旅游业标准体系的思考与重构[J].旅游学刊，2013(11).

标准可划分为国家标准、行业标准、地方标准和团体标准、企业标准。下表是不同标准的内涵及制定机构,具有嵌套关系,形成一个有机系统,各级标准之间存在着密切联系。

标准类型、相关内涵和制定机构如表10-1所示。

表10-1　标准类型、相关内涵和制定机构

标准类型	内涵	制定机构
国家标准	国家标准分为强制性国家标准和推荐性国家标准。对需要在全国范围统一的技术要求,应当制定国家标准	国务院标准化行政主管部门
行业标准	针对缺失国家标准而又需要在全国某个行业范围内统一的技术要求所制定的标准	国务院有关行政主管部门
地方标准	对没有国家标准和行业标准而又需要在省、自治区、直辖市范围内统一的工业产品的安全、卫生要求,可以制定地方标准	省、自治区、直辖市标准化行政主管部门
团体标准	社团、工会、产业和技术协会等社会团体在市场运行机制协调下,制定符合市场需求和创新的标准,具有自愿性	社团、工会、产业组织协会
企业标准	企业生产的产品没有国家标准和行业标准的,应当制定企业标准,作为组织生产的依据	单个企业或企业之间

(资料来源:《中华人民共和国标准化法》。)

2.中国研学旅行标准化

为了规范研学旅行服务流程,提升服务质量,引导和推动研学旅行健康发展,国家旅游局发布的《研学旅行服务规范》行业标准已经国家旅游局批准,2017年5月1日起实施。该行业标准规定了研学旅行服务的术语和定义、总则、服务提供方基本要求、人员配置、研学旅行产品、研学旅行服务项目、安全管理、服务改进和投诉处理。适用于中华人民共和国境内组织开展研学旅行活动的旅游机构和教育机构。

(二)中国研学旅行标准发展现状

截至2021年1月,我国现行研学旅行标准主要可分为行业标准、地方标准、团体标准、企业标准四大类。(见表10-2)

表10-2　研学旅游不同标准的功能划分

标准类型	功能
行业标准	服务规范
地方标准	基(营)地建设和服务的规范性
团体标准	基(营)地的规范化
企业标准	研学旅行服务的提升

(资料来源:全国标准信息公共服务平台。)

标准聚焦于服务规范,《研学旅行服务规范》是我国国家层面发布的唯一一项推荐

性标准,该标准规定了研学旅行服务的术语和定义、总则、服务提供方基本要求、人员配置、研学旅行产品、研学旅行服务项目、安全管理、服务改进和投诉处理,适用于中华人民共和国境内组织开展研学旅行活动的旅行社和教育机构。

地方标准注重基(营)地建设和服务的规范性,都为推荐性标准,如重庆市的《研学旅行承办方服务规范》和大连市的《研学旅行基地建设与服务管理规范》和河北省的《研学旅游示范基地评定规范》和《研学旅行基地服务规范》都是推荐性,且为市场主体自愿采纳。

团体标准着重基(营)地的规范化,且主要针对研学课程的设计与评定,团体标准的制定主体多为教育协会和旅行协会,WRTO的营地和导师认证标准便是一种团体标准,还有中国旅行社协会制定《研学旅行基地(营地)设施与服务规范》;重庆市研学旅行研究会制定《研学课程评定与服务规范》;四川省教育学会研学实践专业委员会、四川省旅游学会研学游学分会联合制定《四川中小学研学实践教育基地(营地)建设与管理标准(试行)》。

企业标准侧重于研学旅行服务的提升,主要对旅游基地(营地)的管理和服务进行规范,着重对旅游基地的品质提升,如北京阳光同达教育科技有限公司制定的阳光研学旅行服务规范,成教(济宁)技术研究院的《研学旅行管理与服务规范》。乐山市积极打造"乐游嘉学"研学旅行品牌,这对于研学旅行行业标准体系建设也具有重大意义,"乐游嘉学"研学系列标准对于规范研学营地的建设与服务运营、规范研学旅行导师的职业素养和专业能力、规范研学课程的开发与设计起到关键作用。通过乐游嘉学研学品牌标准体系建设,建立符合本地区资源与特色的研学发展指导标准,这有助于研学旅行健康、可持续发展。

根据万田户、廖淑婷、吴玲丽等学者的统计,现有行业标准 1 项,《研学旅行服务规范》(LB/T 054—2016)是国家层面发布的唯一一项推荐性标准、地方标准 21 项、团体标准 21 项、企业标准 12 项,共计 55 项(不包含废止的 2 项),地方标准和团体标准数量最多、企业标准次之,国家标准尚缺乏[①]。

综上所述,研学旅行标准制定有如下特点:

一是研学旅行的标准化总体上数量偏少,且多为推荐性标准,没有硬性的强制性标准,也没有全国统一的国家标准,只有唯一一项推荐行业标准。

二是我国研学旅行标准以地方标准和团体标准居多,二者制定的标准约占研学旅行标准总的 76%。

三是所涉及的标准的具体内容在各方面都有涉猎,标准内容涉猎范围较广,从总的研学术语定义到具体旅行地的住宿、餐饮标准都有说明。

四是政策约束,发展受限。

目前,研学旅行是新课题,在行业标准、专业规范、执业资格、产业评价等方面还没有全国统一的标准。研学组织开展的研学旅行导师培训资格证还无法获得人社部门的

---

① 万田户,廖淑婷,吴玲丽.中国研学旅行标准分析及构建策略[J].四川轻化工大学学报(社会科学版),2021(3).

认证,权威性和公信力还不足,严重制约研学旅游人才队伍的良性和快速发展。

各学校和教育单位安全重于泰山,对参加研学旅游活动的顾虑太多,无法快速形成良性的市场规模。

研学旅行标准化目前还处于起步阶段,存在很多问题,诸如研学旅行的推行机制、促进机制、联合机制、安全机制以及规范机制的不完善,这些都是阻碍研学旅行顺利开展的重要因素[①]。由于相关的研学产品标准、价格标准、资质标准、准入条件、管理规制等还没有形成完善和系统化的制度与标准体系,这使得当前研学旅行产品的开发和经营良莠不齐[②]。

以上这些都急需一个研学旅行标准化体系来规范发展,具体包括以下几个方面。

1.营地教育标准

营地教育是校外教育的重要补充,而且与传统的夏令营或冬令营还是有一定区别的,最本质的区别在于夏令营和冬令营往往没有固定营地的需求,而营地教育更强调要有固定的营地,并在营地的基础上开展一系列的教育实践活动。

营地教育将创造性、娱乐性以及教育性融合为一体,有目的性地鼓励、引导青少年探索自己、开发潜能,培养了孩子沟通能力、生存能力、服务精神等,但是家长在选择营地教育时首先要仔细甄别挑选,并尊重孩子意愿,最为关键的是要处理好团队管理、营地建设、风险管理、课程体系建立等问题。

面对家长对营地教育需求的日益增长,以及当前营地教育"野蛮增长"的态势,2016年12月,教育部等11部门联合发布了《关于推进中小学生研学旅行的意见》,提出加强研学旅行基地建设,这标志着营地教育在中小学生成长教育中的重要作用已经得到国家和政府的高度重视。

2017年12月,《教育部办公厅关于公布第一批全国中小学生研学实践教育基地、营地名单的通知》发布,这些文件的颁布和营地的遴选建设不仅增加了营地数量,而且为营地教育的有序发展提供了遵循。

此外,政府部门还要逐步建立行业标准,提高营地教育的准入门槛,不能让这种杂乱无序的"野蛮增长"继续发展。相关部门要不断扶持研学旅行,不断加大营地教育的政策引导和资金的投入,从中国国情出发,从中国青少年的需求出发,实现中国营地教育产品的特色化发展道路[③]。

2.自然教育标准

学校的自然教育,是素质教育的具体实践,是当代小学教育文化的校本理解和建构。

自然教育有两种理解:一种是关于自然的教育,另一种是体现自然特征的教育。这里主要是第二种理解。

简单地说,自然教育是把大自然和现实的社会生态作为教育资源,在教育目标、内

---

① 杨艳利.研学旅行:撬动素质教育的杠杆——访上海师范大学旅游学系主任朱立新教授[J].中国德育,2014(17).

② 王德刚.研学旅行需有科学的标准和严格的准入[N].中国旅游报.

③ 赵宇.营地教育亟待完善行业标准[N].中国教育报,2018-08-27.

容和方法等方面追求自然性,根据青少年身心发展的自然规律开展教育活动,促进每一个孩子自主发展、最优发展。其具体含义有两点:

一是在自然中受教育,现实的存在包括自然万物、社会景象、家庭生活等都是丰富的教育资源,孩子生活、成长的过程就是受教育的过程,孩子是学习的主人,学校教育需要充分利用现实的存在,将有目的的影响融入孩子的生活,增强孩子学习和成长的自觉性,强化孩子主动发展的意识,培养孩子自主学习的能力。

二是在教育中求自然,教育成为孩子现实生活的有机组织部分,学校成为孩子向往的生活场所;教育过程按孩子的心理发展进行逻辑组织,课程开发遵循孩子认识的整体性;教育方式充分体现孩子的行为特点,引导孩子在游戏、活动和实践中体验和探究学习;教育管理和评价坚守孩子立场,尊重孩子的个体差异性;教师是孩子学习和生活的对话者,师生关系是基于服务和引领的合作交流关系。

我国的自然教育旨在把现实生活作为最重要的教育资源,在生活中受教育,用生活来教育,为生活而教育。学校教育走向社会,开展实践活动,引导学生善于发现和解决现实生活中的问题,做到知行合一;培养学生运用科学知识探究日常生活的习惯,不断提高儿童的实践能力、创新意识和生活智慧。

我国的自然教育也在不断探索新的标准和发展创新之路,例如中国林学会根据国家《中国林学会团体标准管理办法(试行)》的要求,批准北京市林业碳汇工作办公室、国际合作办等单位起草的《森林类自然教育基地建设导则》(T/CSF 010—2019)和《自然教育标识设置规范》(T/CSF 011—2019)为中国林学会团体标准,适用于全国自然教育总校,为自然教育提供良好发展范例。

3.中国旅行社协会研学旅行标准

中国旅行社协会(英文名称 China Association of Travel Services,CATS)成立于1997 年 10 月,是由中国境内的旅行社、各地区性旅行社协会等单位,按照平等自愿的原则结成的全国旅行社行业的专业性协会,是经国家民政部门登记注册的全国性社团组织。

中国旅行社协会具有独立的社团法人资格,它代表和维护旅行社行业的共同利益及会员的合法权益,努力为会员服务,为行业服务,在政府和会员之间发挥桥梁和纽带作用,为中国旅行社行业的健康发展做出积极贡献。

中国旅行社协会(CATS)与高校毕业生就业协会联合发布《研学旅行指导师(中小学)专业标准》和《研学旅行基地(营地)设施与服务规范》,两项标准自 2019 年 3 月 1 日起实施。

《研学旅行指导师(中小学)专业标准》对研学旅行指导师专业素养提出了基本要求,使研学旅行指导师在实施研学旅行教育活动时有了基本的准则。《研学旅行基地(营地)设施与服务规范》规范和提升了研学旅行基地(营地)服务质量,使研学旅行基地(营地)有相对科学、规范的准入条件,引导旅行社正确选用合格研学旅行基地(营地)供应商,保证研学旅行线路产品的服务质量,推动研学旅行服务市场的健康发展。

(三)研学旅行标准制定的落地对策

1.明确和细化研学旅行的目标任务

英国研学旅行发展源远流长,从朝圣之旅到现代校外教育,研学旅行在英国经历了几个世纪的演变和发展,到今天已成为世界各国开展校外教育、拓展学习空间的学习典范。

通过对英国相关政策文件、研究成果的文本分析,可获得其实践经验。英国 2006 年颁布的《课外教育宣言》除了强调研学旅行的教育意义,还重点明确了开展研学旅行的办法和措施,甚至还具体到地方政府、学校、教师、家长和其他相关组织应如何做①。

2016 年 11 月 30 日,教育部等 11 部门发布了《关于推进中小学生研学旅行的意见》。该意见分重要意义、工作目标、基本原则、主要任务、组织保障 5 部分。意见发布的主要目的是:将研学旅行纳入中小学教育教学计划,加强研学旅行基地建设,规范研学旅行组织管理,健全经费筹措机制,建立安全责任体系。

2. 完善旅游营地建设和服务的标准体系建构

一方面,积极吸收上级相关文件精神,了解中国当前研学旅行发展态势。当前的研学旅行发展势头良好,教育部也对研学旅行有了足够的重视,并发布很多研学课程设计与评审的相关文件。

另一方面,中国有丰富的旅游资源,但旅游营地建设和服务建设良莠不齐,研学旅行发展速度与研学旅行标准体系建构的脱节,反过来也会阻碍研学旅行的发展,因此应完善旅游营地建设和服务的标准体系建构。四川在旅游营地和服务的标准体系建构做得较好,四川在发展文化和旅游过程中,高度重视研学旅行各项标准的制定与实施,为推动研学旅行高质量发展奠定坚实基础。2021 年 6 月 1 日,由四川省文化和旅游厅、省教育厅牵头制定的省级标准《研学旅行基地(营地)设施与服务规范》和《研学旅行实践活动设计规范》公布,为研学旅行各参与方选择研学营地、制定研学线路提供了标准和依据。四川省文化和旅游厅一级巡视员宋铭表示,制定标准能够更好地引导、规范研学旅行基地建设和研学旅行市场发展②。

3. 加深研学旅行标准的实施力度和实际效用

目前,中国研学旅行标准体系以团体标准和地方标准为主,缺乏国家标准,且强制性不够,导致很多标准并没有真正贯彻落实,实施力度与实际效用较低,标准化建设力度不够深。研学旅行近两年发展势头迅猛,带来了很多文化效益和经济效益,若要获得后续长期稳定的发展,便需要加深研学旅行标准的实施力度和实际效用。标准体系的建构应在内容结构和深度、知识体系、参与程度、产品形态、服务标准、安全要求等方面建立详细、系统的标准。

4. 探索政策松绑,尝试实践创新

打破传统思维,先行先试,大胆探索,特别是文旅、教育、人社、安全等相关行政管理部门敢于突破思维定式,引领研学旅行事业的发展。在研学旅行发展理念上,要力推全龄段研学思维,强化政府各相关部门政令协调统一,便于操作,形成合力,提高效率;在标准、专业规范、执业资格、课程评价等方面有所突破。比如,在合法、科学和专业的审核制度下,行政管理部门对研学组织认证的基地、认证的职业资格证、课程、研学出版物

① 冉源懋,王浩霖.研学旅行的英国实践及启示[J].西南交通大学学报(社会科学版),2019(3).
② 马思伟.四川:盘活资源打造研学旅行新高地[N].中国旅游学报,2021-06-17.

等进行官方加持认证,提高权威性和公信力,为研学旅行事业发展助力。

开展研学旅行是古今中外的共识,从中国历史上看,孔子、司马迁、王阳明、徐霞客等学者、旅行家都是研学旅行的提倡者和践行者。从"读万卷书、行万里路"到现代自然教育,研学旅行从来都是国民教育的重要基因。[①]

目前,国内的研学旅行类型主要分为两种:一种是中小学组织的团队研学旅行,另一种是中介机构组织的亲子研学旅行。

世界研学旅游组织(WRTO)综合以上两种,致力于搭建全球性的研学旅行交流平台,该组织执行主席杨振之教授指出研学旅行始终以人的发展为核心,以回归自然为手段,以素质完善为诉求。他表示,研学旅游不分年龄段,研学是每个人的终生修行,研学旅行的根本目的是让旅游肩负起教育的历史使命,最关键的点就在于对自然和文化内涵的深度挖掘,研学旅行倡导知行合一,关键要以行为核心,它的宗旨是让研学的每个人进入大自然,致力于人与自然的联结、人与社会的联结、人与自我的联结,并提出了致力于提升人的综合素质的六力模型(见图10-1)。正如杨振之所言,针对未来的研学旅行发展,还要从标准、课程设计、人才培养、营地规划等方面入手,多管齐下解决我国研学旅游领域存在的"只旅不学"或"只学不旅"的问题。

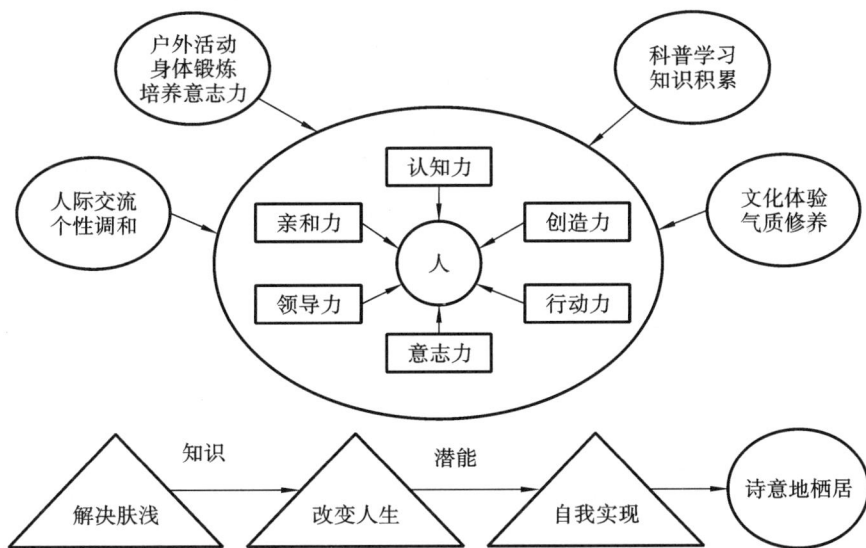

图 10-1 六力模型图:研学旅行框架性的个人成长

六力模型图是研学旅游的核心体系,旨在表明研学旅游从认知力、创造力、行动力、意志力、领导力、亲和力全面培育完善的人。在研学旅行中,户外活动旨在锻炼身体和培养意志力,科普学习旨在积累知识,文化体验旨在修养气质,人际交流旨在调和个性。研学激发人们探索新知识,追溯历史本源,发现自然无穷的奥妙,实现解决肤浅,从而不断自我修行、挖掘潜能、完善人生,最终达到自我实现的终极目的。

① 裴蕾:《问道"研学旅游"川大教授杨振之:研学旅游从来都是国民教育的重要基因》,四川在线,2021-09-03。

本章小结

首先,以海南研学旅游发展的案例导入,学习世界研学旅游组织(WRTO)的设立初衷、理念、入会标准等内容。

其次,对中国研学联盟、研学联盟、营地教育等研学组织的相关内容进行学习,了解研学组织的内涵、发展过程,理解研学组织主要目的、任务,掌握研学组织的发展宗旨、工作原则、认证标准和导则。

最后,阐述中国研学旅游标准制定现状及相关落地对策,通过案例在理论与实践之间搭起桥梁,以期进一步健全中国研学旅行组织规划和规范研学旅行标准的制定。

课后训练

(1)研学旅行组织应遵循哪些原则?

(2)目前,国家的哪些政策有利于研学旅行组织的发展?

(3)你可以为研学旅行组织的创新性发展提供什么建议?

(4)现有的研学旅行标准存在哪些问题?并给予相应的改进措施。

(5)随着研学旅行的多样性发展,如何更好地规范其标准?

(6)选择一个自己感兴趣的地方,针对其现有的研学组织及标准制定进行探讨。

第十一章
研学旅行发展趋势及其影响因素

思维导图

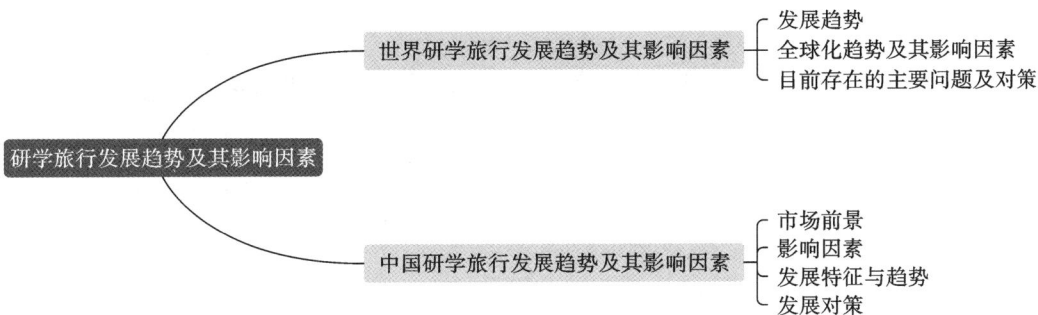

研学旅行发展趋势及其影响因素
- 世界研学旅行发展趋势及其影响因素
  - 发展趋势
  - 全球化趋势及其影响因素
  - 目前存在的主要问题及对策
- 中国研学旅行发展趋势及其影响因素
  - 市场前景
  - 影响因素
  - 发展特征与趋势
  - 发展对策

学习重点

（1）了解研学旅行的发展潜力和我国研学旅行的市场前景。

（2）理解几大因素对国内研学旅行发展的影响以及我国研学旅行的发展趋势。

案例导入

2021年8月，"莫高学堂"研学项目被评为亚太地区世界遗产青少年教育优秀案例，敦煌研究院被授予"世界遗产青少年教育基地"荣誉称号。[1]

---

① 参见：http://news.cctv.com/2021/09/10/VIDE33cwvexT4Wfx8MnwgEMR210910.shtml。

亚太地区世界遗产青少年教育优秀案例由联合国教科文组织亚太地区世界遗产培训与研究中心发布,面向亚太地区征集具有一定时代前瞻性和示范意义的遗产教育案例。

参评项目从终身教育、遗产数字化、网络科技、文旅发展、世界和平、社会融合、哲学等不同角度,为共同探讨未来世界遗产教育发展提供了重要参照。

"莫高学堂"是敦煌研究院文化弘扬部于 2019 年创办的研学品牌,依据不同受众群体分设成人班和青少年班。成人班依托莫高窟文化遗产地和敦煌研究院学术资源,邀请敦煌研究院各领域专家和知名学者从不同视角出发,解析莫高窟的前世今生,讲述敦煌文化的魅力和禀赋。青少年班则深度挖掘敦煌文化遗产价值:一方面,邀请敦煌研究院资深讲解老师以实例启发孩子们的创造力,帮助青少年了解遗产地博大精深的文化;一方面,运用互联网与数字化技术,线上线下相结合,让更多青少年参与到遗产教育中,激发他们对敦煌文化的热情与关注。[①]

分析思考:

(1)通过互联网查阅国际研学课程,并讨论其意义。

(2)结合实例分析案例中研学旅行行业的发展趋势及其影响。

第一节　世界研学旅行发展趋势及其影响因素

一、发展趋势

世界各国的研学旅行活动开展得如火如荼,形式丰富多样。中国从古代孔子、司马迁、徐霞客等人的"游学"到如今的红色研学、文化研学、自然教育等;英国从 17 世纪的"大游学"到 19 世纪发起的"童子军运动"及户外拓展中心,由王室逐级向下扩展,现在研学活动已普及每个家庭;日本"修学旅行"是学生最具特色的教学活动,始于 1946 年,现已被写入了国民教育大纲和学校教育法,研学活动进入到学校正常的教学计划;20世纪后北欧国家开始发展森林学校,注重在自然中学习,以自然为师;德国的"华德福教育"注重身体和心灵整体健康和谐发展的全人教育;根据国际营地协会(ICF)的统计数据,俄罗斯是世界上营地数量最多的国家;澳大利亚的营地教育已被纳入国家教育体系;研学旅行在美国同夏令营一样受欢迎,孩子们根据兴趣参与,包括南极探险、名校参观等内容;韩国的学生都会参与到各种类型的研学旅行活动中,以毕业旅行修学分的方式进行,这促使学生必须参与其中,接受教育和影响……

当今世界,各种不同形式、不同内容的研学旅行活动在全球各地不断开展,在此背景下,研学旅行前景广阔,大有可为。

---

① 参见:http://gansu.gansudaily.com.cn/system/2021/09/09/030404859.shtml。

（一）世界研学旅行研究趋势

在学术研究上，以中国知网数据库作为数据来源，以"研学旅行"和"研学旅游"作为主题检索词，数据库来源期刊选择全部期刊，截至2022年5月21日，共计检索到5104篇中文及外文文献。

另外，以Web of Science（世界上较有影响的多学科的学术文献文摘索引数据库）作为数据来源库，以"study tour"作为主题检索词，截至2022年5月21日共计检索到12890篇外文文献，以"educational travel"作为主题检索词，截至2022年5月21日共计检索到6294篇外文文献。

从发文量年度趋势来看，近几年学术界对研学旅行的关注度较高，上升趋势很明显。研学旅行的研究起步较早，但是在2013年以前都没有得到较快的发展，并且每年的发文量在50篇以下。

在我国，随着2016年《中国学生发展核心素养》总体框架的正式发布，研学旅行得到了社会的广泛关注，同年12月教育部等11部门发布的《关于推进中小学生研学旅行的意见》中明确了研学旅行的目标、原则和任务，极大地推动了我国研学旅行及其相关研究的发展①，研学旅行相关研究的数量从2016年（64篇）开始突增，预测在2022年的发文量达到1584篇。（见图11-1）

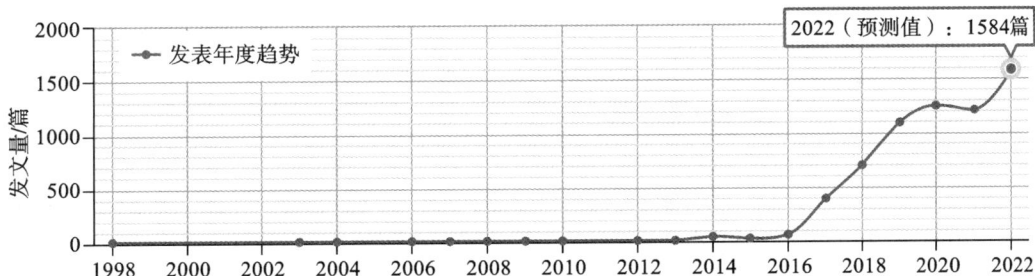

图11-1　1980—2022年发文量年度趋势

从国外的发文量可以看出，国外研学旅行的发展速度远高于国内，为国内发展研学旅行提供了一定的学术基础。学术研究的数量激增在一定程度上反映了研学旅行市场的发展态势，学术研究与市场前景都存在广袤的发展潜力。

（二）研学旅行发展潜力内涵

当代和未来的研学旅行发展意义重大、影响深远、现实价值尤为突出。世界研学旅行之所以具有如此巨大的发展潜力，主要有以下几方面原因。

1.全年龄阶段发展

未来的研学旅行不仅强调青少年的研学旅行，同时也强调研学旅行是每个人的终生修行。设计全年龄段研学旅行课程体系，使每个人通过研学旅行，成为完善的人，由此获益终生。研学旅行的意义是让全年龄段学习者经历一个事件或一系列设计好的项

---

① 周志宏，禹文婷.研学旅行概念辨析及研究进展[J].中南林业科技大学学报（社会科学版），2020(2).

目,在事件过后或事件运作中经由引导者或老师的引导找到研究方法,让学习者透过事件里发生的事情去研究、总结、反思,进而应用在现实的生活里面,让每个人通过研学旅行发现自己的潜能,提升自己的素质,成为每个人的终生修行。

2."旅游"与"教育"相结合

研学旅行作为新型旅游方式,是"旅游"与"教育"的结合,关注体验式学习旅游特色,是学校和社会提高人才培养质量的重要手段;作为新型旅游产品,实现了"旅游+教育"的高度融合,关注旅游体验式学习,提升旅游者的人文素质和能力。就研学旅行的形式来看,其是一种以集体为单位的教育活动形式,在一定程度上实现了对教育教学的创新,其实施对学生综合能力素质的培养有良好的作用。[①]

研学旅行从国家教育、旅游产业发展来看,是散客化旅游时代的产物,也是旅游市场细分的必然趋势,更是教育领域的新型产品,已成为旅游业新的经济增长点,其市场规模大、发展前景好。当前,市场上的研学旅行参与主体众多,包括了学校、教育主管部门、教育培训机构、旅行社、景区等。

3.推动优秀传统文化的继承和发展

文化是一个国家的根基,文化的继承与发展在旅游中的生根,使得研学旅行有了更多业态与关注。

研学旅行通过对文化的感知与习得,能推动优秀传统文化的继承和发展,是优秀传统文化传承的重要平台与方式。在跨国研学中,也同样可以促进不同国家间的文化展示与交流。让旅游肩负起教育的历史使命,通过研学旅行深度挖掘旅游的自然内涵和文化内涵,促进文旅产业的高质量发展。

4.旅行产品数量较多,种类丰富

研学旅行产品数量较多,种类丰富。在旅游和社会的发展中,可以不断衍生出新型产品,包括"红色+研学""文化+研学""绿色+研学""乡村+研学"等。各种不同的旅游产品与研学旅行的再结合显现了研学的巨大发展潜力。同时,出入境研学旅行、国际研学旅行路线是世界各国研学资源的整合,为世界研学旅行的发展提供了基础。

从目前世界研学旅行的发展情况看,研学旅行将成为国内外未来很长一段时间当中的重点旅游增长点,这已经成为一种必然的趋势。

研学旅行尚处于成长阶段,市场发展潜力较大,只有具备清晰的目标和坚实的质量管控基础,才能保持业态的健康稳定和持续发展。在认识研学旅行市场的巨大发展潜力的同时,深刻把握研学旅行及体验式学习的相关理论,关注研学旅行产品开发设计、研学旅行课程组织实施,整合教育行政部门、旅游景点景区、旅行社及旅游企业等综合优势,完善研学旅行课程体系,切实提升研学旅行产品开发水平。

5.人的全面发展

研学旅行是提升民族素质、提高教育质量的重要途径,其终极目标是人的全面发展。尤其是在全球化人才激烈竞争,核心素养要求不断提高的今天,研学旅行显得尤为重要,研学旅行应以人的发展为核心、以回归自然为手段、以素质提高为诉求,聚焦于关

---

① 曹小芹.基于区域文化的研学旅行活动设计探析——以南京为例[J].智库时代,2019(23).

乎国力的个体素质。

前文提到,研学旅行的核心体系是旨在培育完善的人、助力人的全身心的完善与提升、相伴全龄段人群的终生成长。总之,研学旅行是不断自我修行、不断挖掘潜能、不断完善人生的过程。

二、全球化趋势及其影响因素

站在全球化趋势日益明显的今天,研学旅行也不可避免地推进教育全球化。研学旅行的全球化趋势体现在以下三方面。

(一)研学产品全球化

在世界范围内,由于各国、各地区的研学课程、研学资源、研学产品相互交织、相互影响、相互融合成统一整体,形成了"全球统一市场"。在全球一体化背景下,可推进研学产品在全球范围内搭建"线上+线下"双线课程,推动研学产品智慧化,使研学产品全球化的发展稳步向前。世界研学旅行组织(WRTO)的宗旨是搭建一个全球营地、素质教育机构、国际教育组织与学术机构、政府组织及市场的交流平台,指导研发高品质的研学课程、培训高素质的研学旅行导师、引导建设国际水准的研学营地,并促进人与自然的联系,推动人类文化的可持续发展,同时促进研学旅行所包含的各类学术繁荣和实践的推广,推动研学旅行的国际交流与协作。

研学产品的发展不只是依靠少数国家的努力,更应该有赖于全球各国家共同参与。

(二)研学旅行标准全球化

由于信息网络化和经济全球化,在世界范围内逐步建立了规范行业行为的全球规则与准则,并以此为基础开始建立市场运行的全球机制。国际性研学旅行协会存在的意义之一就是应对研学旅行的全球化发展趋势,充分借鉴全球优秀研学旅行发展经验,集中全球专家智慧,研究各类研学旅行课题,搭建完整的研学旅行理论体系,探索研学旅行理论前沿。

推动研学旅行规范化发展,可以为全球研学旅行发展提供导则。

(三)跨文化交流日趋频繁

在全球一体化的背景下,不同国家之间研学旅行的合作与开展,显得尤为重要。

未来跨文化交流是个大趋势,借助研学旅行促进跨文化的交流与合作,推动社会、经济交流,促进人类的互相理解,是研学旅行全球化趋势的重要影响因素。世界关系回暖,走向对话,消除隔阂,往往都是从青少年开始的。

跨文化交流和理解是构建人类命运共同体的必要前提,研学旅行倡导知行合一,倡导自然文化的深度探索,从青少年开始,各国间研学活动的开展,将极大地促进跨文化之间交流合作,促进人类的相互理解和信任。

在研学全球化过程中,研学资源跨越国界,在全球范围内自由流动,各国、各地区既保留特色又相互融合,具体表现在以下几个方面。

1.贸易自由化

随着全球服务贸易的加速发展,研学产品全球化也会促进世界多边贸易体制的形成,从而加快研学产品国际贸易的增长速度,促进全球贸易自由化的发展,使得世界各国、各地区优秀的研学旅行产品为各国人民所用。

2.产品国际化

优秀的研学旅行产品不仅包括单个或少数地区或国家的文化与教育,更应该海纳百川,吸收各国优秀文化遗产与自然遗产,在旅游产品的设计中凸显文化的多样性与包容性。在研学旅行的线路中,更好发挥研学精神"读万卷书,行万里路"(Knows More, Travels Far)。

在研学旅行全球化趋势的背景下,高校与社会培训组织应做出响应,为研学行业不断输送全球化旅游人才。旅游人才培养既要顺应全球化趋势,构建高校赋能式旅游人才培养体系;又要把握全球化趋势,引进国际旅游新业态人才培训项目体系;更要引领全球化发展,组建国际旅游产业实战人才孵化基地。

研学市场与国际组织也不能置身事外。在全球化的背景下,研学市场应该有大局观念,有机整合全球的研学旅行资源,开发优质研学旅行线路,提供教育意义浓厚的研学旅行产品。研学旅行国际组织应加强国家间行业、知识、信息交流,建立行业标准准则,提供人才培养建议,开展丰富的国际会议与研学旅行参观,鼓励大家参与到研学旅行之中,共创研学旅行辉煌。

三、目前存在的主要问题及对策

尽管世界研学旅行发展潜力巨大,全球化趋势不可阻挡,但是目前世界研学旅行也面临着诸多问题和挑战,在行业标准、课程设计、人才培养、基地规划、安全制度、部门地区协调等方面的行业痛点已日渐显现,研学行业诸侯争霸,天下混战,行业痛点亟须解决,行业发展正处于初级发展阶段,有待各国、各组织的共同努力。

(一)世界研学行业缺乏全球认可的标准化和规范化体系

研学旅行市场是近几年蓬勃发展的新型事物,目前还处于行业的初期,研学营地、研学营地、研学机构、研学旅行导师、安全标准急需得到行业的规范化、标准化管理。

尽管已经有国际组织开始探讨研制研学行业的标准与导则等,如 2020 世界研学旅游大会发布《促进全球研学旅行发展宣言》,并发布 2020 世界研学旅行组织标准和导则,以及《研学旅游基地课程认证标准》《研学旅游导师认证标准》《研学旅游地质地貌导则》,等等。WRTO 制定的标准和导则,取乎上,得乎中,既广泛汲取发达国家经验,又能指导发展中国家和落后国家的发展,但这些远远不够,仍缺乏全球认可的标准,因为总体上来看,全球研学发展不平衡,西方发达国家的研学已实施了上百年,而发展中国家的研学才刚开始,所以还需要更多的国家、更多的国际组织参与进来,研究制定更为统一、完善的行业标准和规范体系,为跨地区的研学旅行提供更为稳健和完善的理论体系,以便照顾全球标准的区域平衡。

随着时代的发展与国际形势的变化,行业标准与规范体系也需要与时俱进,不断更新。

（二）各国研学旅行缺乏国际交流与协作

世界研学旅行的顺利开展与稳步发展,离不开国际研学组织之间的交流与协作,不仅包括前文提到的研制国际标准与规范化体系,还包括研学资源共享、研学培训交流、研学产品展示等。近年,国际研学旅行交流与协作已开始展开,如中国文物交流中心与世界研学旅行组织签订战略合作框架协议,双方围绕课题研究、共建 WRTO、课程研发、人才培训四个方面,全方位、深层次地开展研学旅行的全面合作……

未来,应该大力促进各国各地区间的交流与协作,应对研学旅行的全球化发展趋势,促进世界研学旅行有序开展。

（三）研学旅行地区间参与不公平,缺乏常态化实施体系

在世界各国研学旅行如火如荼开展的过程中,研学旅行参与公平的问题值得深思。发达国家的青少年都有机会参与到研学旅行中,以开展终身的修行,如英国研学活动现在已普及每个家庭;日本将修学旅行写入了国民教育大纲和学校教育法,研学活动进入学校正常的教学计划;澳大利亚营地教育已被纳入国家教育体系;韩国的学生以研学旅行修学分的方式使学生必须参与其中接受教育和影响……在中国,教育部等 11 部门发布了《关于推进中小学生研学旅行的意见》提出研学旅行要由各学校根据相关规定及本校实际情况自主开发和组织实践。面对研学旅行"全员参与、集体活动、走出校园、实践体验"的常态化实施要求,一线中小学校作为组织者和管理者,面临着"组织管理难度大、安全保障压力大、研学费用筹集难度大、教学安排难度大、教育实施难度大、家长的理解与支持难度大以及研学旅行基地和旅游机构提供服务与学校期望差距大"[①]等问题。这些问题使得部分青少年没有机会参与到研学旅行中,缺乏教育旅游公平,这种情况在其他发展中国家也同样存在,虽然国际教育公平是老生常谈的话题,但我们还需要关注研学旅行参与公平性问题,确保全世界的青少年都能有机会参与到研学旅行之中来。

（四）协调机制不完善,缺乏"三位一体"的协调联动

在全球化趋势背景下,不管是国内还是国家之间都应该协调发展、协调联动,建立完善的协调机制,而"三位一体"的协调联动机制起着重要的作用。

"教育＋旅游"的研学旅行有赖于"三位一体"协调联动,"三位"指的是研学旅游供给侧、研学旅游主管部门、研学旅游中介方;"一体"的最终目的是以教育为宗旨,以旅游业转型升级和高质量发展为前提,肩负全面提升人口素质的重担。

产品供给侧需要科学完善地构建研学旅行供给体系,研学旅行营地通过导师培训和课程研发提升研学主题体验、颠覆传统导游模式。

市场中介基于研学旅行重新构建市场组织方式,通过产品主题化、市场细分化、服务专业化颠覆现有"串线"方式,生成用户导向"包价"产品、课表式可定制内容菜单,实现从跟团导游到研学旅行导师。

---

① 　钟慧笑,马志平,吴鸿丽,等.本期话题:研学旅行难在哪里[J].中国民族教育,2017(3).

Note

行政管理部门需要倒逼中国休假制度改革,只有通过校内必修和校外刚需才能改革休假制度,才能保证研学旅行和人口素质提升,并显著提升旅游业综合效益。

(五)国际水准的研学营地稀缺,研学内容尚未精品化

研学行业发展还处于初级发展阶段,存在研学营地缺乏教育属性,特色不足,研学旅行导师人才队伍素质参差不齐等问题。标准是顶层,营地是载体,内容是根本,安全是保障,关键在导师[①]。

标准的构建在前文中已经提及。研学营地体系建设包括前期规划、基础设施、人力资源、内容课程、管理与服务、安全制度、运营推广等,只有做好这些才能实现其教育性、实践性、安全性。

研学旅行产品的开发还处于探索尝试阶段,研学课程良莠不齐,缺乏深度,同质化严重。在产品的塑造上,应对接国际标准,深挖国际研学资源,彰显国际地域特色。加强宣传与推广,挖掘和整合各类教育资源,积极探索多种研学旅行产品开发途径。

行业步入正轨,专业人才稀缺,研学旅行导师将成为团队专业化的关键核心。不同于一般导游,研学旅行导师需要更加丰富的知识储备和专业的讲解技巧。研学项目很多都具有科普的性质,需要结合历史、地理、生物等科学知识进行讲解,并能加强趣味性,以吸引学生互动参与。

此外,标示标牌系统也应适应研学营地的特性进行创新设计,以浅显、有趣味的语言和图示展示科学知识,加强与学生的互动。

研学旅行导师体系建设需要从导师构成、导师资质、职业规范、专业素养、专业知识、工作内容、持续发展、考核管理等方面进行考量。构建研学旅行导师人才储备资源,从业人员的培养目标应从掌握研学旅行相关政策法规和规范标准,熟悉中小学研学旅行相关教育政策、目标、大纲和方案要求,从事研学旅行项目开发运营、策划咨询、线路设计、课程开发等运营、管理及服务等相关工作方面进行考量。在美国,很多博士在假期都会前往国家公园担任义务讲解者,利用自身的知识优势为游客进行科普讲解,这种做法如果在各国都能推广,将有利于研学旅行市场导师人才的扩充。

第二节　中国研学旅行发展趋势及其影响因素

一、市场前景

研学旅行是拓展旅游发展空间的主要途径,其市场前景不容小觑。在中国,研学旅行的市场前景主要是由政府部门的支持与研学旅行市场的需求共同决定的。

研学旅行作为一种新兴教育形态受到了政府的大力支持并且取得了一定的进展。

① 杨振之.研学旅行:基地是载体　内容是根本　关键在导师[N].中国文化报,2019-04-13.

国家及地方多部门陆续出台相关政策文件,这说明研学市场政策利好,很大程度上展现了研学旅行光明的市场前景。由此可见,在这种背景之下,研学旅行应成为能够促进教育以及旅游事业共同进步的新型旅游教育方式,为旅游与教育融合带来机遇,推动研学旅行发展势在必行。

近几年国家政策层面积极引导,先后出台多项政策措施鼓励推动研学旅行发展扩大,并得到全国各地的积极响应,获得了良好的社会反响和经济效益。同时随着国内经济发展迅速,人民生活水平上升,与教育相结合的研学旅行发展态势良好,研学旅行的发展成为各地经济社会发展新的机遇。

目前,我国研学旅行研究处于快速发展期。

在理论层面,通过对文献发表数量、文献所属学科分布、发文作者和研究机构的统计分析发现,近年来"研学旅行"成为旅游和教育研究的热点。

在实践方面,据新东方国际游学 & 营地教育推广管理中心、联合上海艾瑞咨询研究院正式发布的《2019 泛游学与营地教育白皮书》显示,2018 年的国内研学旅行量已达到 400 万人次,人均消费 3117 元/次;由中国旅游研究院发布的《中国研学旅行发展报告 2021》显示,2021 年我国的研学旅行机构数量达到了 31699 家;由人民文旅智库、中华儿童文化艺术促进会共同研究形成的《中国研学旅行发展白皮书 2019》(以下简称《白皮书》)系统地回顾了 2016—2018 年的行业发展实践,梳理了 2019 年研学旅行整体发展情况。

《白皮书》指出,2019 年,我国研学旅行呈现快速健康发展的良好态势,在课程、服务、品牌、资源等方面都实现了纵深推进,外来大资本、大企业也涌入研学行业,进一步带火了市场,在促进学生健康成长和全面发展等方面发挥了重要作用。

研学旅行中的红色元素明显增强,与红色旅游自身深入发展实现同频共振。

未来几年,在国情教育、红色教育、素质教育等多重因素作用下,红色研学、博物馆研学、科技研学等细分产品将"再上一层楼",有望产生更多爆款产品,在"寓教于乐""知行合一"的宏观教育视域中获得更好的发展。

家长对于研学旅行产品的品质意识有了明显提高,特别是生活在一、二线城市的家长,更愿意为有品质保障的研学旅行产品支付相应的合理费用。对于中长途研学旅行产品费用,60%的家长可以接受的区间是 3000—5000 元,15%的家长可以接受的区间是 5000—10000 元。

从市场平均水平来看,研学旅行批发业务类产品单价在 2100 元上下,零售端产品价格在 3000—4500 元;海外研学项目单价更高,均价达到 1.2 万元。在中小学开展研学旅行是"教育+旅游"的新理念、新业态、新模式,既是教育教学改革的重点任务,也是广大家长的热切期盼,更是经济发展新的增长点。我国的研学旅行已被列入中小学校的必修课程,将进入"井喷"式发展阶段。

在资金投入情况方面,国家每年对教育投入资金连续五年超过 GDP 的 4%,2017 年中国的 GDP 已达 80 万亿,即 2017 年国家对教育的投入超过了 3.2 万亿。国家拨款到各个教育局和学校,教育局和学校有责任和义务在每个学期里,给学生提供小学三天,初中五天,高中七天出校、出市、出省的研学教育。

在消费意愿方面,中国城市富裕人口和城市上层中产人口的数量将不断增加,他们更追求优质多样的教育,希望未来孩子有短期出国留学的机会,因此,研学旅行和营地教育将是其看好的教育品类。与巨大的潜力市场形成鲜明的对比,目前研学旅行机构还是以小微企业为主。

从事研学旅行的相关机构组织中看,2017年总收入规模2000万元以上的占比为10.7%,研学旅行机构年接待量较小,30人以下规模的企业占到整体比例的60.7%(不包括兼职)。

从接待人次规模来看,2017年接待量1000人次以上的企业机构占比43.1%,其中接待量1万人次以上的占比13.8%。当前研学旅行和营地教育机构的分布与市场当地的经济发展水平息息相关,66%的研学旅行、营地教育机构分布在经济发达、收入和消费水平高、人口稠密的一线和新一线城市。2010年以来,研学旅行和营地教育行业的投融资数量逐渐增加,2017年达到顶峰。该领域越来越多地受到资本方的关注。在所有融资案例中,处于B轮融资阶段之前的占比高达81.5%,反映了该领域正处于快速成长期。

根据教育部发布的《2020年全国教育事业发展统计公报》[①]数据显示,全国各级各类学历教育在校生2.89亿人。根据中国商业数据网整理,2018年国内研学人均消费3117元/次。假设一名学生在生命周期中参加1.5次研学项目,以3000元的客单价、10%的市场渗透率计算,研学旅行的市场规模为

$$2.89 \times 10\% \times 3000 \times 1.5 = 1300.5(亿元)$$

此前,我们曾谈到不仅要强调青少年的研学旅行,同时还强调研学旅行是每个人的终生修行,强调推广全年龄段的研学旅行,从这个角度分析,研学旅行具有广阔的市场前景,前景一片光明,形势一片大好。

二、影响因素

(一)地区教育公平

1.地区教育公平的概念与原则

教育公平是国家对教育资源进行配置时所依据的合理性规范或原则。这里所说的"合理"既要符合社会整体的发展和稳定,又要符合社会成员的个体发展和需要,并从两者的辩证关系出发来统一配置教育资源,包括起点公平、过程公平和结果公平。

教育公平包含资源配置的三种合理原则,即平等原则、差异原则和补偿原则,教育公平是教育资源配置方面的平等原则、差异原则、补偿原则的统一[②]。值得注意的是,"教育公平"不同于"教育平等",教育平等指公民受教育权利的相同性、一致性,受教育机会的相同性、一致性,更多的是关涉事实、形式上的判断[③]。教育平等是教育公平的基本要求,但是,建立在权利平等、机会平等基础上的不平等也是公平的,是具有合理性的。

---

① 参见:http://www.moe.gov.cn/jyb_sjzl/sjzl_fztjgb/.
② 褚宏启.关于教育公平的几个基本理论问题[J].中国教育学刊,2006(12).
③ 郭彩琴.教育公平:内涵和规定性[J].江海学刊,2003(3).

地区教育公平中的"地区"二字限定在西部地区、边远地区和少数民族地区,表明一个城市中教育资源也不公平。这些地区或者城市地区中弱势群体的受教育权利,如果没有得到保障,区域之间发展差距过大,最终会影响到国家社会经济发展。《中华人民共和国教育法》第10条规定,"国家扶持边远贫困地区发展教育事业";第11条规定,"国家采取措施促进教育公平,推动教育均衡发展"。这项规定是对于教育资源存在的地域差异而采取的主动干预,因为补偿边远贫困地区人群的受教育机会不仅是现实的需要,更是一项法律义务。

1)教育资源配置的平等原则

平等原则包括权利平等和机会平等,即受教育权平等和教育机会平等两个方面。受教育权平等是社会公平和正义的内在要求,即一切主体均享有受教育的权利;教育机会平等是以权利平等为基础,包含教育起点平等和教育过程平等,实质上是指获取教育资源的机会平等,没有将教育结果纳入教育机会平等的范畴中,因为教育结果不可能实现绝对的平等,追求结果公平在公共政策层面也是不可能实现的[①]。

2)教育资源配置的差异原则

差异原则是根据受教育者个人的具体情况,在一定程度和范围内有差别地分配教育资源。它反映的是"不同情况不同对待"的原则,即不是平均或平等分配教育资源的份额。教育资源对受教育者而言是客观存在的,与个体个人素质无关,但他们自身的天赋或不足以及多样化的需求是在配置教育资源时需要考虑的问题。

3)教育资源配置的补偿原则

补偿原则关注受教育者社会经济地位的差距,并对社会经济地位处境不利的受教育者在教育资源配置上予以补偿。换言之,针对边远地区和贫困人群,在教育支持政策和教育资源上向弱势地区和群体进行一定程度的倾斜。按照补偿原则进行的教育资源配置虽不符合平等原则,却实现了地区教育公平的目标。

2. 对研学旅行发展的影响

根据《国家中长期教育改革和发展规划纲要(2010—2020年)》,教育公平是社会公平的重要基础。教育公平的基本要求是保障公民依法享有受教育的权利,关键是机会公平,重点是促进义务教育均衡发展和扶持困难群体,根本措施是合理配置教育资源,向农村地区、边远贫困地区和民族地区倾斜,加快缩小教育差距。

教育公平的主要职责在政府,全社会也要共同促进教育公平。研学旅行本身在顶层设计层面与教育密切相关,基于此,地区教育公平政策可以进一步推动社会各方对研学旅行的认知,增加研学旅行的社会推广和认可度,让更多人参与到研学活动中。

首先,根据地区教育公平的平等性原则,每个个体都有受教育的权利。

值得注意的是,平等不仅意味着受教育权利的平等,每个个体也必须接受平等且高质量的教育,否则便不是真正意义上的教育平等。高质量的教育内容不能仅仅依靠学校各学科老师的教育辅导,还需要配套一系列的综合素质实践活动,双向驱动个体全面发展。

---

① 褚宏启,杨海燕.教育公平的原则及其政策含义[J].教育研究,2008(1).

Note

研学旅行作为一种综合素质实践活动,目前已被纳入中小学教育教学计划当中。地区教育公平会促使社会各方,尤其是学校和家长思考学生的个人素质、个人成长问题,研学旅行可以通过政策引领,与各中小学校合作,普及研学旅行的教育成效,增加研学旅行的社会认知和参与人数。

其次,根据地区教育公平的差异性原则,需要针对不同的个体,分析他们各自的特点和需求,进而为他们提供多样化的教育资源,包括多种类型的学校、多种类型的课程甚至多种类型的课外活动。

研学旅行活动作为一种户外拓展活动、综合素质实践活动,可以基于学生多样化的需求,为其提供知识科普、自然观赏、科学考察、励志拓展和文化康乐等活动类型。例如,对于在学校课程中表现良好的学生,他们此时更加需要拓宽视野,将课堂环境从室内转向室外,通过研学旅行活动体验,让他们提高自身素质,促进其全面发展。

研学旅行离不开教育部门的管理与支持,地区教育公平的政策有助于促进研学旅行在各个地区的推广和普及,最终提高研学旅行的学校覆盖率。

最后,根据地区教育公平的补偿性原则,面对不公平的现象就需要采取不公平的方式去处理。

每个个体都有受教育的权利,研学旅行也是一种创新性教育方式。在城市地区,拥有天然的社会经济发展条件,在中小学时期既可以选择学校组织出游,也可以在课余空闲时间协同家长在研学机构的组织带领下开展研学活动;在农村等边远地区,相较于城市地区的人群,农村等偏远地区受经济发展的限制,人们认为不能在此开展研学旅行活动。实质上,农村地区、边远山区、少数民族地区一般是自然、文化资源禀赋丰富的地区,发展研学旅游具有天然的资源优势,只是因为没有相关的政策扶持和资金支持,限制了该地区研学旅行营地的开发建设。

地区教育公平原则可以让城市农村地区"优势互补",促使城市地区的经费资助向贫困地区倾斜,同时,贫困落后地区的营地建设可以为城市地区的研学旅行者提供活动目的地,两者互惠互利、共同发展。

(二)智慧科技发展

1. 智慧科技的内涵与应用

1)智慧科技的内涵

当前我们已经进入智慧化和信息化 3.0 时代,以数据的深度挖掘与融合应用为主要特征。

智慧科技主要包括新一代信息技术应用,如以移动技术为代表的物联网、云计算和人工智能,实现了综合感知、泛在互联和集成应用。具体而言,智慧科技主要是应用移动互联网、大数据、5G、物联网、人工智能、AR、VR 等在内的高新信息技术,为政府管理方式变革、社会信息化建设、居民日常生活便利带来了发展动力。

智慧科技并非单纯为智能科技的别称,或仅仅是信息技术在智能化方面的应用,还包括我们人类智慧的共同参与,并基于"以人为本"的理念规划国家、城市、社会、生活等的可持续发展。

2）智慧科技的应用价值

（1）国家现代化治理的重要手段。

在顶层设计层面，党中央提出推进国家治理体系和治理能力现代化，必须抓好城市治理体系和治理能力现代化。要学会运用大数据提升国家治理现代化水平，运用大数据、云计算、区块链、人工智能等前沿技术推动城市管理手段、管理模式、管理理念创新，从数字化到智能化再到智慧化，让城市更聪明一些、更智慧一些，是推动城市治理体系和治理能力现代化的必由之路。

（2）智慧城市建设的技术基础。

智慧城市是以智慧科技为基础，将各种大数据、人工智能、物联网等信息技术应用于城市中的各行各业，基于知识社会下形成的城市信息化高级形态，实现信息化、工业化与城镇化深度融合，以提升资源运用的效率，有助于缓解"大城市病"，提高城镇化质量，实现精细化和动态管理，优化城市管理和服务，并且改善市民的生活质量[①]。

（3）社会公共安全治理的辅助手段。

智慧科技近几年来发展迅速，在 2020 年的疫情防控治理中发挥着巨大作用。利用 AI 技术测量体温，通过大数据和信息管理系统掌握人口的动态路线。同时，各种 App 通过数据技术助力企业复工复产，健康码、出行码为群众出行提供保障。

（4）大众日常生活服务的好帮手。

智慧科技如今已经渗透我们的吃、住、行、游、购、娱等各种社会活动中。从智慧城市的建设到日常生活中智能手机的应用，如人脸识别、移动支付等，都是智慧科技衍生的产品和服务，涵盖了各个行业领域，当下社会大众一般也能在日常生活中接触到最新的信息化技术和产品。

2.对研学旅行发展的影响

1）供给层面的影响

（1）智慧科技推动研学旅行行业管理理念和管理方式创新。

OTA 平台的出现给传统旅游业中的旅行社造成了很大的冲击，但同时也带来了发展的机遇。基于移动互联网、物联网等新兴技术，可以开展线上办公，同时在网络平台上为游客提供各类服务、户外研学产品的选择，提高研学机构的运营管理能力和工作效率。

（2）智慧科技帮助研学旅行行业获取市场需求特点。

研学领域的众多机构和企业可以通过大数据技术挖掘海量数据信息，获取全互联网平台中关于研学旅行者的相关信息，了解他们的旅行偏好和消费需求，从而打造与市场需求匹配的研学项目，为研学旅行者提供便捷、高效、满意的研学产品和服务。

（3）智慧科技支撑研学旅行行业提供多样化体验产品。

研学企业和服务机构可以利用人工智能、VR、AR 新兴信息技术为研学旅行者提供深度参与的活动内容，不局限于简单的知识科普型或自然观赏型活动。研学企业和服务机构通过为游客提供蕴含现代科技的研学产品，以提高游客的参与性、互动性和满意度。

---

① 蔡志海.基于智慧科技的绿色物业管理模式研究[D].北京：中国社会科学院研究生院，2020.

Note

2)需求层面的影响

智慧科技给社会大众带来了很多便利服务,也为人们提供了海量信息。研学旅行相关信息通过移动互联网传递至各个用户,让他们可以快速地了解到研学旅行是什么,开展研学旅行的效用有哪些,可供选择的研学旅行产品和服务有哪些。同时,人们在研学旅行全过程都可以通过各类 App 软件、网络平台获取吃、住、行、游、购、娱等各方面的有用信息,并在体验之后及时表达满意度情况。这项信息最终传送至研学市场,研学机构、研学营地为了获取各方面的效益,会改进和完善研学产品和服务,更加契合需求方需求。

总体来说,移动互联网、大数据、人工智能等新技术可以让需求方享有更高质量的研学体验,同时为研学旅行者提供了向研学机构、研学营地表达旅行满意度的渠道,最终实现供需双方及时有效的信息沟通,为市场运营和管理提供技术保障和支持。

(三)跨领域产业融合

1.跨领域产业融合的概况

目前我国进入了新发展阶段,每个产业或行业都在寻求转型升级,以获得新的经济增长点,实现长远、高质量发展,"跨领域产业融合"成为各行业获取新资源、凝聚新力量的新发展方式。

跨领域产业融合并不是简单地跨越两个或两个以上完全不同的领域,而是由新需求驱动,以新科技和新平台为依托,将现有产业领域和要素资源,经过相互渗透、融合或裂变,整合利用在一起,实现产业价值链的延伸或突破。

随着新兴技术的快速发展和应用,如前文阐述的大数据、人工智能等智慧科技的兴起和应用,产业边界日益模糊,跨界融合成为新一轮产业升级的趋势[①]。

产业的跨界跨领域融合发展是新技术革命的一个明显特征,同时也凸显出现有的产业分类已经不再适应新发展阶段的时代要求,正确的行动是基于新兴信息技术,不断突破原有产业边界。

因此,随着新兴科技的快速发展,研学旅行应该抓住机遇,整合上下游资源,积极打造全产业链条,最终推动产业升级。

2.对研学旅行发展的影响

跨领域产业融合发展对研学旅行产生的影响主要表现在市场供给层面。

研学旅行属于旅游业与教育融合的一个新兴业态,并与文化、科技、金融、交通等各个行业跨界融合。我国研学旅行的发展属于政策驱动型,在政策层面已经要求研学旅行的多部门联合,下行至各个行业的经营实践也需要各方资源的重组和凝聚,各方产业的协同发展。

(四)跨文化交流互动

1.跨文化互动的内涵

"文化人类学之父"E. B. 泰勒在《原始文化》一书中提出:"据人种志学的观点来看,

---

① 辛苏.把握产业跨界融合的新趋势[N].新华日报,2017-08-24.

文化或文明是一个复杂的整体，它包括知识、信仰、艺术、伦理道德、法律、风俗和作为一个社会成员的人通过学习而获得的任何其他能力和习惯。"[①]因此，文化包含了人类所有的物质与精神的创造和留存[②]。

跨文化的交流与互动是人类学、文化学、社会学等社会科学的重点研究内容。其中，跨文化互动是指不同文化背景的人之间进行交往，形成了一种相互作用的交互关系，这些人一般来自不同国家、地区、民族、群体。

实际上，在经济全球化的背景下，跨文化交流与互动是必然的结果，国家顶层设计层面的"大国外交""人类命运共同体""一带一路"倡议正是以了解其他国家的文明为起点，进一步展开经济、贸易、交通等方面的合作，最终实现不同国家之间的共同发展。

跨文化交流的出发点往往是"文化差异"，因为其他国家、族群具有与常住地不同的文化背景、风俗习惯、行为方式，从而产生了"文化吸引"。

简言之，人们正是由于文化差异的存在，才生成了文化交流的动机，在这里可以通过旅游这类途径前往目的地，参观当地的建筑，欣赏当地的表演，与社区居民进行交往，这种深入参与的对话方式会产生文化歧视与文化认同两种截然不同的结果，前者是双方都无法理解对方的文化内容，尤其是当地居民认为游客影响了他们的正常生活秩序，是文化冲突与文化不和谐现象的产物；后者是双方既认可对方的文化习俗，对自身携带的文化背景也产生了进一步的认同感与自豪感，最终两种不同的文化有可能进行融合，甚至会产生文化变迁、文化涵化现象。

对此，我们理应以开放、包容的态度对待异质文化，通过双方进行对话的方式推动文化的共同发展，正确识别、对待文化差异，加强文化认同感，加强沟通交流，形成不同文化间的良性互动关系[③]，实现"美美与共，天下大同"。

2. 对研学旅行发展的影响

跨文化交流互动与我国的研学旅行之间是一种双向影响的关系。

首先，国家外交政策方面的引导会传达给研学市场的研学机构与企业"指令"。

以前文提及的"一带一路"倡议为例，一些研学机构在选取国外研学目的地，开发研学产品内容方面会向沿线国家倾斜，因为国家间在外交方面的友好性关系。这种不同文化间的交流合作一方面加强了出入境程序的便利性，如签证手续的办理，交通工具的便利；另一方面也会吸引社会大众的目光，研学产品供应方如此，各中小学生家长同样如此。他们会更加关注这些国家的历史文化与经济发展，达到一定社会认知水平与经济实力的家长们势必会生成旅游动机，这些人群因具有学生家长的社会角色，也会产生让自己的孩子去这些国家旅行、开阔眼界的想法。

其次，旅游本身不仅仅是一种社会现象，也是文化现象。研学旅行是了解、学习、理解、体悟不同文化的一种重要方式，对于学生群体而言，甚至可以视为最有效的方法。

① 爱德华·泰勒. 原始文化：神话、哲学、宗教、语言、艺术和习俗发展之研究[M]. 桂林：广西师范大学出版社，2005.

② 杨振之. 文化与旅游融合发展的动力机制[N]. 中国旅游报.

③ 邵彤，隋鑫. 跨文化传播视域下的文化冲突与融合[J]. 社会科学辑刊，2013(3).

因为它不是浮于表面地简单领略不同国家、不同地区的文化背景与民俗风情,而是以身体作为载体,去亲身体验地方性文化,并与当地社区居民进行交流互动。

早期的研学旅行重要的形式之一便是出国游学项目,这种跨越国与国边界、种族与种族界限的活动,必然涉及双方文化的接触、碰撞、互动、融合。

目前我国研学旅行的供给虽主要集中于国内各大研学营地,但仍有许多研学项目以国外许多发达国家、旅游城市为目的地展开。归根结底还是在于这类研学活动是帮助学生和成人开拓视野,获得新的知识的最好方式。

在研学旅行过程中,游客们会提高其跨文化互动能力和自我文化意识,消除不同国家、族群之间的文化偏见与刻板印象。

(五)教育政策

1."双减"政策

2021年7月24日,中共中央办公厅、国务院办公厅印发《关于进一步减轻义务教育阶段学生作业负担和校外培训负担的意见》,简称"双减"政策,核心要义是为深入贯彻党的十九大和十九届五中全会精神,切实提升学校育人水平,持续规范校外的线上与线下培训,要有效减轻义务教育阶段学生过重作业负担和校外培训负担,各地不再审批新的面向义务教育阶段学生的学科类校外培训机构,现有学科类培训机构统一登记为非营利性机构,严禁超前培训,严禁占用节假日、休息日和寒暑假进行学科类培训,严禁刊发校外培训广告。其后,2021年10月,"双减"拟明确入法,全国人大常委会明确县级以上地方人民政府应当采取措施,减轻义务教育阶段学生作业负担和校外培训负担,畅通学校家庭沟通渠道,推动学校教育和家庭教育相互配合。

"双减"产生的根本原因在于自素质教育改革以来,全国各中小学教育中普遍存在"校内减负、校外增负"的现象。这种名义上减负的教育模式下产生了各种形式的校外培训,导致学生在校外培训班中负重前行。"放学早"本意是让学生减负,但最终产生了完全相反的结果,作为学校教育活动与校外培训活动的主体——中小学生可谓苦不堪言。"两座大山"的压力严重影响了孩子们的身心健康发展,基础性的健康无法保障,学生素质的全面发展更难以实现,违背了"人本主义"教育宗旨和"立德树人"教育目的。

2."新课标"

2022年4月21日,国家教育部发布了《义务教育课程方案和课程标准(2022年版)》,简称"新课标"。国家教育部教材局局长田慧生在新闻发布会上就课程标准的修订做了重要讲话,在修改背景和思想方面,强调必须对教与学的内容、方式进行改革,充分借鉴国际课程改革新成果,更新教育理念,体现中国特色,增强课程综合性、实践性,引导育人方式变革,着力发展学生核心素养。其中在社会上引起广泛关注的当属"劳动课",新课标提出"义务教育劳动课程以丰富开放的劳动项目为载体,重点是有目的、有计划地组织学生参加日常生活劳动、生产劳动和服务性劳动,让学生动手实践、出力流汗,接受锻炼、磨炼意志,培养学生正确的劳动价值观、良好的劳动习惯和品质"。

劳动课程原本属于综合实践活动,新课标要求将其从综合实践活动课程中独立出来,并于 2022 年秋季学期开始执行。从修改内容和劳动课的新要求可以看出,这与教育部等 11 部门印发的《关于推进中小学生研学旅行的意见》中的研学旅行内涵与定位相似,寓教于乐,让学生在日常生活中亲身实践,培养学生核心素养。

本质上,义务教育阶段的"双减"政策和"新课标"是要求中小学教育应该"回归到素质教育本身",这也是我国 K12 教育体系自从 1999 年开始进行素质教育改革后的根本诉求。研学旅行作为"教育＋旅游"的新兴产业,以上教育政策的颁布进一步促进了研学旅行的实践发展。因为研学旅行作为校外的综合实践活动,是推动素质教育的重要手段,有助于推进基础教育活动回归到人的成长与完善的教育本质,有助于推动户外教育与课堂教育的良好融合,以自然教育促进书本教育的理解与学习。

目前我国研学活动的出发点与落脚点应以学生为中心,推动学生的全面发展,这也与当前双减和新课标导向下的教育价值观相契合。当然本书定义的研学旅行范围更广泛,面向全年龄阶段的人群,强调未来的研学旅行不仅面向青少年群体,而且研学旅行是每个人的终生修行,通过研学旅行"回归自然,走向社会,发现自我"。

行业资讯 ▼

三、发展特征与趋势

通过分析以上地区教育公平、智慧科技发展、跨领域产业融合、跨文化交流互动、教育"双减"政策与新课标等因素对我国研学旅行发展的多方面影响,可以总结出当下我国研学旅行在社会各方因素影响下的整体发展特征与趋势,如图 11-2 所示。

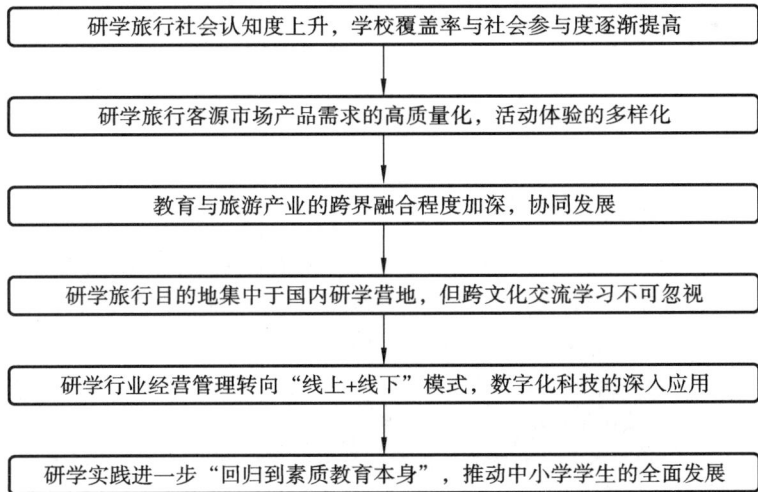

图 11-2　国内研学旅行发展趋势

四、发展对策

中国旅游业亟待升级,"教育＋旅游"将在新时期肩负重担,研学旅行则以教育的名义承担起全面提升人口素质,尤其是培养中小学生核心素养的任务。这就要求旅游界旅游供给侧、旅游中介方、旅游主管部门三方联动，共同推动研学旅行产业的发展进程①。

中国研学旅行发展对策如表 11-1 所示。

表 11-1　中国研学旅行发展对策

发展问题	发 展 对 策
政策层面	建立研学旅行行业国家标准； 建立研学旅行各部门机构协同监管机制； 颁布和推进研学旅行经费资助政策； 推进休假制度改革
社会认知层面	学校：宣传普及研学旅行的教育效果，增加研学旅行的渗透率。 社会：加大研学旅行的宣传，进行品牌化建设，提高社会各方的认知
课程开发层面	课程目标：目标设计应尽量细化，与选定主题相辅相成。 课程内容：根据学段特点和地方特色开发研学课程，内容呈现多样化，契合学生需求，突出学生在全过程中的主体地位，建立学科教师、研学营地、研学服务机构共同参与的协同备课方式
研学旅行导师层面	学校教师：引导学生参与课程设计，学习本专业外的学科知识。 研学机构和研学营地：定期开展导师职业素养培训和导师讲解质量考核考评。 其他社会人员：激励当地精通研学主题内容的社会人员参与研学，尽快将研学旅行导师纳入国家职业技能人才体系
营地层面	选址与建设依据：遵循地域性原则，综合考虑本地资源特色、交通距离等因素确定选址，借鉴国际营地建设经验，避免传统的景区开发模式。 设施条件：加强道路交通等基础设施和酒店住宿等服务设施的建设，并提供更多互动体验设施。 课程水平：考虑学生主体需求，与营地周围资源禀赋结合，提供多种主题课程。 导师水平：定期开展导师培训，也可以邀请营地外的导师讲解
实施层面	教育主管部门加大对学校开展研学旅行的考察监督，禁止学校在与研学机构协作中谋取私利； 财政主管部门推进研学资助政策，落到实处； 学校、研学机构、研学营地之间加强沟通、协调、同步，统筹学生参与和家长支持，衔接研学活动主题与学校课程内容； 政府主管部门和学校处理好安全管理与自由活动之间的关系，研学营地提供安全放心的活动场所
评价体系层面	建立清晰明确的评价体系； 评价人员包括导师、研学机构、研学营地以及学生互评和自评； 采用可量化的测量标准和质性评价方式综合评估学生全过程的表现

①　杨振之.研学游发力旅游市场新蓝海［N］.中国旅游报，2019-09-20.

本章小结

通过对世界研学旅行和中国研学旅行的发展现状进行分析，了解世界研学旅行发展潜力和全球化趋势，明晰世界研学旅行的主要发展问题。通过分析地区教育公平、智慧科技、跨领域产业融合、跨文化交流互动、新冠疫情、教育政策的内容及其对研学旅行发展的影响，掌握中国研学旅行市场发展脉络、发展趋势与发展对策。正确认识中国研学旅行的实际发展状况，立足于此，对比其他国家研学旅行和中国研学旅行的状况，找出研学旅游市场开发的差距，借鉴成功的发展经验，推动中国研学旅行的顺利发展。

课后训练

（1）为什么世界研学旅行与中国研学旅行具有如此巨大的发展潜力？

（2）除上述研学旅行影响因素外，还有哪些因素会影响中国研学旅行的发展进程？

（3）罗列研学旅行发展过程中可能遭遇的困难，并尝试从宏观和微观角度提出解决方案。

Note

推荐阅读

[1] 张之洞. 劝学篇[M]. 郑州:中州古籍出版社,1998.

[2] 王淑良. 中国旅游史[M]. 北京:旅游教育出版社,1998.

[3] 容闳. 西学东渐记[M]. 郑州:中州古籍出版社,1998.

[4] 孙立群. 中国古代的士人生活[M]. 北京:商务印书馆,2014.

[5] 孙培青. 中国教育史[M]. 3版. 上海:华东师范大学出版社,2009.

[6] 彭顺生. 世界旅游发展史[M]. 北京:中国旅游出版社,2006.

[7] 日本修学旅行学会. 修学旅行すべて[M]. 东京:日本修学旅行学会出版,1988.

[8] 理查德·洛夫. 林间最后的小孩——拯救自然缺失症儿童[M]. 自然之友,译. 长沙:湖南科学技术出版社,2010.

[9] 治永清,童子军专论[M]. 北京:商务印书馆,1926.

[10] 威廉姆,等. 美国童子军生存手册[M]. 张雨来,译. 天津:天津社会科学院出版社,2003.

[11] 王守仁. 王阳明全集[M]. 上海:上海古籍出版社,2014.

[12] 朱熹. 四书章句集注今译[M]. 李申,译. 北京:中华书局,2020.

[13] 陈来. 有无之境:王阳明哲学的精神[M]. 北京:北京大学出版社,2013.

[14] 李约瑟:中国科学技术史(第二卷:科学思想史)[M]. 北京:科学出版社,2018.

[15] 卢梭. 爱弥儿[M]. 李平沤,译. 北京:商务印书馆,2014.

[16] ＨＳ热尔迪. 反爱弥儿[M]. 李小均,仲冬,译. 北京:生活·读书·新知三联书店,2021.

[17] 罗伯特·费尔德曼,等. 发展心理学:人的毕生发展[M]. 4版. 苏彦捷,邹丹,等,译. 北京:世界图书出版公司,2007.

[18] 让·皮亚杰. 教育科学与儿童心理学[M]. 北京:文化教育出版社,1981.

参考文献

References

[1] 祝胜华,何永生.研学旅行课程体系探索与践行[M].武汉:华中科技大学出版社, 2018.

[2] 薛兵旺,杨崇君,官振强.研学旅行实用教程[M].武汉:华中科技大学出版社,2020.

[3] 孙月飞,朱嘉奇,杨卫晶.解码研学旅行[M].长沙:湖南教育出版社,2019.

[4] 薛俊楠,马璐.学前儿童发展心理学[M].北京:北京理工大学出版社,2018.

[5] 吴军生,彭其斌.研学旅行安全工作指南[M].济南:山东教育出版社,2019.

[6] 中国研学旅行安全发展报告编写组.中国研学旅行安全发展报告蓝皮书(2017—2019)[M].济南:山东教育出版社,2020.

[7] 广东教育出版社基础教育课程发展研究院.最美课堂在路上——研学旅行安全手册[M].广州:广东教育出版社,2019.

[8] 李爱华,段云鹏.旅游法规与实务[M].北京:清华大学出版社,2020.

[9] 李镇西.旅行,与世界对话——李镇西观国外教育[M].桂林:漓江出版社,2021.

[10] 黄甫全.现代课程与教学论[M].北京:人民教育出版社,2011.

[11] 钟启泉.课程论[M].北京:教育科学出版社,2007.

[12] 施良方.学习论[M].北京:人民教育出版社,2000.

[13] 拉尔夫·泰勒.课程与教学的基本原理[M].罗康,张阅,译.北京:中国轻工业出版社,2014.

[14] 王嵩涛.中小学生研学旅行课程指引[M].北京:首都师范大学出版社,2019.

[15] 李岑虎,等.研学旅行课程设计[M].2版.北京:旅游教育出版社,2020.

[16] 彭其斌.研学旅行工作实务100问[M].济南:山东教育出版社,2019.

[17] 朱传世.研学旅行设计[M].北京:中国发展出版社,2019.

[18] 李臣之.综合实践活动课程开发[M].北京:人民教育出版社,2003.

[19] 叶娅丽,边喜英.研学旅行基(营)地服务与管理[M].北京:旅游教育出版社,2020.

[20] 张修兵.营在中国——青少年营会管理实战教程[M].北京:清华大学出版社,2020.

[21] Brent W Ritchie, Neil Carr, Christopher P. Managing Educational Tourism [M]. Multilingual Matters Ltd,2003.

［22］　王绪琴.格物致知论的源流及其近代转型[J].自然辩证法通讯,2012(1).

［23］　高正乐.王阳明"知行合一"命题的内涵与局限[J].中国哲学史,2020(6).

［24］　戴晓光.《爱弥儿》与卢梭的自然教育[J].北京大学教育评论,2013,11(1).

［25］　王宁.旅游、现代性与"好恶交织"——旅游社会学的理论探索[J].社会学研究,1999(6).

［26］　付有强.17—19世纪英国人"大旅行"的特征分析[J].贵州社会科学,2012(3).

［27］　白长虹,王红玉.以优势行动价值看待研学旅游[J].南开学报(哲学社会科学版),2017(1).

［28］　戴斌.书生意气的研学,家国天下的旅行[N].中国文化报,2021-11-13(03).

［29］　李先跃.研学旅行发展与服务体系研究[M].武汉:华中科技大学出版社,2020.

［30］　魏巴德,邓青.研学旅行实操手册[M].北京:教育科学出版社,2020.

［31］　薛兵旺,杨崇君.研学旅行概论[M].2版.北京:旅游教育出版社,2021.

［32］　李巍,曹巍.当代少年研学旅行的思与行[M].北京:北京师范大学出版社,2021.

［33］　叶娅丽,李岑虎.研学旅行概论[M].南宁:广西师范大学出版社,2020.

［34］　李杰.研学旅行指导师基本素养[M].南宁:广西师范大学出版社,2021.

［35］　刘喜,吴超.试探研学实践背景下研学导师的培养与认定[J].现代教育管理,2019(3).

［36］　桑琳洁.研学旅行导师胜任力模型建构与应用研究[D].广州:华南师范大学,2020.

［37］　范颖佳.不同研学类型的导师胜任力研究[D].武汉:华中师范大学,2021.

［38］　郇宜秀,徐雪,苑鑫.面向行业的研学旅行指导师人才素质构成及培养途径[J].天津商务职业学院学报,2021(5).

［39］　刘丽莉.研学旅行导师职业能力指标体系研究[J].武汉职业技术学院学报,2020(2).

教学支持说明

  普通高等学校"十四五"规划旅游管理类精品教材系华中科技大学出版社"十四五"规划重点教材。

  为了改善教学效果,提高教材的使用效率,满足高校授课教师的教学需求,本套教材备有与纸质教材配套的教学课件(PPT 电子教案)和拓展资源(案例库、习题库等)。

  为保证本教学课件及相关教学资料仅为教材使用者所得,我们将向使用本套教材的高校授课教师免费赠送教学课件或者相关教学资料,烦请授课教师通过电话、邮件或加入旅游专家俱乐部 QQ 群等方式与我们联系,获取"教学课件资源申请表"文档并认真准确填写后发给我们,我们的联系方式如下:

地址:湖北省武汉市东湖新技术开发区华工科技园华工园六路

邮编:430223

电话:027-81321911

传真:027-81321917

E-mail:lyzjjlb@163.com

旅游专家俱乐部 QQ 群号:487307447

旅游专家俱乐部 QQ 群二维码:研学旅行专家俱乐部

扫一扫二维码,加入群聊。

电子资源申请表

填表时间：_____年____月____日

1.以下内容请教师按实际情况写，★为必填项。

2.根据个人情况如实填写，相关内容可以酌情调整提交。

★姓名		★性别	□男 □女	出生年月		★职务	
						★职称	□教授 □副教授 □讲师 □助教
★学校				★院/系			
★教研室				★专业			
★办公电话		家庭电话				★移动电话	
★E-mail （请填写清晰）						★QQ 号/微信号	
★联系地址						★邮编	

★现在主授课程情况	学生人数	教材所属出版社	教材满意度
课程一			□满意 □一般 □不满意
课程二			□满意 □一般 □不满意
课程三			□满意 □一般 □不满意
其 他			□满意 □一般 □不满意

教 材 出 版 信 息	
方向一	□准备写 □写作中 □已成稿 □已出版待修订 □有讲义
方向二	□准备写 □写作中 □已成稿 □已出版待修订 □有讲义
方向三	□准备写 □写作中 □已成稿 □已出版待修订 □有讲义

请教师认真填写表格下列内容，提供索取课件配套教材的相关信息，我社根据每位教师填表信息的完整性、授课情况与索取课件的相关性，以及教材使用的情况赠送教材的配套课件及相关教学资源。

ISBN（书号）	书名	作者	索取课件简要说明	学生人数 （如选作教材）
			□教学 □参考	
			□教学 □参考	

★您对与课件配套的纸质教材的意见和建议，希望提供哪些配套教学资源：